YELLOW BOOK

智库成果出版与传播平台

权威·前沿·原创

皮书系列为

“十二五”“十三五”“十四五”时期国家重点出版物出版专项规划项目

东盟黄皮书

YELLOW BOOK OF ASEAN

东盟发展报告（2023）

ANNUAL REPORT OF ASEAN'S DEVELOPMENT (2023)

主　编／叶兴艺　庄国土

副主编／潘艳贤

社会科学文献出版社

SOCIAL SCIENCES ACADEMIC PRESS (CHINA)

图书在版编目(CIP)数据

东盟发展报告.2023 / 叶兴艺，庄国土主编；潘艳贤副主编. -- 北京：社会科学文献出版社，2024.3
（东盟黄皮书）
ISBN 978-7-5228-3336-1

Ⅰ.①东… Ⅱ.①叶… ②庄… ③潘… Ⅲ.①东南亚国家联盟-发展-研究报告-2023 Ⅳ.①D814.1

中国国家版本馆 CIP 数据核字（2024）第049800号

东盟黄皮书
东盟发展报告（2023）

主　　编 / 叶兴艺　庄国土
副 主 编 / 潘艳贤

出 版 人 / 冀祥德
组稿编辑 / 张晓莉
责任编辑 / 叶　娟　宋　祺
责任印制 / 王京美

出　　版 / 社会科学文献出版社·国别区域分社（010）59367078
地址：北京市北三环中路甲29号院华龙大厦　邮编：100029
网址：www.ssap.com.cn
发　　行 / 社会科学文献出版社（010）59367028
印　　装 / 三河市东方印刷有限公司

规　　格 / 开 本：787mm×1092mm　1/16
印 张：19　字 数：283千字
版　　次 / 2024年3月第1版　2024年3月第1次印刷
书　　号 / ISBN 978-7-5228-3336-1
定　　价 / 168.00元

读者服务电话：4008918866

本书系广西民族大学东盟学院、广西首批高端智库建设培育单位广西民族大学中国-东盟区域国别研究院、教育部首批国别和区域研究基地广西民族大学东盟研究中心、国家民委“一带一路”国别和区域研究中心广西民族大学东盟国家政治文化与公共治理研究中心研究成果。

东盟黄皮书编委会

主要编撰者简介

叶兴艺 博士、教授、博士生导师，广西民族大学东盟学院党委书记、常务副院长，广西首批高端智库广西民族大学中国-东盟区域国别研究院院长、国家民委“一带一路”国别和区域研究中心广西民族大学东盟国家政治文化与公共治理研究中心主任、广西民族大学中国-东盟公共政策研究院院长、中国科协中国-东盟国家安全与区域发展研究决策咨询专家团队首席专家、国家一流本科专业广西民族大学行政管理专业负责人，兼任中国人力资源开发研究会人才测评分会理事、广西国际共运史学会副会长、国家社会科学基金项目/成果评审专家、韩国国民大学客座教授等。主持完成国家社会科学基金青年项目、教育部人文社会科学基金青年项目等科研项目40多项，出版专著、译著、教材9部，在国内外学术期刊发表论文70多篇，研究成果荣获国家民委社会科学研究成果奖二等奖、中组部全国干部教育培训理论研讨会三等奖等，研究方向为政府治理与公共政策。

庄国土 博士，厦门大学历史学和政治学博士生导师、特聘教授，广西首批“八桂学者”，广西民族大学相思湖讲席教授。教育部社科委员会委员兼综合研究学部（含国际问题、港澳侨台和交叉学科）召集人，中央统战部、国务院侨办专家咨询委员会委员；中国东南亚研究会会长，中国华侨历史学会副会长；《厦门大学学报》编委和《南洋问题研究》主编。主要从事华侨华人研究、亚太研究和中国-东南亚关系研究。出版著作5部，在国内外重要刊物上发表论文近百篇，多份研究报告获省部级及以上领导肯定性批示。

潘艳贤　南京大学国际关系研究院博士，广西民族大学东盟学院助理研究员，教育部国别和区域研究基地广西民族大学东盟研究中心、广西首批高端智库广西民族大学中国-东盟区域国别研究院研究员，兼任世界民族学会理事、广西华侨历史学会理事。主要研究方向为东南亚国别与区域研究、东南亚国际关系、国际安全与区域治理。近年来在国内外发表论文20多篇，10余篇研究报告获省部级及以上单位采用。

摘　要

2022年，东盟面临新冠疫情和复杂多变的国际局势的挑战，但通过“东盟中心”区域架构内的共同努力，东盟的共同体建设仍然取得了新的进展，显示出东盟应对共同挑战和推进共同体建设的韧性与活力。在政治安全共同体建设方面，东盟对内加快了扩员进程，原则上同意接纳东帝汶为新成员，对外积极与外部对话伙伴就缅甸问题、南海问题、乌克兰危机等区域内外重大热点问题开展外交斡旋，与联合国组织就气候变化、网络安全、生物安全和打击恐怖主义、跨国犯罪等全球和区域安全议程展开对话、寻求联合行动；在经济共同体建设方面，东盟加快推动数字经济一体化发展、经济绿色化和可持续发展进程，积极促进区域经济合作与自由贸易发展，持续参与共建“一带一路”，经济快速恢复增长；在社会文化共同体建设方面，东盟贯彻“多元一体”原则，在促进移民工人的社会保护、社会安全和福祉，促进妇女创业、创新和文化产业发展等诸多领域取得了显著成就，并成功举办了“东盟青年年”活动。此外，2022年东盟成功控制了新冠疫情的蔓延，使各成员国有机会全面恢复经济和社会活动，并加快实施社会和经济复苏战略。柬埔寨作为2022年东盟轮值主席国，承担起“主动作为”“自主中立”“开放包容”“经济引领”的主席国职责，提出“东盟行动：共同应对挑战”的工作主题，持续推进东盟共同体建设。

2022年，东盟在加强自身建设的同时也积极提升与大国的伙伴关系。东盟与美国建立了全面战略伙伴关系，一方面为双方关系的发展注入了新动力，但另一方面双方全面战略伙伴关系也会受到理念和利益分歧、美国对东盟政策的不确定性等多种因素的制约，双方在地区事务上既合作又博弈的局面仍是常态；东盟与欧盟首次举行了全面峰会，双方关系向“战略伙伴关系”迈进，双边合作呈现出宽领域、多角度、深层次、战略化的发展趋势；东盟与日本建立合作伙伴关系已达50年，双方在政治安全、经济、社会文化等领域的合作不断深化；东盟与中国的全面战略伙伴关系开局良好，双方交流热度不断上升、合作深度不断拓展，双边政治、外交关系发展稳定，经贸关系日益密切，东盟连续三年成为中国最大的贸易伙伴，中国-东盟关系已成为亚太区域合作中最成功、最具活力的典范。

关键词： 东盟　政治安全共同体　经济共同体　社会文化共同体　伙伴关系

目 录

Ⅰ 总报告

Ⅱ 分报告

Ⅲ 专题报告

皮书数据库阅读**使用指南**

总 报 告

General Report

Y.1

2022年东盟发展回顾与展望：经济快速恢复，“中心性”不断加强

阳 阳 庄国土*

摘 要： 随着东盟推进“与病毒共存”的新冠疫情应对策略，2022年以来，东盟逐渐放宽了区域内外各项管控措施，共同体建设取得新的进展。政治上，东盟与美国的关系不断深化，东帝汶入盟进度加快，而缅甸问题仍然困难重重。经济上，东盟经济快速恢复增长，《区域全面经济伙伴关系协定》（RCEP）生效助力不断，“印太经济框架”（IPEF）的谈判持续进行，中国-东盟自贸区升级谈判启动，数字化转型、可持续发展稳步推进。由此，东盟社会文化共同体在价值观、意识和认同方面进一步统一，东盟

* 阳阳，博士，广西民族大学东盟学院/中国-东盟区域国别研究院副研究员、硕士生导师，研究方向为越南、菲律宾现代化发展史，主持2项国家社科基金项目和1项教育部项目；庄国土，博士，厦门大学国际关系学院/南洋研究院特聘教授，历史学、政治学双学科博士生导师，曾任厦门大学国际关系学院/南洋研究院院长，广西首批“八桂学者”（广西民族大学），研究方向为华侨华人研究、亚太研究和中国-东南亚关系。

“中心性”不断加强。

关键词： 东盟 政治合作 经济恢复 中心性

2022年是东盟政治安全、经济与社会文化共同体建设三大蓝图进入第二阶段（2021~2025年）实施的第二年，《东盟共同体愿景（2025年）》制定的开局之年，也是东盟及时调整疫情应对策略并基本走出疫情、区域经济实现快速恢复的一年。也是在这一年，随着《区域全面经济伙伴关系协定》（RCEP）的生效、东盟-美国特别峰会的召开、多个东盟国家成为“印太经济框架”（IPEF）初始成员国等区域热点事件的发生，以《东盟印太展望》（AOIP）为代表的东盟“中心性”也越来越受到重视，呈现出不断加强的态势。柬埔寨作为年度东盟轮值主席国，提出了“东盟行动：共同应对挑战”的年度主题，指出要团结东盟各国共同应对疫情、气候变化与可持续发展、大国竞争、贸易保护主义、领土争端、技术竞争以及其他传统与非传统安全威胁，支持东盟更广泛参与区域内外事务，以应对地区和全球挑战带来的影响与不确定性，并取得一定成效。① 但是，缅甸问题长时间得不到解决、对乌克兰危机认识的不同等不断挑战着东盟“协商一致”的基本原则，世界经济增长减速也影响着东盟经济的进一步恢复，这些都对东盟共同体建设的推进形成了巨大挑战。

一 应对策略转向“与病毒共存”，区域社会基本走出疫情

自2021年7月22日，东盟卫生部长召开“应对新冠疫情一年后特别视频会议”，进一步推进协调应对疫情之后，2021年10月举行的第38

① ASEAN Cambodia 2022，https：//asean2022.mfaic.gov.kh/，2023年7月浏览。

届和第39届东盟领导人会议进一步强调了在疫情中恢复经济的重要性。尽管进入2022年后，新变异毒株造成的感染迅速扩大，但是，在加速开展疫苗接种、感染的病死率处于低位的情况下，自2022年2月开始，东盟各国已开始尝试放松对人员流动的限制，其中越南、泰国、柬埔寨、菲律宾等国进展较快。2022年5月14日，第15次东盟卫生部长会议在印尼巴厘岛举行，会议宣布在东盟成员国间互相承认新冠疫苗接种证书，以便利东盟区域内人员的流动，促进经济恢复；同时，会议还通过了以提高东盟应对突发公共卫生事件能力为主要内容的9项措施。① 到2022年底，东盟各国针对疫情的各项管控措施已经基本结束，各国的应对策略也转向到“与病毒共存”。②

据东盟生物离散虚拟中心（ABVC）③ 2023年1月4日公布的统计数据，东盟10国当日新增新冠病毒感染病例3579例，新增死亡病例90例，累计感染病例35520066例，累计死亡病例365018例，76.3%的东盟人口至少接种了一剂新冠疫苗，68.7%的人口完成全程接种，31.0%的人口完成了加强针接种。④ 据2023年5月15日ABVC最后一次公布的统计数据，东盟10国当日新增新冠病毒感染病例250例，新增死亡病例2例，东盟76.4%的人口至少接种了一剂疫苗，68.7%的人口完成全程接种，31.4%的人口完成了加强针接种。⑤ 通过与2021年的数据进行比较可知，到2023年初，疫情在东盟地区已经基本得到控制，2023年5月初，世卫组织宣布不再将新冠疫情列为全球公共卫生紧急事件后，东盟地区已基本走出疫情阴霾。

---

① ASEAN, “JOINT STATEMENT, 15th ASEAN Health Ministers Meeting,” May 14, 2022, Bali, Indonesia, https://asean.org/, 2023年7月浏览。

② ISEAS-Yusof Ishak Institute, “SOUTHEAST ASIAN AFFAIRS 2023”, p. 8, https://bookshop.iseas.edu.sg/, 2023年7月浏览。

③ 东盟生物离散虚拟中心，主要任务是监测和统计疫情情况。

④ ASEAN BioDiaspora Virtual Center (ABVC), “COVID-19 Situational Report in the ASEAN Regionas of January 4,” 2023, p. 8, https://asean.org/, 2023年7月浏览。

⑤ ASEAN BioDiaspora Virtual Center (ABVC), “COVID-19 Situational Report in the ASEAN Regionas of May 15,” 2023, p. 7, https://asean.org/, 2023年7月浏览。

二　不断加强东盟“中心性”，积极推进政治安全共同体建设

作为2022年东盟轮值主席国，柬埔寨在确定东盟政治安全共同体建设的优先事项时指出，首先要“在东盟领导的机制中加强东盟的‘中心性’，以维护和保持和平、安全与繁荣”。为此，柬埔寨将把工作重点放在“通过促进《东盟印太展望》中四大领域的合作与各种战略和倡议实现互补”，“通过东盟主导的机制促进和扩大与外部伙伴的关系，加强东盟共同体建设，维护东盟的‘中心性’”。[①] 作为东盟这一努力的例证，2022年，政治上，东盟与美国实现了双方关系的深化；经济上，东盟主导的《区域全面经济伙伴关系协定》生效，多个东盟国家加入美国主导的“印太经济框架”。

（一）美国“印太战略”的展开与东盟-美国关系的深化

虽然“印太战略”一词最早由日本前首相安倍晋三于2016年提出，但是，自从美国特朗普政府于2017年使用此概念以来，历经两届美国政府的推进，其内涵也已日趋明确。2018年12月，特朗普签署《亚洲再保证倡议法》（ARIA），强调了包括东盟国家在内的盟国及伙伴国的重要性，并授权在2019~2023年每年支出15亿美元，为美国“印太战略”的实施提供法律和资金保证。尽管2018年特朗普本人没有参加亚太经合组织（APEC）会议、东盟峰会、东亚峰会，但是这并不代表美国不重视东南亚，其借由国务卿、防长、副总统等美国高官访问东南亚，宣扬东盟在美国“印太战略”中的中心地位。2019年6月1日，美国国防部发表“印太战略”报告（Indo-Pacific Strategy Report），该报告把发展与东盟的伙伴关系定位为实施战略的主要手段，再次体现了东盟在美国“印太战略”中的重要地位。

就在美国国防部发表“印太战略”报告的同时，东盟也发表了《东

① ASEAN Cambodia 2022，https：//asean2022. mfaic. gov. kh/，2023年7月浏览。

盟印太展望》，进一步强调了以东盟为中心和东盟合作机制的重要性，并提出“海上、互联互通、联合国2030年可持续发展目标、经济及其他领域”等四大优先发展领域。《东盟印太展望》是目前唯一的地区“印太战略”。2021年1月，特朗普政府提前解密了美国国家安全委员会制定的《美国印太战略框架》，其关于发展与东盟关系的表述是，“促进和加强东南亚国家和东盟在本地区安全架构中的核心作用，并鼓励其在关键议题上以一个声音说话”，“突出东盟的中心地位，将其作为自由开放的印太战略的核心内容”。[①] 2022年2月11日，拜登政府发表了美国“印太战略”报告，强调要加强与同盟国及友好国家、“美日澳印四边机制”（QUAD）、“美英澳三边安全伙伴关系”（AUKUS）以及东盟的关系，以建设和维护“印太”地区的国际秩序。报告提到的同盟国和友好国家中，涉及的东盟国家有泰国、菲律宾等两个美国的同盟国，印尼、马来西亚、新加坡、越南等四个美国的友好国家。[②] 美国“印太战略”报告提出后，作为美国加强与东盟关系的具体举措，2022年5月，东盟-美国特别峰会召开，多个东盟国家成为“印太经济框架”（IPEF）的初始成员国，2022年11月，东盟-美国关系升级为“全面战略伙伴关系”。

2022年是东盟-美国建立合作关系45周年，作为纪念活动之一，5月12~13日，东盟-美国特别峰会召开，这是继2016年后第二次在美国召开此类会议。在会议召开之际，美国总统拜登还特地宣布任命美国国家安全委员会执行秘书约翰尼斯·亚伯拉罕为美国驻东盟大使，填补了自2017年以来该职位的空缺。关于举办此次会议的目标，美国白宫在会前称：“一是加快气候变化应对，实现可持续与包容性发展，为此，美国将积极投资东盟的清洁能源基础设施建设、森林保护、气候变化应对、交通基础设施建设、卫星数据共享和数字经济建设等方面，整体融资规模可达160多亿美元；二是

① 美国国家安全委员会：《印太战略框架（中译稿全文）》，https://www.sohu.com/a/445463712_550967，2023年7月浏览。

② The White House, “Indo-Pacific Strategy of the United States,” https://www.whitehouse.gov/，2023年7月浏览。

加强对东盟教育的支持，主要包括高等教育合作、青年交流等；三是加强海洋合作，主要包括加强海岸警卫队合作、海上执法合作、人员培训合作以及相关装备转让等；四是卫生合作，主要包括疫苗与药物合作、疾病预防合作、卫生基础设施建设合作、卫生人员培训合作等。”① 关于会议成果，会后双方发表的联合声明称，将于2022年11月召开的第10次东盟-美国峰会上升级双边关系为“有意义的、实质性的和互惠互利的全面战略伙伴关系”。该新的伙伴关系将由以下几大支柱构成：一是加强抗疫合作，强化卫生合作与经济复苏合作；二是加强经济联系与互联互通，推动经济的可持续发展；三是加强海洋合作，提高东盟海洋执法与防灾减灾能力；四是加强人员交流，增进相互理解；五是加强湄公河次区域合作；六是加强技术进步与创新合作；七是加强应对气候变化合作；八是共同维护地区和平，构筑相互信赖关系。② 为确保双方关系的顺利发展，美国还宣布了一份总额为1.5亿美元的支持东盟项目清单，以加强双方关系，具体包括：海洋安全合作方面，提供0.6亿美元用于在美国海岸警卫队的统一领导下对东盟海事工作进行支持，主要内容有执法工作、人员培训等；提供0.4亿美元用于支持东盟的清洁能源与基础设施建设，并以此进一步带动20亿美元的相关融资；提供0.15亿美元用于支持东盟的公共卫生建设；提供300万美元加强美国与东盟之间的高层次人才交流；提供600万美元支持东盟数字化建设；等等。③

11月12日，第10次东盟-美国峰会召开并发表联合声明，双方关系升级为全面战略伙伴关系。会上，拜登强调，美国重视与东盟的关系，承诺支持东盟发挥核心作用和《东盟印太展望》，称其愿与东盟密切合作，有效应对地区和全球共同挑战，共同推动双方全面战略伙伴关系的落实；拜登还宣

① The White House, “Fact Sheet: U. S. -ASEAN Special Summit in Washington, D. C.,” May 12, 2022, https://www.whitehouse.gov/, 2023年7月浏览。

② The White House, “ASEAN-U. S. Special Summit 2022, Joint Vision Statement,” May 13, 2022, https://www.whitehouse.gov/, 2023年7月浏览。

③ The White House, “ASEAN-U. S. Special Summit 2022, Joint Vision Statement,” May 13, 2022, https://www.whitehouse.gov/, 2023年7月浏览。

布，2023 年将向东盟地区增加 8.5 亿美元的援助，以促进双方务实高效合作。另据美国白宫网站发表的拜登在会议上的讲话，拜登还称东盟是此届政府“印太战略”的核心，其将继续加强对东盟的承诺，以应对对规则和秩序的威胁。其还称，要通过东盟-美国电动汽车基础设施倡议，在东南亚开发一个综合电动汽车生态系统以促进地区减排；要启动东盟-美国基础设施和互联互通平台，促进东盟高标准基础设施建设，加强东盟与全球基础设施投资伙伴的关系。①

（二）东帝汶加入东盟的进程加速

东帝汶加入东盟是柬埔寨确定的东盟政治安全共同体建设的年度优先事项之一，其强调“希望带领东盟推动完成《东盟宪章》所规定的、东帝汶加入东盟的各项程序，加速其入盟进程”。② 在2022 年 11 月举行的第 40 届和第 41 届东盟峰会及东亚合作领导人系列会议上，东盟已经原则同意东帝汶成为东盟的第 11 个成员国，并同意在东帝汶正式加入东盟之前赋予其观察员国地位，允许其参加包括领导人会议在内的东盟各级系列会议。两次领导人会议还要求东盟协调委员会（ACC）依据东帝汶在三大共同体建设方面的现状制定出一个基于客观指标的入盟路线图，借此对东帝汶实施有针对性的能力建设支援，以帮助其尽快达成入盟要求。③

虽然东帝汶独立后，早在 2011 年就提出了加入东盟的申请，但是东帝汶经济落后，一些东盟成员国因担心其不具备承担举办各级东盟系列会议的能力，一直反对其入盟。到 2016 年，东帝汶已经与东盟所有 10 个成员国都建立了外交关系，而且也在东盟建立了办事机构，其入盟的条件正日趋成

① The White House, “Remarks by President Biden at the Annual U.S. - ASEAN Summit,” November 12, 2022, https://www.whitehouse.gov/, 2023 年 7 月浏览。

② ASEAN Cambodia 2022, https://asean2022.mfaic.gov.kh/, 2023 年 7 月浏览。

③ ASEAN, “ASEAN Leaders' Statement, on the Application of Timor - Leste for ASEAN Membership,” https://asean.org/, 2023 年 7 月浏览。

熟。2022 年 4 月，东帝汶独立运动领导人若泽·拉莫斯-奥尔塔第二次成功当选总统，其在当选后随即访问了印尼，希望印尼在 2023 年担任东盟轮值主席国时支持东帝汶入盟。虽然印尼支持东帝汶入盟，但是，基于前述担忧，一些东盟成员国对此还持谨慎态度。为此，2022 年 12 月，新加坡宣布愿意向东帝汶有关官员提供 300 多个进修机会，帮助其提高承办东盟各级会议的能力。目前，东帝汶总理作为观察员国领导人已经首次参加了于 2023 年 5 月召开的第 42 届东盟峰会及东亚合作领导人系列会议，而且该会议已经批准了 ACC 制定的东帝汶入盟路线图。①

（三）在缅甸问题上存在分歧，政治安全共同体建设面临挑战

自 2021 年 2 月 1 日缅甸爆发危机，缅甸军政府接管国家政权之后，针对如何应对缅甸问题，东盟内部出现了较大分歧。就在危机爆发后，新加坡、印尼、马来西亚、越南等国随即对局势表达了“担忧”，而与此相对，泰国、柬埔寨、菲律宾等国则认为这是“缅甸的内政”，东盟内部在缅甸问题上的分歧，在第一时间就表现了出来，这也是在事发两个多月之后东盟才作为一个“整体”提出应对缅甸问题“五点共识”的原因。东盟与缅甸军政府达成了停止暴力活动，保持最大限度的克制；各方开展建设性对话；东盟特使协调对话进程；东盟向缅甸提供人道主义援助；东盟特使和代表团访缅并与各方举行会晤等“五项共识”。② 但是，由于释放政治犯的条款未被纳入，实施期限也未明确，这使得“五点共识”的实施缺乏可操作性。直至 2021 年 10 月缅甸军政府领导人被排除在东盟领导人会议之外，这严重挑战了东盟的内部团结、《东盟宪章》的宗旨与原则以及东盟政治安全共同体建设。

柬埔寨在接手担任东盟轮值主席国之初就把“缅甸局势与南海争端等既

① ASEAN, “Chairman's Statement of the 42nd ASEAN Summit, Labuan Bajo, Indonesia,” May 10-11, 2023, https://asean.org/, 2023 年 7 月浏览。

② ASEAN, “Chairman's Statement on the ASEAN Leaders' Meeting,” April 24, 2021, https://asean.org/, 2023 年 3 月浏览。

有传统与非传统安全问题”视为2022年东盟面临的四大域内外挑战之一。[①] 但是，鉴于缅甸问题的复杂性，柬埔寨在关于其任期内东盟的各项优先事项中，并未提及缅甸问题。然而，作为轮值主席国，柬埔寨为应对缅甸问题也做出了相当多的努力，却收效甚微，不仅“五点共识”的实施遥遥无期，而且进一步应对缅甸问题的新措施也未出台，这造成东盟应对缅甸问题的进程仍停滞不前。

2022年1月7~8日，柬埔寨首相洪森访问了缅甸，并与缅甸军政府领导人敏昂莱举行会谈，洪森成为缅甸危机爆发以来首位访缅的外国领导人。尽管在会晤后的联合声明中，双方认为此访的成果是体现“五点共识”的“重要一步”，[②] 但是一些东盟成员国对此持批评态度，印尼总统佐科就在社交媒体上评论称，“如果‘五点共识’没有进展的话，缅甸就应该派遣非政治界人士（非官方人员）参加东盟的各项会议”。[③] 因柬埔寨希望邀请缅甸当局外长参加而招致一些东盟成员国的反对，原定于1月召开的东盟外长非正式会议推迟至2月16~17日召开。尽管此次会议依旧没有缅甸军政府代表参加，但是会议重申要求缅甸当局履行“五点共识”，同时，东盟向缅甸无条件派遣特使问题也得以解决。[④] 虽然东盟于3月和6月分别向缅甸派遣了特使，但是并未实现与包括昂山素季在内的缅甸各方展开对话的目标；不过，双方还是达成了在“东盟灾害管理人道主义援助协调中心”（AHA Centre）框架下向缅甸提供人道主义援助的意向，尽管缅甸军政府提出把援

---

① Cambodia MFA, “Briefing on Cambodia's ASEAN Chairmanship Priorities 2022 (December 29, 2021),” https://www.mfaic.gov.kh/Posts/2021-12-29-News-A-Briefing-on-Cambodia-s-ASEAN-Chairmanship-Priorities-2022---29-December-2021---21-40-52, December 29, 2021, 2023年3月浏览。

② Cambodia MFA, “Joint Press Release on the Visit of Samdech Akka Moha Sena Padei Techo HUN SEN, Prime Minister of the Kingdom of Cambodia, to the Republic of the Union of Myanmar,” January 7-8, 2022, https://www.mfaic.gov.kh/posts/2022-01-07-Press-Release-Joint-Press-Release-on-the-Visit-of-Samdech-Akka-Moha-Sena-Padei-Techo-HUN-SEN--Prime-Minister-of-th-22-48-32, 2023年3月浏览。

③ 日本貿易振興機構：『カンボジアのフン・セン首相、ミャンマー国軍司令官を訪問』, https://www.jetro.go.jp/biznews/2022/01/a795ec74243d42fd.html, 2023年6月浏览。

④ ASEAN Cambodia 2022, “Press Statement by the Chairman of the ASEAN Foreign Ministers' Retreat (AMM Retreat),” February 16-17, 2022, https://www.mfaic.gov.kh/, 2023年7月浏览。

助纳入军政府的管控之下的要求遭到一些东盟成员国的反对，但是在柬埔寨的努力下，援助活动得以实施。① 此后，随着缅甸军政府对4名反政变活动人士（反对派人士）处以死刑事件的持续发酵，洪森在8月初召开的东盟外长会议上致辞称，对此感到“失望”，并称“如果继续实施死刑，也可以重新修改‘五点共识’”；外长会议的联合声明也强调，“大会对未取得缅甸军方的合作、‘五点共识’未得到执行深感失望”。② 在对缅甸当局的谴责声中，11月11~13日，在依旧没有缅甸当局代表参会的情况下，第40届和第41届东盟领导人会议举行并发表了题为《东盟领导人关于落实“五点共识”的回顾和决议》的联合声明，该声明认为：“五点共识”的履行毫无进展；对此，有必要对“五点共识”的履行设定时限，并指派东盟外长会议制定切实可行的实施计划；同时，决定要求联合国及域外伙伴对“五点共识”的履行提供支持。③

总体看，在面对缅甸问题上，东盟内部存在分歧，其与东盟内部对乌克兰危机认识的分歧一样，正在挑战东盟“协商一致”的议事原则，如果处理不当，很可能会严重影响东盟的内部团结与政治安全共同体乃至东盟共同体的整体建设进程。

三　疫后经济迅速恢复，经济共同体建设取得突出进展

进入2022年，《东盟全面复苏框架》（ACRF）与《东盟全面复苏框架实施计划》（ACRFIP）的实施也已进入第三年，随着东盟各国逐步放松管

---

① 鈴木早苗・梅崎創：『ミャンマーへの対応とコロナ後の経済協力：2022年のASEAN』、『アジア動向年報2023年版』、日本貿易振興機構アジア経済研究所、2023年5月、186頁（183~196頁）。

② ASEAN Cambodia 2022，“Joint Communiqué of the 55th ASEAN Foreign Ministers' Meeting，” August 3，2022，https：//www.mfaic.gov.kh/，2023年7月浏览。

③ ASEAN Cambodia 2022，“ASEAN Leaders' Review and Decision on the Implementation of the Five-Point Consensus Phnom Penh，Cambodia，” November 11，2022，https：//www.mfaic.gov.kh/，2023年7月浏览。

控，走出疫情，东盟经济实现了较前一年更快的恢复。RCEP 生效，多个东盟国家加入 IPEF，东盟在区域经济中的“中心性”获得不断加强，而由此带来的贸易升级与贸易便利化等则进一步推动东盟经济共同体建设在数字化转型、区域互联互通、可持续发展等领域取得了突出进展。

（一）经济快速恢复实现增长

2022 年，除了文莱延续了前一年的小幅负增长外，其他东盟国家均保持了经济增长态势，尤其是马来西亚与越南，更是实现了 8%以上的高速增长（见表 1）。从东盟整体看，2022 年实现经济同比增长 5.7%，较 2021 年提高了 2.3 个百分点；按照当前价格计算，2022 年东盟整体国内生产总值达到 3.63 万亿美元，占世界 GDP 总量的 3.57%，同比小幅增加。①

表 1　东盟及各成员国实际 GDP 增长情况（2021~2023 年）

单位：%

成员国	实际 GDP 增长率		
	2021 年	2022 年	2023 年
东盟	3.4	5.7	5.0
文莱	-1.59	-1.51	3.26
柬埔寨	3.03	5.01	5.82
印度尼西亚	3.70	5.31	4.95
老挝	2.06	2.25	3.97
马来西亚	3.09	8.69	4.48
缅甸	-17.94	1.97	2.58
菲律宾	5.70	7.60	6.03
新加坡	8.88	3.65	1.50
泰国	1.56	2.64	3.41
越南	2.56	8.02	5.76

注：2022 年数据为初步核算值，2023 年数据为预测值。

资料来源：综合东盟秘书处（https：//asean. org/，2022 年 7 月）、IMF（https：//www. imf. org，2023 年 4 月）、ADB（https：//www. adb. org，2023 年 4 月）有关数据。

① 东盟成员国数据库，https：//www. aseanstats. org/，2023 年 7 月浏览。

外商直接投资方面，2022 年东盟共吸引外商直接投资 2242 亿美元，较 2021 年增长 5.56%。从外资来源地看，前四名依次是美国 365.83 亿美元，同比增长 3.13%；日本 267.16 亿美元，同比增长 27.73%；欧盟 240.61 亿美元，同比减少 14.13%；中国（不含港澳台）153.99 亿美元，同比减少 7.23%。从行业分布看，服务业占 65.9%，制造业占 27.5%，采矿业占 0.8%，农林渔业净流出 5887 万美元，其他各行业占 5.8%。①

对外贸易方面，2022 年东盟与区域外货物贸易总额达 38470.1 亿美元，同比增长 14.9%，其中，出口额为 19624.4 亿美元，同比增长 14.1%，进口额为 18845.7 亿美元，同比增长 15.8%；主要出口产品为电机、电气设备及其零件，矿产品，机器、机械及其零件等，出口额分别为 5574.7 亿美元、2319.7 亿美元和 1914.4 亿美元；主要进口产品也是上述三类产品，进口额分别为 4833.7 亿美元、3379.6 亿美元和 1934.5 亿美元。从贸易关系看，东盟前四大贸易伙伴依次是位居第一的中国，货物贸易总额为 7222.1 亿美元，同比增长 7.8%，其中对华出口 2907.1 亿美元，进口 4315.0 亿美元；美国位居第二，货物贸易总额为 4204.4 亿美元，同比增长 15.0%，其中出口 2909.6 亿美元，进口 1294.8 亿美元；欧盟位居第三，货物贸易总额为 2952.4 亿美元，同比增长 9.6%，其中出口 1764.6 亿美元，进口 1187.8 亿美元；日本位居第四，货物贸易总额为 2684.9 亿美元，同比增长 11.2%，其中出口 1131.7 亿美元，进口 1353.2 亿美元。②

旅游业方面，自 2021 年第四季度起到访东盟国家游客数量有所恢复，泰国和新加坡的恢复势头明显，③ 2022 年全年东盟国家游客数量达 4320 万人次，虽较 2021 年的 290 万人次大幅增长近 14 倍，但是远未恢复到疫情前 2019 年 1.352 亿人次的水平。④

① 东盟成员国数据库，https://www.aseanstats.org/，2023 年 7 月浏览。

② 东盟成员国数据库，https://www.aseanstats.org/，2023 年 7 月浏览。

③ ASEAN, "ASEAN Economic Integration Brief (AEIB), No. 11," June 2022, p. 3, https://asean.org/，2023 年 7 月浏览。

④ 东盟成员国数据库，https://www.aseanstats.org/，2023 年 7 月浏览。

得益于疫情管控措施的及时放开，区域内内需的强劲增长及包括旅游业在内的服务业的加速复苏，以及供应链部分向东盟地区转移带来的投资增长等因素，东盟在2022年经济快速恢复，实现增长。然而，乌克兰危机的爆发引致欧洲发达经济体受到冲击，能源、粮食等大宗商品价格上涨和全球供应链不稳导致世界经济增长乏力，需求疲软，世界主要发达经济体为缓解通胀压力而纷纷采取紧缩货币政策。这导致货币贬值与通胀压力随贸易与投资活动进入东盟，成为阻碍东盟经济恢复增长的主要风险。亚洲开发银行（ADB）统计数据显示，2022年东盟整体的通胀率达到5.1%，远高于2021年的通胀率2.1%,[①] 一些承受能力较弱的东盟成员国货币贬值严重。如截至2022年8月，老挝基普的币值较年初贬值37.6%，缅甸缅元和菲律宾比索也分别贬值了18.1%和10.3%。[②] 对此，很多东盟成员国都对本国困难家庭和企业等施行了现金补贴等支持政策，以缓解通胀和物价上涨的不良影响。如：印尼向2000万户家庭和250万个街头摊贩给予了现金补助，同时推出了棕榈油出口禁令，以优先满足国内需求；菲律宾则推出了针对公共交通部门、农民和渔民的燃油补贴与折扣；越南则对燃油、食品、运输服务等实行限价，同时降低燃油税以降低支出成本。[③]

（二）RCEP的生效与IPEF谈判的推进

如前所述，2022年，东盟“中心性”在经济领域的体现主要是RCEP的生效，以及有多个东盟国家参与的“印太经济框架”开始进入实质性谈判阶段，这些都成为2022年东盟经济共同体建设的突出进展。

RCEP由东盟主导，签署于2020年11月15日，2022年是其全面生效

---

① 鈴木早苗・梅崎創：『ミャンマーへの対応とコロナ後の経済協力：2022年のASEAN』、『アジア動向年報2023年版』、日本貿易振興機構アジア経済研究所、2023年5月、190頁（183~196頁）。

② ASEAN, “ASEAN Economic Integration Brief（AEIB），” No. 12, December 2022, p. 3, https://asean.org/, 2023年7月浏览。

③ ASEAN, “ASEAN Economic Integration Brief（AEIB），” No. 12, December 2022, pp. 3-4, https://asean.org/, 2023年7月浏览。

并产生效益的第一年。根据 RCEP 的规定，东盟中的 6 个成员国与非东盟的 3 个成员国完成国内批准程序并向东盟秘书长提交核准书的 60 日后，RCEP 即可生效，而 2022 年 1 月 1 日即是满足上述条件，RCEP 在文莱、柬埔寨、老挝、新加坡、泰国、越南、中国、日本、澳大利亚、新西兰全面生效的日子。其后，尽管在一些成员国中遭遇到一定的曲折，但是，RCEP 仍先后于 2022 年 2 月 1 日在韩国、2022 年 3 月 18 日在马来西亚、2022 年 5 月 1 日在缅甸[①]、2023 年 1 月 2 日在印度尼西亚、2023 年 6 月 2 日在菲律宾生效，2023 年 RCEP 已在所有 15 个成员国生效，形成一个占世界 GDP 总量、贸易总量以及人口总量约三成的、世界最大的自由贸易区。[②] RCEP 也不负众望，在生效国的使用活跃度极高。如，据中国国际贸易促进会统计，2022 年 1~5 月，全国贸易系统办理的 RCEP 原产地证明文件达 4.36 万件，涉及贸易金额达 20.82 亿美元，涉及有关企业超过 1 万家；据泰国商务部统计，2022 年 1~3 月，利用 RCEP 完成的出口金额达 1.24 亿美元；据日本经济产业省统计，2022 年 1~6 月，依据 RCEP 办理的原产地证明文件达 3.37 万件，仅 6 月单月就达 8635 件，创造了 14 年半以来的月度最高纪录。[③] 在大大促进各成员国贸易活动的同时，RCEP 也在推动东盟与域外国家或地区签署新一代自贸协定方面发挥了重要作用。如，2022 年 9 月开始，东盟与澳大利亚、新西兰启动了升级《东盟-澳大利亚-新西兰自由贸易协定》（AANZFTA）的谈判，更新的内容涉及政府采购、中小微企业、可持续贸易等新领域，该谈判已于 2022 年 11 月 13 日达成初步协议。东盟与中国之间也于 2022 年 11 月 24 日启动了《中国-东盟自由贸易协定》（CAFTA）升级谈判，内容涉及

① 虽然一些 RCEP 成员国不承认 RCEP 在被缅甸军政府控制的缅甸国内生效，但是，随着新加坡（自 2022 年 3 月 4 日开始）、泰国（追溯至 2022 年 1 月 1 日开始）、中国（自 2022 年 5 月 1 日开始）等国依据 RCEP 规则给予缅甸 RCEP 成员国待遇，大部分成员国已承认 RCEP 在缅甸生效。

② 日本貿易振興機構：『RCEP 協定、1 月 1 日に日本含めた10カ国で発効』，https://www.jetro.go.jp/biznews/2022/01/feb169613aee531e.html，2023 年 6 月浏览。

③ 日本貿易振興機構：『RCEP 協定、6 月単月で最も多く利用されたEPAに』，https://www.jetro.go.jp/biznews/2022/07/52770dc54a250a59.html，2023 年 6 月浏览。

数字经济与绿色经济下的贸易机会、促进投资、旅游、电子商务、消费者保护、中小微企业发展等多个领域。此外，东盟与日本、韩国、印度等国也在考虑修订或升级双方的自贸协定。

尽管 IPEF 是作为美国“印太战略”在经济领域延伸的初步设想而提出的，但是在美国自 2022 年 5 月 23 日宣布“印太经济框架”成立以来，其内涵正越来越充实，并有可能成为“印太”地区继《全面与进步跨太平洋伙伴关系协定》（CPTPP）、RCEP 之后的另一个涉及贸易、供应链建设、绿色经济与基础设施建设、关税与公平经济等四大领域的重要贸易安排，而这四大领域的谈判也随着 IPEF 的成立迅速展开。① 值得关注的是，文莱、印尼、马来西亚、菲律宾、新加坡、泰国、越南等东盟 7 国占了 IPEF 的 14 个初始成员国数量的一半，而且印尼、马来西亚、菲律宾、新加坡、泰国、越南还是东盟主要的经济体，一旦将来该框架投入运营，东盟作为地区最活跃的经济体，其必将在“印太”地区经济发展中发挥重要的“中心性”作用。IPEF 成立后，关于四大领域的谈判进程进展很快。先是，2022 年 6 月 11 日，IPEF 非正式部长会议召开，在吸收斐济为初始成员国的同时，就四大领域的谈判范围进行了初步界定。7 月 13～14 日，IPEF 首次高官会在新加坡召开，就哪些成员国参加四大领域中哪些领域的谈判展开了讨论。经过 7 月 26 日举行的线上部长级会议，IPEF 于 9 月 8～9 日举行首次部长级会议，继续就谈判的具体领域展开讨论。9 月 23 日，美国商务部公布了 IPEF 贸易谈判的具体目标：（1）韧性，即提高供应链的韧性，具体谈判领域有贸易便利化条款、提高贸易透明性与实施良性规则条款、竞争规则条款等；（2）包容性，具体谈判领域有建立保护劳动者权益的高水平规则，制定数字经济领域中小企业普惠的高水平规则，确定 IPEF 不同经济发展水平成员国应履行的义务；（3）可持续性，即构建可持续经济，主要是在农业相关

① The White House, “Statement on Indo-Pacific Economic Framework for Prosperity,” May 23, 2022, https://www.whitehouse.gov/, 2023 年 7 月浏览。

问题上达成一致。[①] 12 月 15 日，IPEF 召开首次首席谈判代表磋商会议，开始就具体谈判文本展开讨论，自此，IPEF 进入实质性谈判阶段。

（三）东盟经济共同体建设的其他进展

关于 2022 年东盟经济共同体建设的优先事项，柬埔寨提出要建设具有包容性、可持续性、韧性的后疫情时代的东盟经济共同体。为此，柬埔寨计划通过优化和利用现有的区域自贸协定，确保 RCEP 的有效实施，以加强东盟的竞争力，推动区域经济一体化；通过推进互联互通，致力于数字经济、电子商务、科技、中小微企业、创新与产业转型等领域的发展，促进东盟经济的不断增长与繁荣。[②] 在 2022 年 3 月 16 日召开的东盟经济部长非正式会议上，柬埔寨进一步提出加强数字连接与科学技术；缩小发展差距以提高东盟竞争力；推进更加一体化、包容、韧性和更具竞争力的东盟建设；推进面向增长与发展的全球化东盟建设等四个经济共同体建设重点，同时列出了 19 个具体的经济共同体建设优先目标。[③]

在数字化转型方面，依据 2021 年制定的《斯里巴加湾路线图：加快东盟经济复苏与数字经济一体化的东盟数字转型议程》（BSBR）和《利用数字化转型加速东盟经济与数字经济一体化的斯里巴加湾进度表》，东盟的数字化转型建设进展顺利。其中，东盟正在制定《开发有关可互操作二维码准则》，实施《东盟跨境实时零售支付系统支付政策框架》，探索区域支付的互联互通和金融的包容性，目前，印尼和泰国正在进行相关试点；东盟正在加快《东盟数字经济框架协议》（DEFA）的制定，为 2023 年的谈判做好

① USTR, "The Indo-Pacific Economic Framework for Prosperity: Biden-Harris Administration's Negotiating Goals for the Connected Economy (Trade) Pillar," September 23, 2022, https://ustr.gov/about-us/policy-offices/press-office/press-releases/2022/september/indo-pacific-economic-framework-prosperity-biden-harris-administrations-negotiating-goals-connected, 2023 年 7 月浏览。

② ASEAN Cambodia 2022, https://asean2022.mfaic.gov.kh/, 2023 年 7 月浏览。

③ ASEAN, "ASEAN Launches Negotiations to Upgrade ASEAN Trade in Goods Agreement," March 16, 2022, https://asean.org/asean-launches-negotiations-to-upgrade-asean-trade-in-goods-agreement/, 2023 年 7 月浏览。

准备；东盟还在大力推进无纸化贸易、数字化结算，扩大东盟单一窗口（ASW）贸易文件电子化范围，推进无缝跨境贸易发展；推出东盟接入匹配计划，改造中小企业学院，推动中小微企业利用数字技术等。

在可持续发展方面，东盟提出补充循环经济框架的新文件，明确2030年前推动循环经济发展的计划和措施；批准《东盟可持续农业指南》《农用化学品使用盘点性文件》《东盟森林、裸地和沿海生态系统基于自然的解决方案研究》等文件，促进粮食安全和可持续区域合作；发布两份《东盟能源展望（第七版）》《东盟可再生能源展望（第二版）》文件，推动东盟能源合作行动计划的顺利实施等。

在建设更具竞争力和全球化的东盟方面，东盟通过启动《东盟货物贸易协定》升级谈判、《中国-东盟自由贸易协定》升级谈判、初步结束《东盟-澳大利亚-新西兰自由贸易协定》升级谈判，不断提高东盟市场的强劲、开放和竞争力，从而为疫后经济复苏提供动力。①

此外，在东盟社会文化共同体建设方面，柬埔寨提出了增强东盟价值观、意识和认同，促进人力资源开发与女性赋权，加强东盟人民健康、福祉和社会保护，加强东盟社会文化共同体的机构能力和有效性等优先发展事项，并取得了良好的建设效果。②

四　2023年发展展望

作为2023年东盟轮值主席国，印度尼西亚提出的年度主题为“东盟事务：增长的中心”。其中，“东盟事务”包括加强东盟的能力和有效性、加强东盟的团结、加强东盟的中心地位等三个重要领域；“增长的中心”则指东盟在区域和世界经济增长中具有中心作用。印度尼西亚提出，作为轮值主席国，其将侧重于应对包括粮食、能源和金融等多方面危机，致力于加强东

① ASEAN, “ASEAN Economic Integration Brief (AEIB),” No. 12, December 2022, p. 9, https: //asean. org/, 2023年7月浏览。

② ASEAN Cambodia 2022, https: //asean2022. mfaic. gov. kh/, 2023年7月浏览。

盟作为一个和平稳定地区的地位，通过合作使东盟成为一个强大、包容、经济可持续增长的地区。然而，2023 年，东盟面临的挑战也不容忽视。一是，在政治安全共同体建设方面，缅甸问题引发的东盟内部的不一致，可能会撼动东盟的内部团结，这将会弱化东盟的“中心性”作用；二是，世界经济增长乏力的状况还在持续，在这样的大背景下，东盟很难独善其身，如何规避通货膨胀和世界性的需求疲软，实现经济的稳定增长，是摆在东盟及其成员国面前的重要课题。

分 报 告

Topical Reports

Y.2
2022年东盟政治安全共同体建设进展与成就

郑先武*

摘 要： 2022 年，东盟政治安全共同体建设围绕《东盟共同体愿景（2025 年）》和《东盟政治安全共同体蓝图（2025 年）》及《2025 年后东盟共同体愿景河内宣言》的既定目标，通过“东盟中心”区域架构内的共同努力，在东盟可持续和平与和谐安全建设及“妇女、和平与安全议程”、气候变化、海上安全、网络安全、食品安全等合作领域取得了新的重要进展。东盟决定正式吸纳东帝汶为新成员，并与外部对话伙伴就持续中的缅甸问题、南海问题和新发生的乌克兰危机等区域内外重大热点问题发表共同立场、展开外交斡旋，与联合国组织就气候变化、人的安全和打击恐怖主义和跨国犯罪等全球和区域安全议程展

* 郑先武，博士，南京大学国际关系研究院教授、博士生导师，研究方向为东南亚国际关系、国际安全与区域治理理论和实践。

开对话、寻求联合行动，日益显示出东盟作为一个区域行为体和兴起中的全球行为体在推进东南亚共同体建设及应对区域和全球共同挑战时的韧性和活力。

关键词： 东盟 认同建设 安全建设 外向性建设

2021年12月，2022年东盟轮值主席国柬埔寨确定了“东盟行动：共同应对挑战”的东盟主题。该主题强调东盟作为一个共同体集体努力应对和克服本区域面临挑战的“同舟共济”精神和共同意志。这里的“同舟共济”强调基于东盟大家庭的开放、诚信、团结与和谐的“以行动为导向的方法”。在这一主题下，柬埔寨寻求为建设和平、稳定与繁荣的“和谐东盟共同体”贡献力量，支持东盟参与更广泛的区域事务，应对区域和全球挑战，包括新冠疫情、气候变化与可持续发展、大国竞争、保护主义、领土争端、贸易战和技术竞争及其他传统和非传统安全威胁带来的影响和不确定性，以便引导东盟共同努力，实现共同的重要任务，特别是按照东盟“一个愿景、一种身份、一个共同体”的核心精神，加快建设“一个公平、强大、包容的东盟共同体”。[①] 2022年11月11日在金边举行的第40届和第41届东盟峰会颁布《东盟领导人关于“东盟行动：共同应对挑战”愿景声明》确认了这些目标，并强调加强区域努力，包括通过边境管理合作，遏制和减轻恐怖主义和暴力极端主义、非法毒品、偷渡和贩运人口、网络犯罪等跨国犯罪和其他非传统安全问题构成的现有和新的威胁。[②]

据此，2022年，东盟政治安全共同体建设围绕《东盟共同体愿景

① “ASEAN Chairmanship 2022 - Cambodia,” The ASEAN Secretariat, December 31, 2021, https://asean.org/asean-chairmanship-2022-cambodia/, 2023年4月12日浏览。

② “ASEAN Leaders' Vision Statement on ‘ASEAN A. C. T.: Addressing Challenges Together,’” The ASEAN Secretariat, November 11, 2022, https://asean.org/wp-content/uploads/2022/11/02-ASEAN-Leaders-Vision-Statement-on-ASEAN-A.C.T.-Addressing-Challenges-Together-1.pdf, 2023年4月12日浏览。

（2025年）》和《东盟政治安全共同体蓝图（2025年）》及《2025年后东盟共同体愿景河内宣言》的既定目标，适应全球和区域环境的新变化，通过东盟和“东盟+1”、“东盟+3”、东亚峰会、东盟防长扩大会议、东盟地区论坛和东盟“10+1”外长后续会议等“东盟中心”区域架构内的共同努力，在东盟可持续和平与和谐安全建设及“妇女、和平与安全议程”、气候变化、海上安全、网络安全、食品安全等合作领域取得了新的重要进展。2022年8月3日，在金边召开的第55届东盟外长会议发布的主席声明表示，《东盟政治安全共同体蓝图（2025年）》确定的290项行动项目中已有285项得到落实，执行率达到98.28%。[①] 这一年，东盟决定正式吸纳东帝汶为新成员、公布了《东盟领导人关于东盟主导机制主流化〈东盟印太展望〉四大优先领域宣言》、与印度和美国启动了全面战略伙伴关系，并与外部对话伙伴就持续中的缅甸问题、南海问题和新发生的乌克兰危机等区域内外重大热点问题发表共同立场、展开外交斡旋，与联合国组织就气候变化、人的安全和打击恐怖主义和跨国犯罪等全球和区域安全议程展开对话、寻求联合行动，日益显示出东盟作为一个区域行为体和兴起中的全球行为体在推进东南亚共同体建设及应对区域和全球共同挑战时的韧性和活力。

一 东盟认同建设：强化和谐安全共同体

为加强东盟的团结和凝聚力，东盟政治安全共同体建设将构建“基于规则的、以人为本的共同体”作为核心目标之一，其基本任务是建立一个更民主、透明、公正、基于规则及共享宽容与节制价值观的包容性共同体。其中包括促进以人为本的共同体意识和东盟成员国之间的政治与法律制度、对文化与历史的理解和欣赏；保护人权、基本自由和社会公正，确保东盟人民在和平、和谐与繁荣中有尊严的生活等；嵌入和平文化，包括宽容和节制

① “Joint Communique of the 55th ASEAN Foreign Ministers’ Meeting,” The ASEAN Secretariat, August 3, 2022, https://asean.org/wp-content/uploads/2022/08/Joint_Communique-of-the-55th-AMM-FINAL.pdf, 2023年4月12日浏览。

的价值观，作为东盟区域及世界和谐、和平与稳定的力量。[①] 这也是东盟所拥有和定义“东盟认同”乃至“东南亚认同”的最优势社会资本“东盟方式”及“东盟中心地位”的基础性保障。

2022 年，东盟政治安全共同体建设在这方面取得的重要进展集中体现在 2022 年 11 月 11~12 日举行的第 40 届和第 41 届东盟峰会通过的《东盟妇女、和平与安全区域行动计划》、《关于建设更可持续、更包容和更有韧性的未来：释放东盟妇女创业宣言》和《关于东盟移徙工人社会安全福利可携性东盟宣言》以及 2022 年 6 月 22 日举行的第 16 届东盟防长会议通过的《关于加强东盟女性维和人员支持机制概念文件》、《东盟防长关于加强防务合作以实现和谐安全联合声明》、《关于建立东盟国防教育机构合作概念文件》和《关于反思军事史促进可持续和平讨论文件》等核心文件。通过这些重要文件的制定和协商，东盟在可持续和平与和谐安全及“妇女、和平与安全议程”等重要领域的区域规范建设和区域联合行动上取得了新的重要成就。

（一）实施《东盟妇女、和平与安全区域行动计划》，保障可持续和平与人的安全

长期以来，东盟一直将实施“妇女、和平与安全议程”视作实现东盟区域可持续和平与繁荣的关键，并将之纳入东盟共同体的政治安全共同体、经济共同体和社会文化共同体三大支柱的区域政策和框架，从而形成东盟“妇女、和平与安全议程”跨部门、跨支柱的协作办法。该议程在东盟促进和保护妇女及儿童权利委员会领导下，与东盟妇女问题委员会和东盟和平与和解研究所协商推进。东盟还专门设立妇女、和平与安全咨询小组，由东盟妇女问题委员会和东盟促进和保护妇女及儿童权利委员会的代表组成，负责监督《东盟妇女、和平与安全区域研究》，并制定《东盟妇女、和平与安全

① “ASEAN Political-Security Community Blueprint 2025,” The ASEAN Secretariat, March 2016, https://asean.org/wp-content/uploads/2012/05/ASEAN-APSC-Blueprint-2025.pdf, 2023 年 5 月 2 日浏览。

区域行动计划》。该小组成员后来扩大到包括东盟共同体所有三根支柱的11个部门团体和机构，以指导《东盟妇女、和平与安全区域行动计划》的制定。这些团体和机构包括东盟妇女问题部长级会议、东盟女企业家网络、东盟和平与和解研究所、东盟打击跨国犯罪高级官员会议下属的反恐工作组、东盟政府间人权委员会以及东盟灾害管理委员会下属的性别保护和包容工作组等。制定该行动计划是2021年启动的《东盟妇女、和平与安全区域研究》的主要建议之一。① 2022年1月28日，东盟妇女、和平与安全咨询小组举行第一次扩大会议。会上，该小组成员们分享了各自部门与东盟"妇女、和平与安全议程"相关举措的最新情况。会议还介绍了关于《东盟妇女、和平与安全区域行动计划》制定的最新进展，特别是工作范围和逻辑框架。该行动计划制定在美国政府设立的东盟-美国国际开发署前景项目、联合国妇女署、加拿大政府和东盟秘书处支持下完成，并提交第40届东盟峰会供东盟领导人采纳。②

《东盟妇女、和平与安全区域行动计划》旨在动员整个东盟推动落实东盟"妇女、和平与安全议程"，以促进所有公民的可持续和平与安全，并被视作履行东盟"妇女、和平与安全议程"承诺方面取得进展的关键一步。该行动计划的重点是四项关键战略和优先行动。这四项关键战略是保护、参与、预防、救济与复原，共同构成"妇女、和平与安全议程"的关键支柱。保护战略旨在与和平与安全有关的政策、做法和机构中保护妇女和女童权利，包括在冲突时、冲突后、和平建设和人道主义环境中保护妇女和女童免遭一切形式的性暴力和基于性别的暴力；其首选优先行动是，通过法律和司法程序以及过渡时期司法机制，确保在冲突、灾害和动荡局势期间或之后发生的性暴力事件中对幸存者负责，并确保妇女充分和有效地参与这些进程，

① "ASEAN Regional Plan of Action on Women, Peace and Security," The ASEAN Secretariat, December 2022, https://wps.asean.org/wp-content/uploads/2022/12/FINAL_ASEAN-Regional-Plan-of-Action-on-Women-Peace-and-Security_reduced.pdf, 2023年5月2日浏览。

② "ASEAN Develops Regional Plan of Action to Advance Women, Peace and Security Agenda," The ASEAN Secretariat, January 28, 2022, https://asean.org/asean-develops-regional-plan-of-action-to-advance-women-peace-and-security-agenda/, 2023年5月2日浏览。

确保受害者/幸存者能够获得补偿及国家层面的补救措施。参与战略旨在妇女充分、有意义和平等地参与和平与安全有关机构、组织和决策过程，包括担任领导职务；其首选优先行动是，审查招聘和留任政策与生活/工作平衡政策，并确定其他可能的制度和政策障碍，以促进性别平衡，包括在东盟及其成员国中与和平与安全有关机构和进程中的领导职位。预防战略旨在促进东盟各部门、机构和成员国在预防全球、区域和国家冲突以及预防暴力、灾害和其他对和平与安全产生威胁的方面发挥积极作用；其首选优先行动是，在整个东盟区域将性别问题主流化，让妇女参与和平建设和冲突预防的努力，包括预防暴力极端主义、灾害管理与应急反应、预防网络安全威胁、贩运人口和其他新生和平与安全威胁等，并在东盟各部门实体、机构和成员国之间为此开展技术合作、交流专业知识和最佳做法及经验教训等。救济与复原战略旨在保障妇女和女童需求在区域、国家和地方各级救济和复原过程中得到满足，并确保妇女平等和有意义地参与这些过程，包括担任决策和领导职务等；其首选优先行动是，确定具体方法和工具（如基于性别的分析核对表和对性别问题敏感度的调查），以了解冲突后和紧急情况下妇女和女童需求，并确保培训急救人员使用对性别问题敏感和合乎道德的数据收集方法等。该行动计划还确定了这些关键战略和优先行动履行的指导性原则，包括：多支柱、跨部门和综合的妇女、和平与安全方法；关注性别、和平与安全挑战的动态性和复杂性；包容性方法；应对东盟区域共同的优先事项和特定背景；利用本区域履行“妇女、和平与安全议程”的不同专业知识等。①

“妇女、和平与安全议程”亦纳入东盟多边防务合作进程。《关于加强东盟女性维和人员支持机制概念文件》便是其重要成果。近年来，妇女对联合国维和行动日益发挥积极作用，包括支持妇女参与建设和平和保护妇女权利等。据联合国统计，2020 年，在联合国维和特派团中，女性在军事特遣队中占 4.8%，在建制警察部队中占 10.9%，在政府提供的司法和惩戒人

① “ASEAN Regional Plan of Action on Women, Peace and Security,” The ASEAN Secretariat, December 2022, https://wps.asean.org/wp-content/uploads/2022/12/FINAL_ ASEAN-Regional-Plan-of-Action-on-Women-Peace-and-Security_ reduced.pdf, 2023 年 5 月 3 日浏览。

员中占34%。联合国为在军事特遣队服役的女性设定了2028年的目标：军事观察员占15%，参谋军官占25%，建制警察部队占20%，单兵警察占30%。东盟也一直在促进国际和平特别是在联合国维和行动框架下发挥积极作用。据统计，截至2022年6月，来自东盟6个成员国的4454名维和人员在世界各地执行任务，其中363名为女性，占总人数的8.14%。截至2022年11月，为支持联合国《以行动促维和议程》，东盟7个成员国派出近4800名维和军警人员参与9项联合国维和行动，其中约9%为女性维和人员。尽管取得了这些重要成就，但在知识分享和能力建设方面仍然存在差距和局限性，特别是在东盟女性维和人员之间。此外，妇女在和平行动中的人数不足。在这种背景下，必须鼓励、赋能妇女并使她们能够成为和平进程中有意义的一部分。为此，该概念文件建议东盟国防部长承诺采取举措，增加对东盟女性维和人员的支持，并支持她们参与联合国维和行动。这些举措包括能力建设以及信息和知识共享等。①

最重要的是，《关于加强东盟女性维和人员支持机制概念文件》提出倡议，拟通过建立一个符合“妇女、和平与安全议程”的“东盟女性维和人员网络”，加强对东盟女性维和人员的支持机制。该概念文件建议，在“东盟女性维和人员网络”发展中，分三阶段的具体活动包括：一是在加强战备阶段，主要是制定指导方案，将有经验的女性维和人员与新的和初级女性维和人员团结起来，并与东盟维和中心网络和东盟防长扩大会议维和行动专家工作组合作，推动东盟女性维和人员联合演习，包括桌面演习、维和行动实训等；二是在部署前阶段，主要是鼓励东盟女性军人参与维和行动，就支持妇女参与维持和平行动能力建设交流最佳做法和经验教训，并通过培训和信息共享提高东盟女性维和人员能力，包括举办研讨会和讲习班等；三是在

① “Concept Paper on Enhancing Support Mechanism for ASEAN Women Peacekeepers,” The ASEAN Secretariat, June 22, 2022, https://admm.asean.org/dmdocuments/2022_Jun_16th%20ADMM_Phnom%20Penh_22%20June%202022_3.%20Concept%20Paper%20on%20Enhancing%20Support%20Mechanism%20for%20ASEAN%20Women%20Peacekeepers.pdf; “Chairman’s Statement of the 10th ASEAN-United States Summit,” The ASEAN Secretariat, November 12, 2022, https://asean.org/wp-content/uploads/2022/11/6.-Final-CS-10th-ASEAN-US-Summit.pdf, 2023年5月3日浏览。

部署阶段，主要是根据现有资源和能力，为部署在同一国家或地区的东盟女性维和人员建立支持机制，并记录和分享妇女在外地维持和平行动中的经验信息和知识，通过举办东盟日等社会文化活动，在东盟维和人员中推广东盟共同体精神和认同感等。[①] 由此，《关于加强东盟女性维和人员支持机制概念文件》为促进东盟女性维和人员的知识、能力和互动提供了有用的机制安排，有助于推动落实联合国“妇女、和平与安全议程”及东盟“妇女、和平与安全议程”，进而促进妇女充分和有意义地参与冲突预防和和平建设行动。[②]

（二）加强国防和军事史教育协同，促进可持续和平与和谐安全

在东盟政治安全共同体建设进程中，多边防务合作日益发挥重要作用，而东盟防长会议和东盟防长扩大会议已成为坚持“东盟中心地位”原则和遵行不干涉、主权与领土完整、协商一致决策以及灵活、自愿、非约束性等东盟原则的核心区域安全架构。第 16 届东盟防长会议在两年的线上会议之后首次面对面举行。会议通过的《东盟防长关于加强防务合作以实现和谐安全联合声明》重申东盟共同体建设工作连续性和可持续性的重要性，并承诺在东盟内部及与国际社会进一步推动和平、稳定与发展的友好伙伴关系。[③] 这次会议颁布的《关于加强东盟女性维和人员支持机制概念文件》、《关于建立东盟国防教育机构合作概念文件》和《关于反思军事史促进可持

① “Concept Paper on Enhancing Support Mechanism for ASEAN Women Peacekeepers,” The ASEAN Secretariat, June 22, 2022, https://admm.asean.org/dmdocuments/2022_Jun_16th%20ADMM_Phnom%20Penh_22%20June%202022_3.%20Concept%20Paper%20on%20Enhancing%20Support%20Mechanism%20for%20ASEAN%20Women%20Peacekeepers.pdf, 2023 年 5 月 3 日浏览。

② “Joint Declaration of the ASEAN Defence Ministers on Defence Cooperation to Strengthen Solidarity for a Harmonised Security,” The ASEAN Secretariat, June 22, 2022, https://asean.org/wp-content/uploads/2022/06/Joint_Declaration_of_the_16th-ADMM_Adopted-by-the-16th-ADMM-22-June-2022.pdf, 2023 年 5 月 5 日浏览。

③ “Joint Declaration of the ASEAN Defence Ministers on Defence Cooperation to Strengthen Solidarity for a Harmonised Security,” The ASEAN Secretariat, June 22, 2022, https://asean.org/wp-content/uploads/2022/06/Joint_Declaration_of_the_16th-ADMM_Adopted-by-the-16th-ADMM-22-June-2022.pdf, 2023 年 5 月 5 日浏览。

续和平讨论文件》等重要文件即是为此作出的新贡献。

《关于建立东盟国防教育机构合作概念文件》旨在增进东盟国防教育机构（包括大学、学院和研究机构或有关团体）之间的联系和加强军事教育的能力，并通过互访、讲习班和研讨会加深东盟成员国之间的信任和信心；其重要途径是开展战术、操作和战略各个层面的协同。近年来，尽管东盟在国防和安全方面的合作已大大加强，但在军事教育方面的合作尚未在整个东盟的国防教育机构中广泛实践；东盟之间亦有一些教育合作倡议，但大多与社会方面有关，如东盟防务互动方案，其重点是对多样性、平等和相互理解的基本尊重。尤其是新冠疫情对教育和培训计划造成了干扰和挑战，大部分学术课程、海外培训和教育交流计划已被推迟或中断。新冠疫情期间，能力较弱的国家更容易受到破坏，而通过加强整个东盟共同体教育合作安排的网络，可以提高各国家对新冠疫情等破坏性因素的抵御能力。具体而言，东盟国防教育机构协同旨在实现以下目标：一是发展和提高东盟成员国国防教育机构网络和能力，以便在应对挑战时相互协助并及时完成任务；二是通过分享或交流教育项目、知识、经验和资源，加强东盟成员国国防教育机构之间的军事教育和培训；三是促进东盟成员国之间的共同援助，以加强各自的军事机构，提高其质量和充分发挥其潜力等。该概念文件还就协同领域提出了具体建议，包括：通过研讨会和讲习班促进教育技术和资源方面最佳做法的交流；促进电子学习方案/设施/人力资源的开发；举办讲习班，通报新研究成果，或在东盟国防教育机构之间分享教育和培训方面的最佳做法；为培训师和教师提供培训和绩效支持等。由此，该概念文件为东盟成员国开展国防教育机构协同提供了一个初步框架。①

《关于反思军事史促进可持续和平讨论文件》旨在凸显军事史对促进东盟区域可持续和平与稳定的重要性。在东盟防长们看来，军事史不但记录了

① “Concept Paper on the Establishment of ASEAN Defence Educational Institutions’ Collaboration (ADEIC),” The ASEAN Secretariat, June 22, 2022, https://admm.asean.org/dmdocuments/2022_Jun_16th%20ADMM_Phnom%20Penh_22%20June%202022_4.%20Concept%20Paper%20on%20the%20Establishment%20of%20ADEIC.pdf, 2023年5月6日浏览。

人类历史上对社会、文化和经济产生一定影响的历史事件，还记录了国内和国际关系的变化，包括军队通过实施军事战略和支持和平行动在预防和解决冲突方面发挥的作用。因此，促进对东盟军事史的研究是走向定义和平与安全为共享公共资产的共同愿景的重要一步，它可以通过理解和借鉴过往军队演习的成功和失败经验，为促进可持续和平作出贡献。该概念文件将可持续和平界定为一种使用破坏性力量解决问题的可能性很低，而使用对话和合作安全的可能性很高的状态。基于此，该讨论文件指出，东盟区域各国之间存在着不同的历史经验，这为建立相互理解和相互尊重提供了一个亟待填补的漏洞，而了解军事史是为加深东盟各成员国军队之间的相互了解奠定基础的重要组成部分，也是促进深入合作的重要催化剂；其最重要的目标是通过互访、军事演习或军事历史培训课程，寻求东盟各国之间的相互了解，进而促进东盟国家更好地了解彼此及其多样化的军事文化，加强区域合作和区域和平的可持续性。该文件还提出通过反思军事史促进东盟区域可持续和平的具体目标，包括：关于东盟区域军事史的公开对话、研究和出版以及经验交流；在反思军事史的基础上寻求可持续和平建设的创新办法；分享过往军队参与东盟区域冲突解决、和平化解和民族和解的最佳做法、经验教训和成就等。东盟防长们建议，由现有东盟防务与安全制度网络等第二轨道机制就该讨论文件展开后续行动。[①] 可以说，《关于反思军事史促进可持续和平讨论文件》为强化东盟身份认同和推动可持续和平与和谐安全的东盟政治安全共同体建设打开了一个崭新的合作领域。

东盟多边防务合作的可持续和平与和谐安全的新理念和新动议亦被东盟防长扩大会议所接受。2022 年 11 月 23 日举行的第 9 届东盟防长扩大会议通过《东盟防长扩大会议关于防务合作加强团结以实现和谐安全联合声明》重申，各方将致力于促进本区域可持续和平与安全，并根据《东盟印太展

① “Discussion Paper on Reflecting Military History to Promote Sustainable Peace,” The ASEAN Secretariat, June 22, 2022, https://admm.asean.org/dmdocuments/2022_Jun_16th%20ADMM_Phnom%20Penh_22%20June%202022_7.%20Discussion%20Paper%20on%20Reflecting%20Military%20History.pdf, 2023 年 5 月 6 日浏览。

望》所确立的原则，在东盟主导的机制下，特别是在东盟防长扩大会议框架下加强合作与对话，增进东盟内部和更广泛区域的战略互信和彼此信心。该联合声明特别申明，加强东盟内部及其与外部伙伴国家的团结合作精神，以实现和谐安全，促进区域和平、稳定、繁荣，抵御当前和新生的安全挑战，并通过深化各方关系和有效的务实合作促进本区域的和平、安全、稳定与繁荣，包括坚持法治、善治、民主和宪政原则，尊重和促进基本自由，促进和保护人权以及每个国家在不受外来干涉、颠覆或胁迫的情况下领导其民族生存的权利；遵行互不干涉内政、以和平方式解决争端、放弃以武力相威胁或使用武力原则及《东南亚友好合作条约》、《联合国宪章》和《东亚峰会互利关系原则宣言》（巴厘原则）确立的其他原则和宗旨。这些都是实现一个和平、稳定和繁荣的东盟共同体的关键所在。①

二　东盟韧性建设：共同应对区域安全挑战

在东盟政治安全共同体框架内，东盟韧性建设旨在根据综合安全原则，加强东盟应对现有和新安全挑战的能力，并对影响东盟的紧急问题或危机局势做出有效和及时的反应。通过东盟组织及“东盟中心”区域机制共同应对东盟区域内部安全挑战是东盟韧性建设的核心成分。2022 年，东盟除了继续以“五点共识”为基础介入缅甸问题外，还在新冠疫情公共卫生危机应对、海上安全及网络安全等领域的机制建设与协调行动方面取得重要进展。

（一）“全共同体”和“全政府”集体应对新冠疫情公共卫生危机

鉴于新冠疫情公共卫生危机对整个东盟及其成员国政治-安全和经济-社会所造成的全面而深刻的影响，东盟认识到予以应对和舒缓的措施必须涉及东盟共同体各个支柱协调行动的“共同体方法”和东盟成员国共同参与的

① “Joint Declaration by the ADMM-Plus Defence Ministers on Defence Cooperation to Strengthen Solidarity for a Harmonised Security,” The ASEAN Secretariat, November 23, 2022, https://admm.asean.org/dmdocuments/2022_Nov_9th%20ADMM-Plus_Siem%20Reap_23%20November%202022_Joint%20Declaration.pdf, 2023 年 5 月 6 日浏览。

“全政府”集体努力。这亦是东盟疫情后快速恢复的必由之路。为此，东盟充分调动东盟协调理事会重要的协调角色和该理事会公共卫生突发事件工作组的积极工作及东盟卫生部门和其他相关机构的努力，以展示东盟以“多部门、跨支柱和多利益攸关方”协调方式应对这一流行病所带来前所未有挑战的团结和能力。在实际中，东盟持续利用和注资东盟新冠疫情反应基金、有效运作东盟公共卫生突发事件区域医疗用品储备和东盟公共卫生突发事件战略框架及其实施计划，并于 2022 年 5 月 13 日举行的第 15 届东盟卫生部长会议闭门会决定，在印度尼西亚、泰国、越南三方部长级会议关于建立东盟突发公共卫生事件及新发疾病防控中心成果的基础上，于 2022 年 9 月签署《关于东盟突发公共卫生事件及新发疾病防控中心协议》并启动该中心建设。[①]

在东盟政治安全共同体框架内，东盟防务部门在新冠疫情公共卫生危机应对中亦日益扮演积极的角色。这主要体现在第 16 届东盟防长会议颁布的《关于防务机构在支持新冠肺炎康复中作用金边愿景》和《关于加强东盟成员国防务力量跨境疫情防控合作概念文件》两个重要官方文件。在东盟防长们看来，东盟各国并不能避免新冠疫情致命传染病暴发的高风险。例如，新冠疫情加剧了卫生不安全状况，给国家和区域经济造成了无法弥补的损失。经验亦表明，没有哪个国家能够单枪匹马战胜新冠疫情，也没有哪个国家能够有效应对跨境新冠疫情。因此，有必要通过东盟成员国的协同作用，形成更紧密的多边合作，以管理和控制新冠疫情的跨境蔓延。他们认为，通过东盟防务部门的集体努力和协同作用，各军种将通过务实军事合作增强信心，发展有效的集体能力，这将是成功遏制当前和未来流行病蔓延的关键。[②]

---

① “Joint Communique of the 55th ASEAN Foreign Ministers’ Meeting,” The ASEAN Secretariat, August 3, 2022, https：//asean.org/wp-content/uploads/2022/08/Joint_Communique-of-the-55th-AMM-FINAL.pdf, 2023 年 5 月 16 日浏览。

② “Concept Paper on Enhancing Cooperation Amongst Defence Forces of ASEAN Member States (AMS) in Cross-Border Pandemic Containtment,” The ASEAN Secretariat, June 22, 2022, https：//admm.asean.org/dmdocuments/2022_Jun_16th%20ADMM_Phnom%20Penh_22%20June%202022_2.%20Concept%20Paper%20Enhancing%20Cross-Border%20Pandemic%20Containtment.pdf, 2023 年 5 月 16 日浏览。

实际上，东盟防长框架内的多边防务机制已经在新冠疫情防控中发挥了重要作用。东盟军事医学中心通过举办新冠肺炎虚拟桌面演练和新冠肺炎专题研讨会，加强东盟成员国军事医学专家之间的合作与了解，主题包括隔离营管理、灾区新冠肺炎管理、疫情期间医疗后勤管理，以及新常态下军营联合训练与新发传染病防控指南等。东盟化学、生物和放射防务专家网络通过促进科学合作管理传染病暴发的虚拟讲习班等方式，努力促进东盟化学、生物和放射防务专家网络之间的更大合作。该网络已成为东盟生物防务专家就科学合作防治大流行病交流意见、见解和经验教训的主要平台。基于此，《关于防务机构在支持新冠肺炎康复中作用金边愿景》进一步呼吁，加强东盟防务机构之间的防务合作，提高东盟军队迅速有效应对新冠疫情的能力，并支持该区域以可持续和包容的方式从新冠疫情中恢复的努力。该文件强调东盟必须共同努力，制定和实施协调一致、反应迅速和有效的措施，以应对疫情跨边界扩散，并在灵活、自愿和不具约束力的基础上促进新冠肺炎康复过程中的相互援助。①《关于加强东盟成员国防务力量跨境疫情防控合作概念文件》便是其新的重要成果。

《关于加强东盟成员国防务力量跨境疫情防控合作概念文件》针对新冠疫情等公共卫生突发事件所具有的跨边界扩散、高危害性和单边难以控制等特征，提出加强东盟成员国防务部门在海陆空跨境防控上的集体反应和协调行动。该概念文件确定了东盟跨境疫情防控军事合作的范围和领域，主要包括：响应性跨境卫生安全合作与安排，如建立代表东盟各成员国的永久联络点；交换防务部门掌握的重要信息，如与新冠疫情有关的边境卫生安全措施；现场或流动处理流行疫情、疾病控制行动、安全控制和隔离部署时相互支持和协助；举办讲习班、联合演习，交流领导、参与和支持这些活动的军

① “Phnom Penh Vision on the Role of Defence Establishments in Support of COVID-19 Recovery,” The ASEAN Secretariat, June 22, 2022, https://admm.asean.org/dmdocuments/2022_Jun_16th%20ADMM_Phnom%20Penh_22%20June%202022_8.%20Phnom%20Penh%20Vision%20on%20the%20Role%20of%20Defence%20Establishments%20in%20Support%20of%20COVID-19%20Recovery.pdf，2023年5月16日浏览。

事人员的技能、经验、专门知识和能力发展；根据需要加强现有的双边和多边方式、机制和其他跨境安全合作框架等。该概念文件还确定了分阶段或同时开展的行动计划：第一阶段是操作行动，主要是酌情设立永久联络点和协调小组，以实施合作框架，对跨境活动进行监测和监督，执行现行法律和法规，并防止与该流行病有关的非法跨境流动等；第二阶段是开展合作活动，主要是举行在线研讨会/实体讲习班和能力发展培训，内容涉及大流行病的最新发展以及陆地边界和海上合作的最新合作措施等；第三阶段是联合审查、监测和评价，主要是对行动进展进行定期或特别审查和监督，并对实际实施过程进行评估和需要时更新计划及活动等。由此，东盟成员国国防军在国家和区域应对新冠疫情这一公共卫生突发事件的行动中被赋予关键的协同角色，并在应对跨境流行病和保护安全和社会秩序方面拥有了加强区域应急措施的巨大潜力。①

（二）推进军事网络安全和海事执法信息共享体系建设

网络安全和海上安全是东盟政治安全共同体建设的两个优先领域，并被纳入东盟多边防务合作进程。与防务和军事设施有关的网络安全问题属于东盟防务部门的职权范围。该部门的优先合作领域旨在提高对网络安全挑战的认识和利用东盟成员国及其外部伙伴之间的能力，并以协调方式发展合作机制和解决办法。2022 年，第 16 届东盟防长会议在上届东盟防长会议决定启动“东盟网络防务网”和“东盟防长会议网络安全及信息英才中心”两个新合作动议并通过《东盟防长会议网络安全及信息英才中心概念文件》的基础上，制定《东盟防长会议网络安全及信息英才中心职权范围》，为东盟防长会议网络安全及信息英才中心运行创建机制框架安排。

① “Concept Paper on Enhancing Cooperation Amongst Defence Forces of ASEAN Member States (AMS) in Cross-Border Pandemic Containtment,” The ASEAN Secretariat, June 22, 2022, https://admm.asean.org/dmdocuments/2022_Jun_16th%20ADMM_Phnom%20Penh_22%20June%202022_2.%20Concept%20Paper%20Enhancing%20Cross-Border%20Pandemic%20Containtment.pdf，2023 年 5 月 16 日浏览。

《东盟防长会议网络安全及信息英才中心职权范围》为东盟防长会议网络安全及信息英才中心运行确定了活动范围。主要包括：建立一个数据库，东盟成员国可以自愿存放和访问有关网络恶意软件、虚假信息和错误信息以及其他相关威胁的非机密信息；通过对话、研讨会、知识交流以及编辑出版报告和期刊，提高对网络安全和信息领域对区域安全潜在威胁的意识和了解；通过演习、对话、磋商等方式，促进网络安全和信息领域交流互动；支持东盟网络防务网，如主持和促进访问和交流，包括网络会议和活动，以及通过东盟网络防务网传播东盟防长会议网络安全及信息英才中心的网络安全产品和报告，以提高认识和加强讨论等。为保证这些活动有效开展，第 16 届东盟防长会议决定设立东盟防长会议网络安全及信息英才中心咨询委员会，由东盟防务高级官员会议工作组领导人或东盟成员国所有防务机构的委派代表组成，其主席将由东盟防长会议现任主席担任。该咨询委员会将每年举行一次会议，其职责是整合东盟成员国对东盟防长会议网络安全及信息英才中心的意见和建议，并就该中心的研究领域、活动及其成果提供建议等。该中心还下设三个次中心，即网络安全中心、信息中心和研究中心。网络安全中心和信息中心将分别接待来自网络安全和信息领域的防务专家，并将定期编写报告，以促进该领域的信息共享；研究中心将与智库和学术机构合作，就数字和信息技术发展对国防的影响进行长期研究。东盟防长们认为，东盟防长会议网络安全及信息英才中心作为东盟防务机构在网络和信息威胁方面建立信任措施和能力建设的节点，不但有助于加强东盟防务机构之间的信息共享和能力建设，从而促进东盟防务机构在应对网络和信息威胁方面的信任与合作，而且有助于完善东盟网络防御网，从而促进区域网络安全交流、互动与合作。①

与东盟网络安全多边防务合作相比，东盟政治安全共同体框架内的海上安全合作具有明显的开放性。第 40 届和第 41 届东盟峰会颁布的《东盟领导

① “Terms of Reference of the ADMM Cybersecurity and Information Centre of Excellence,” The ASEAN Secretariat, June 22, 2022, https：//admm. asean. org/dmdocuments/2022_ Jun_ 16th%20ADMM_ Phnom%20Penh_ 22%20June%202022_ 5. %20Terms%20of%20Reference%20of%20the%20ACICE. pdf, 2023 年 5 月 20 日浏览。

人关于东盟主导机制主流化〈东盟印太展望〉四大优先领域宣言》将东盟商定的海上合作列入东盟主导的区域机制首要优先合作领域。① 而海上安全合作是其首要议题。与防务和军事设施有关的海上安全合作主要通过东盟防长会议及东盟防长扩大会议和东盟地区论坛海上安全会间会进行，旨在促进海上信任措施建设、东盟成员国及其外部伙伴海军之间的互操作性改善和区域内海事执法合作的加强。在海上执法合作方面，东南亚海事执法倡议进展明显。其前身为泰国湾海事执法倡议，原是一个旨在加强东南亚国家间海事执法合作和信息共享的区域性论坛。该倡议启动于 2012 年，是美国与泰国湾周边四个国家（即柬埔寨、马来西亚、泰国和越南）的海事执法机构之间的伙伴关系，目的是使这些机构在该区域开展无缝合作。2018 年，该倡议扩大到包括菲律宾和印度尼西亚，最终预计将包括东盟所有成员国。它现在有一个组织良好的框架，汇集了所有成员国的海事执法人员和海事安全机构。这些机构包括：柬埔寨国家海事安全委员会、印度尼西亚海事安全局、马来西亚海事执法机构、菲律宾海岸警卫队、泰国海事执法指挥中心和越南海岸警卫队。在实际中，东南亚海事执法倡议主要通过指挥官论坛和业务层面工作组两个层面运作。这两个级别的会议每年举行一次，由每个成员国轮流与美国共同主办。指挥官论坛在正式的会议环境中进行，而作战工作组以实地训练演习和桌面演练形式举行会议。其核心工作是促进各国之间更大的海洋领域感知、透明度、合作和信息共享。东南亚海事执法倡议已成为东南亚国家海事执法机构合作的制度化区域论坛。②

① "ASEAN Leaders' Declaration on Mainstreaming Four Priority Areas of the ASEAN Outlook on the Indo-Pacific within ASEAN-Led Mechanisms," The ASEAN Secretariat, November 11, 2022, https://asean.org/wp-content/uploads/2022/11/25-ASEAN-Leaders-Declaration-on-Mainstreaming-Four-Priority-Areas-of-the-ASEAN-Outlook-on-the-Indo-Pacific-within-ASEAN-led-Mechanisms.pdf，2023 年 5 月 20 日浏览。

② "Discussion Paper on Promoting Information-Sharing Between SEAMLEI and the ADMM-Plus in the Area of Maritime Security," The ASEAN Secretariat, June 22, 2022, https://admm.asean.org/dmdocuments/2022_Jun_16th%20ADMM_Phnom%20Penh_22%20June%202022_6.%20Discussion%20Paper%20on%20Promoting%20Information-Sharing%20Between%20SEAMLEI.pdf，2023 年 5 月 20 日浏览。

东南亚海域毗邻太平洋和印度洋，既是重要的海上交通通道，又是交通和国际贸易的大动脉。海洋覆盖了该区域约80%的面积，主导着周边国家的经济命脉。目前，世界上每年一半以上的商船吨位都经过东南亚海域。这一战略海域的海盗和武装抢劫威胁引起了依赖该海域进行国际贸易和货物自由流动的国家的高度关注。此外，非法、不报告和不管制的过度捕捞和外国捕捞正在耗尽东盟区域的鱼类资源，引起东盟成员国之间的关切和冲突。在此背景下，东盟防长扩大会议海上安全工作组将更广泛的信息共享确定为其三个关键目标之一，并试图推动其与东南亚海事执法倡议关于海事执法的信息共享。为此，在第16届东盟防长会议上，双方就此事进行了公开磋商，并发布了《关于促进东南亚海事执法倡议与东盟防长扩大会议在海上安全领域信息共享讨论文件》。双方认为，东南亚海事执法倡议与东盟防长扩大会议信息共享可以促进旨在提高海事领域感知、信息交流及特定业务协调与合作的能力建设，并加强应对威胁依赖海洋开展贸易和获取资源的国家经济福祉的众多安全挑战的能力建设，这些安全挑战包括非法、不报告和不管制捕捞及海盗、毒品和人口走私等。这些讨论为双方的海事执法信息共享乃至东南亚海事执法倡议成员扩到东盟所有成员国提供了可能性。就此，东南亚海事执法倡议开始与作为东盟防务部门一部分的东盟防长扩大会议建立互动关系。①

三　东盟外向性建设：共同应对区域和全球安全挑战

在东盟政治安全共同体框架内，东盟外向性建设就是在迅速变化的地缘政治格局中，维护和加强东盟的团结、凝聚力和不断演变的区域架构中

① “Discussion Paper on Promoting Information-Sharing Between SEAMLEI and the ADMM-Plus in the Area of Maritime Security,” The ASEAN Secretariat, June 22, 2022, https://admm.asean.org/dmdocuments/2022_Jun_16th%20ADMM_Phnom%20Penh_22%20June%202022_6.%20Discussion%20Paper%20on%20Promoting%20Information-Sharing%20Between%20SEAMLEI.pdf, 2023年5月20日浏览。

基于东盟主导机制的“东盟中心地位”，以强化和培育东盟与外部伙伴及包括联合国在内的区域和国际组织的伙伴关系，并通过这些东盟主导机制就共同的区域或国际问题阐述共同立场、设置共同议程、制定和实施联合计划，从而在区域和全球事务中扮演负责任和建设性角色。2022 年，作为一个外向型共同体，东盟就南海问题和乌克兰危机等区域热点问题集体发声，并通过与外部伙伴关系和联合国组织的“议题对接”，在共同应对海上安全、食品安全和气候变化等重大区域和全球安全问题上取得了重要进展。

（一）就热点问题发出“东盟声音”，积极扮演区域维和促和角色

在区域问题上，2022 年，东盟重点关注了南海问题和乌克兰危机的最新发展，并通过东盟组织及其主导的区域机制就这些重大热点问题阐明共同立场，发出“东盟声音”，彰显了其作为区域乃至兴起中的全球行为体所扮演的积极的“维和促和”角色。

2022 年是东盟与中国签署《南海各方行为宣言》20 周年。当年，东盟与中国就落实《南海各方行为宣言》举行了 3 次联合工作组会。其中，5 月 25~27 日，在柬埔寨暹粒举行的第 36 次联合工作组会系新冠疫情以来首次线下举行的工作组会。会上，各方就落实《南海各方行为宣言》、海上务实合作及“南海行为准则”磋商等议题深入交换了意见，并恢复了“南海行为准则单一磋商文本草案”实质性谈判。8 月 3 日，在柬埔寨金边举行的第 55 届东盟外长会议发表的联合公报称：“我们欢迎东盟与中国在加强合作方面的持续努力，并对在双方商定的时间表内尽早达成符合包括 1982 年《联合国海洋法公约》在内的国际法的有效和实质性‘南海行为准则’的实质性谈判取得的进展感到鼓舞。”① 基于这些进展，10 月 1~3 日，东盟和中国在柬埔寨金边举行了落实《南海各方行为宣言》第 37 次联合工作组会。与

① “Joint Communique of the 55th ASEAN Foreign Ministers’ Meeting,” The ASEAN Secretariat, August 3, 2022, https://asean.org/wp-content/uploads/2022/08/Joint_Communique-of-the-55th-AMM-FINAL.pdf, 2023 年 6 月 16 日浏览。

会各方一致认为，维护南海局势稳定具有重要现实意义，同意继续全面有效落实《南海各方行为宣言》规定，加强对话合作，深化友好互信，积极推进“南海行为准则”案文磋商。会议还讨论了纪念《南海各方行为宣言》签署20周年等事宜。①

11月11日，东盟与中国在柬埔寨金边举行了第25次中国-东盟领导人会议和《南海各方行为宣言》签署20周年纪念会议，并发表《纪念〈南海各方行为宣言〉签署20周年联合声明》。该声明重申《南海各方行为宣言》是中国-东盟对话关系中具有里程碑意义的文件，体现了各方根据包括1982年《联合国海洋法公约》在内的国际法，促进区域和平与稳定、增进互信与信心的共同承诺，并重申未来达成“南海行为准则”将进一步促进区域和平与稳定。这次会议就《南海各方行为宣言》及谈判“南海行为准则”案文发表“九点声明”，包括：以《联合国宪章》宗旨和原则、1982年《联合国海洋法公约》、《东南亚友好合作条约》、“和平共处五项原则”以及其他公认的国际法原则作为处理国家间关系的基本准则；根据国际法相互尊重彼此的独立、主权和领土完整；共同致力于维护和促进南海和平、安全与稳定；有关各方承诺根据公认的国际法原则，包括1982年《联合国海洋法公约》，由直接有关的主权国家通过友好磋商和谈判，以和平方式解决领土和管辖权争议，而不诉诸武力或以武力相威胁；尊重并致力于根据包括1982年《联合国海洋法公约》在内的国际法维护南海航行及飞越安全和自由；致力于全面有效完整落实《南海各方行为宣言》；在海洋环保、海洋科研、海上航行和交通安全、搜寻与救助以及打击跨国犯罪等领域探讨和开展海上务实合作；保持自我克制，不采取使争议复杂化、扩大化和影响和平与稳定的行动，避免采取可能使局势进一步复杂化的行动；维护并营造有利环境，以全面有效落实《南海各方行为宣言》，并在协商一致基础上，早日达成有效、富有实质内容、符合包括1982年《联合国海洋法公约》在内国际法的

① 《落实〈南海各方行为宣言〉第37次联合工作组会在柬埔寨举行》，中华人民共和国外交部网站，2022年10月4日，https://www.mfa.gov.cn/wjb_673085/zzjg_673183/bjhysws_674671/xgxw_674673/202210/t20221004_10777140.shtml，2023年6月16日浏览。

“南海行为准则”。该联合声明还写入“将南海建设为和平、友谊、合作之海惠及各方”的表述。[①] 这体现了该区域的国家对中国南海政策的积极回应和支持，也说明中国和东盟国家对“建设一个什么样的南海”已形成普遍共识。[②]

2022 年，东盟就区域热点问题最为引人注目的“集体发声”当属其对乌克兰危机的共同反应。当年 2 月 26 日，在乌克兰危机爆发第三天，东盟外长即发表《东盟外长关于乌克兰局势的声明》，申明东盟外长们对乌克兰不断演变的局势和武装敌对行动深表关切，呼吁有关各方保持最大限度的克制，尽最大努力，通过包括外交手段在内的各种渠道进行对话，控制和缓解紧张局势，并根据国际法、《联合国宪章》和《东南亚友好合作条约》的原则，寻求和平解决办法。声明强调，要实现和平、安全、和谐共处，各方都有责任坚持相互尊重各国主权、领土完整和平等权利的原则。[③] 3 月 3 日，东盟外长发表《东盟外长呼吁在乌克兰停火的声明》，表示东盟外长们对乌克兰境内持续的“军事敌对行动”所造成的日益严重局势以及随之而来的人道主义状况恶化深感不安，并呼吁有关各方立即停火或停战，继续进行政治对话，以实现乌克兰的可持续和平。声明强调停火的重要性，以便为解决当前危机的谈判创造有利环境，避免扩大无辜人民的痛苦。声明重申，东盟外长们相信仍有进行和平对话的空间，以防止局势失控，制止平民和军事损失和伤亡人数的增加，以及全世界所感受到的消极影响。在这方面，东盟愿以任何可能的方式促进有关各方之间的和平对话。[④] 4 月 8 日，东盟外长发表《东盟外长关于乌克兰平民遇害报道的声明》，表示东盟外长们支持联合

---

① 《纪念〈南海各方行为宣言〉签署 20 周年联合声明》，中华人民共和国外交部网站，2022 年 11 月 14 日，https：//www. mfa. gov. cn/web/zyxw/202211/t20221114 _ 10974207. shtml，2023 年 6 月 19 日浏览。

② 《维护南海和平稳定是地区国家共同愿望》，中华人民共和国中央人民政府网站，2022 年 11 月 25 日，https：//www. gov. cn/xinwen/2022-11/25/content_5728699. htm，2023 年 6 月 19 日浏览。

③ “ASEAN Foreign Ministers’ Statement on the Situation in Ukraine,” The ASEAN Secretariat, February 26, 2022, https：//asean. org/wp-content/uploads/2022/02/ASEAN-FM-Statement-on-Ukraine-Crisis-26-Feb-Final. pdf，2023 年 6 月 20 日浏览。

④ “ASEAN Foreign Ministers’ Statement Calling for a Ceasefire in Ukraine,” The ASEAN Secretariat, March 3, 2022, https：//asean. org/wp-content/uploads/2022/03/ASEAN-Foreign-Ministers-Statement-calling-for-Ceasefire-in-Ukraine-EN. pdf，2023 年 6 月 20 日浏览。

国秘书长的呼吁，要求对所有据称针对无辜平民的暴行，包括在布查的暴行进行独立调查，以伸张正义并避免此类事件再次发生。声明强调“人道主义走廊”对人道主义援助安全进入乌克兰至关重要，并呼吁各方和国际社会作出最大努力，停止和遏制战斗的恶化，尽最大努力结束而不是扩大冲突。该声明再次呼吁有关各方立即停火或停战，并继续进行全面政治对话，以实现乌克兰的可持续和平。[①] 在随后举行的第 55 届东盟外长会议发表的联合公报和第 40 届和第 41 届东盟峰会发表的主席声明中，东盟外长和东盟国家领导人就乌克兰危机表达了类似的共同立场。[②]

与此同时，东盟通过东盟地区论坛、“东盟+1”外长后续会议、东盟防长会议及东盟防长扩大会议等系列部长级会议和“东盟+1”、“东盟+3”、东亚峰会等系列峰会，与外部对话伙伴就乌克兰危机进行协商，并达成类似共同立场。比如，8 月 3~4 日，东盟外长利用“东盟+1”外长后续会议，与澳大利亚、加拿大、中国、欧盟、印度、日本、新西兰、韩国、俄罗斯、英国、美国等外部对话伙伴陆续进行了双边会谈；东盟轮值主席国和东盟秘书处与土耳其和瑞士进行了三边会谈。这些会议重申必须尊重乌克兰主权、政治独立和领土完整，并呼吁有关各方遵守国际法和《联合国宪章》的基本原则。这些会议强调了立即停止敌对行动和为和平解决冲突创造有利环境的重要性，并支持联合国秘书长为寻求和平解决办法所作的努力。这些会议还呼吁保护平民、人道主义人员和处境脆弱的人群。[③] 11 月 13 日，在柬埔

① “ASEAN Foreign Ministers' Statement on the Reported Killing of Civilians in Ukraine,” The ASEAN Secretariat, April 8, 2022, https://asean.org/wp-content/uploads/2022/04/ASEAN_FM_Statement_on_killing_of_civilians_in_Ukraine_final_8_April.pdf，2023 年 6 月 20 日浏览。

② “Joint Communique of the 55th ASEAN Foreign Ministers' Meeting,” The ASEAN Secretariat, August 3, 2022, https://asean.org/wp-content/uploads/2022/08/Joint_Communique-of-the-55th-AMM-FINAL.pdf; “Chairman's Statement of the 40th and 41st ASEAN Summits,” The ASEAN Secretariat, November 11, 2022, https://asean.org/wp-content/uploads/2022/11/01-Chairmans-Statement-of-the-40th-and-41st-ASEAN-Summits-rev.pdf，2023 年 6 月 19 日浏览。

③ “Chairman's Statement of the ASEAN Post Ministerial Conference (PMC) 10+1 Sessions with the Dialogue Partners and Trilateral Meetings,” The ASEAN Secretariat, August 11, 2022, https://asean.org/wp-content/uploads/2022/08/Final_Chairmans_Statement_of_PMC_101_Sessions_with_DPs__Trilateral-Meetings.pdf，2023 年 6 月 21 日浏览。

寨金边召开的第17届东亚峰会专门讨论了乌克兰危机及各方的立场。会议发表的主席声明再次呼吁有关各方遵守包括《联合国宪章》在内的国际法，遵守《东盟宪章》和《东南亚友好合作条约》所载基本原则，并强调了立即结束战争和在《联合国宪章》原则基础上实现公正和平的重要性。该声明赞赏联合国秘书长、联合国各机构和红十字国际委员会在根据联大决议确立的人道、中立和公正的基本原则提供人道主义援助方面发挥的重要作用，并呼吁为迅速、安全和不受阻碍地向乌克兰需要人道主义援助的人群提供便利，保护平民、人道主义人员和处境脆弱的人群。①

东盟国家和东盟外部对话伙伴国在对乌克兰危机的具体态度上曾出现明显分歧。这可以从因这场危机而启动的联合国大会第11届紧急特别会议关于乌克兰危机的4次重大决议的投票表决情况略见一斑。截至2022年11月14日，联合国大会第11届紧急特别会议为此通过了4项决议。3月2日，以141票赞成、5票反对、35票弃权通过了A/RES/ES-11/1号决议，东盟国家中菲律宾、柬埔寨、马来西亚、缅甸、泰国、印度尼西亚、新加坡和文莱8国投了赞成票，老挝和越南2国投了弃权票；东盟10个外部对话伙伴国中，除了当事国俄罗斯投了反对票以外，澳大利亚、韩国、加拿大、美国、日本、新西兰和英国7国投了赞成票，印度和中国2国投了弃权票。3月24日，以140票赞成、5票反对、38票弃权通过了A/RES/ES-11/2号决议，东盟国家中菲律宾、柬埔寨、马来西亚、缅甸、泰国、印度尼西亚、新加坡7国投了赞成票，老挝、越南和文莱3国投了弃权票；东盟10个外部对话伙伴国的投票结果均保持不变。10月12日，以143票赞成、5票反对、35票弃权通过了A/RES/ES-11/4号决议，东盟国家中菲律宾、柬埔寨、马来西亚、缅甸、印度尼西亚、新加坡、文莱7国投了赞成票，老挝、泰国和越南3国投了弃权票；东盟10个外部对话伙伴国的投票结果仍保持不变。11月14日，以94票赞成、14票反对、73票弃权通过了A/RES/ES-11/5号决议，东盟国家

① "Chairman's Statement of the 17th East Asia Summit," The ASEAN Secretariat, November 17, 2022, https://asean.org/wp-content/uploads/2022/11/FINAL-Chairmans-Statement-of-the-17th-East-Asia-Summit_EAS.pdf，2023年6月21日浏览。

中菲律宾、缅甸、新加坡3国投了赞成票，柬埔寨、老挝、马来西亚、泰国、印度尼西亚、越南和文莱7国投了弃权票；东盟10个外部对话伙伴国中，除了中国转而投了反对票以外，其他9国的投票结果保持不变。[①]

然而，东盟国家和东盟外部对话伙伴国对乌克兰危机的具体态度的明显差异并未改变东盟通过东盟地区论坛、“东盟+1”外长后续会议、东盟防长会议及东盟防长扩大会议等系列部长级会议和“东盟+1”、“东盟+3”、东亚峰会等系列峰会所展示的共同立场。这种共同立场既展示了东盟在重大区域和国际冲突中的“维和促和”关键角色，又避免了东盟在大国竞争和国际国内冲突中“选边站”的情况，展现了东盟作为国际行为体在应对重大区域和国际冲突的战略自主性，从而有力促进了区域架构“东盟中心地位”的外部重塑和强化。

（二）与外部对话伙伴“议题对接”，促进海上安全等问题解决

“议题对接”是东盟通过外向性建设与外部对话伙伴关系共同应对本区域及其周边面临共同问题的基本路径。2022年，东盟与外部对话伙伴关系的互动级别和合作议题及其行动均有重大进展。这主要体现在：5月12~13日，东盟与美国首次在华盛顿举行了东盟-美国特别峰会，决定建立东盟-美国全面战略伙伴关系，并于11月12日举行的第十次东盟-美国峰会上发布《东盟-美国领导人关于建立东盟-美国全面战略伙伴关系声明》，正式启动东盟-美国全面战略伙伴关系，这标志着东盟-美国对话伙伴关系进一步拓宽和深化；[②] 6月24日，东盟与英国举行了首次东盟-英国联合合作委员会会议，并于8月4日在“东盟+1”外长后续会议上举行了首次东盟-英国外长会议，签署《落实东盟-英国对话伙伴关系行动计划（2022~2026

---

① 联合国图书馆“表决信息”，联合国网站，https：//digitallibrary. un. org/record/3959039? ln=zh_ CN，2023年6月21日浏览。

② “Chairman's Statement of the 10th ASEAN-United States Summit,” The ASEAN Secretariat, November 12, 2022, https：//asean. org/wp-content/uploads/2022/11/6. -Final-CS-10th-ASEAN-US-Summit. pdf，2023年6月21日浏览。

年）》，这标志着东盟-英国对话伙伴关系正式运行；① 8月4日，东盟与中国在“东盟+1”外长后续会议上采纳更新的现行《落实中国-东盟面向和平与繁荣的战略伙伴关系行动计划（2021~2025年）》附件和《中国-东盟行动计划（2021~2025年）：推进中国-东盟全面战略伙伴关系》附件（又称《中国-东盟全面战略伙伴关系行动计划（2022~2025年）》），作为进一步强化中国-东盟全面战略伙伴关系和更紧密合作的指导性文件，并于11月11日举行的第25次中国-东盟领导人会议上发布《中国-东盟粮食安全合作联合声明》，进一步强化双方在区域粮食安全领域的务实合作；② 11月12日，东盟与澳大利亚举行了第2届东盟-澳大利亚年度峰会，发布《第2届东盟-澳大利亚年度峰会关于〈东盟印太展望〉合作联合声明》，决定双方共同推进《东盟印太展望》四大优先领域的务实合作，并通过更新的现行《东盟-澳大利亚落实东盟-澳大利亚战略伙伴关系行动计划（2020~2024年）》附件，为深化东盟-澳大利亚全面战略伙伴关系务实合作提供路线图；③ 11月12日，东盟与印度举行了第19届东盟-印度峰会，发布《东盟-印度全面战略伙伴关系联合声明》，决定建立东盟-印度全面战略伙伴关系，共同推进东盟主导机制框架内《东盟印太展望》四大优先领域的务实合作。④

---

① “Overview-ASEAN-United Kingdom Dialogue Relations,” The ASEAN Secretariat, August 2022, https://asean.org/wp-content/uploads/2022/08/Overview-of-ASEAN-UK-Dialogue-Relations-as-of-August-2022.pdf，2023年6月21日浏览。

② “Chairman's Statement of the 25th ASEAN-China Summit,” The ASEAN Secretariat, November 11, 2022, https://asean.org/wp-content/uploads/2022/11/2.-Final-CS-25th-ASEAN-China-Summit-1.pdf，2023年6月23日浏览。

③ “Joint Statement of the 2nd Annual ASEAN-Australia Summit on Cooperation on the ASEAN Outlook on the Indo-Pacific,” The ASEAN Secretariat, November 13, 2022, https://asean.org/wp-content/uploads/2022/11/Joint-Statement-on-2nd-ASEAN-Australia-Annual-Summit-on-Cooperation-on-the-AOIP_Final-1.pdf，2023年6月23日浏览。

④ “Chairman's Statement of the 19th ASEAN-India Summit to Commemorate the 30th Anniversary of ASEAN-India Dialogue Relations,” The ASEAN Secretariat, November 12, 2022, https://asean.org/wp-content/uploads/2022/11/3.-Final-CS-19th-ASEAN-India-Summit.pdf，2023年6月23日浏览。

在东盟与外部对话伙伴“议题对接”的政治-安全领域，位居《东盟领导人关于东盟主导机制主流化〈东盟印太展望〉四大优先领域宣言》“四大优先领域”之首的海上合作进展最为显著。美国在东盟-美国特别峰会上宣布，美国为扩大双方海上合作而致力于支持东盟实施《东盟印太展望》的“海上支柱”，并为此推出了提供6000万美元资助的新的区域海事计划，其中大部分将由美国海岸警卫队牵头实施。该计划由6个区域动议构成：一是扩大人员及存在，即美国政府将向“印太”区域部署资产和指派额外人员，以帮助满足合作伙伴对海事培训和能力建设的要求，包括在美国驻东盟使团中派驻一名美国政府专员；二是开展打击非法、未报告和无管制的捕捞活动，即美国国务院、劳工部和美国海岸警卫队将发起新的倡议，帮助东盟国家打击非法、未报告和无管制的捕捞活动，并加强东盟部门机构防止渔业强迫劳动的能力；三是“印太”支援平台建设，即美国海岸警卫队将在东南亚和大洋洲部署一艘巡逻艇，用于多国海上安全合作，并作为执行训练任务的平台；四是提供超额防务物品，即美国海岸警卫队将优先向东南亚国家转让退役船只，以提高沿海国家的海上执法能力，促进“自由和开放的印太”；五是成立东南亚培训小组，即美国国务院和美国海岸警卫队将扩大美国海岸警卫队对东南亚海事执法机构的支持，首次在该区域部署一个培训小组，由美国培训员提供额外的专门支持，这些技术专家将为区域伙伴的海事执法机构提供机构发展、准备、设备维持和工作人员专业化方面的能力建设；六是提供应急培训，即美国海岸警卫队和美国国务院将提供关于能源保障、保护重要海事基础设施和应对所有危险的新培训。①

东盟与澳大利亚依照《第2届东盟-澳大利亚年度峰会关于〈东盟印太展望〉合作联合声明》和更新的现行《东盟-澳大利亚落实东盟-澳大利亚战略伙伴关系行动计划（2020~2024年）》附件推进《东盟印太展望》框架内的海上合作。主要内容包括：深化在海上安全与保障方面的联系，包括

① The White House, “Fact Sheet: U. S. -ASEAN Special Summit in Washington, DC,” May 12, 2022, https://www.whitehouse.gov/briefing-room/statements-releases/2022/05/12/fact-sheet-u-s-asean-special-summit-in-washington-dc/, 2023年6月25日浏览。

通过东盟主导的现有相关机制，就共同关心的问题继续开展建设性对话；合作打击非法、不管制和不报告捕捞；合作打击海基和陆基活动造成的海洋塑料碎片和海洋生态破坏行为；根据公认的国际法原则，包括1982年《联合国海洋法公约》，促进海上安全、航行和飞越自由、商业畅通，自我克制，不使用武力或以武力相威胁，以及以和平方式解决争端；合作开展海洋科学协同、研究与开发，分享经验和最佳做法，促进能力建设，管理海洋危害、海洋废弃物，提高对海洋及海洋相关问题的认识；合作打击跨国犯罪，包括贩运人口或非法毒品、海盗和武装抢劫船只；加强海上安全和搜救合作，落实《东盟海上遇险人员和船舶搜救合作宣言》和防溢油预案，包括开展技术合作、培训演习以及东盟和澳大利亚有关官员互访等。①

东盟与中国根据更新的现行《落实中国-东盟面向和平与繁荣的战略伙伴关系行动计划（2021~2025年）》附件启动新的海上合作行动计划。除了“南海行为准则”谈判以外，主要是全面有效完整落实《南海各方行为宣言》，包括：继续促进海上安全与保障，维护南海和平稳定，坚持《南海各方行为宣言》的各项原则，特别是航行与飞越自由、自我克制、不从事使争议复杂化和扩大化及影响和平稳定的活动，要求有关各方承诺以和平方式解决领土和管辖权争议，不诉诸武力或以武力相威胁，由直接有关的主权国家通过友好协商和谈判，包括根据1982年《联合国海洋法公约》等公认的国际法原则、国际海事组织有关文书和公约以及国际民用航空组织有关标准和建议做法；继续促进信任和信心建设，鼓励有关各方根据《南海各方行为宣言》的原则防止海上突发事件；探索和开展合作活动，如海洋环境保护、海洋科学研究、海上航行与通信安全、搜索与救援行动、人道对待所

① “Joint Statement of the 2nd Annual ASEAN-Australia Summit on Cooperation on the ASEAN Outlook on the Indo-Pacific,” The ASEAN Secretariat, November 13, 2022, https://asean.org/wp-content/uploads/2022/11/Joint-Statement-on-2nd-ASEAN-Australia-Annual-Summit-on-Cooperation-on-the-AOIP_Final-1.pdf; “Plan of Action to Implement the ASEAN-Australia Strategic Partnership (2020-2024),” The ASEAN Secretariat, August 4, 2022, https://asean.org/wp-content/uploads/2022/08/ASEAN-Australia-Plan-of-Action-2020-2024-FINAL-updated-with-Annex.pdf，2023年6月25日浏览。

有处于危险或遇险中的人和打击跨国犯罪，包括打击贩运非法毒品、海盗和海上武装抢劫以及非法贩运军火等。①

东盟与中国还就粮食安全合作达成新的区域动议。根据《中国-东盟关于粮食安全联合声明》，双方同意在粮食供应、获取、利用和稳定的粮食安全这四方面采取务实措施。在确保粮食供应方面，主要是提高粮食产量和农产品质量安全水平及提高紧急粮食储备能力，包括支持"东盟 1+3"大米紧急储备机制在区域粮食安全方面发挥更大作用和加强东盟粮食安全信息系统在区域商品作物数据收集和灾害监测预警方面的作用等。在便利粮食获取方面，主要是按照世界贸易组织和中国与东盟参加的自由贸易协定规则，促进农产品贸易，深化投资合作。如以《区域全面经济伙伴关系协定》为基础，促进农产品贸易政策协同，改善区域内营商环境，加强粮食生产、物流、仓储、加工等全价值链合作，发展跨境农产品贸易，确保本区域农产品供应链稳定畅通，应对供应链中断造成的粮食市场过度波动。在促进食物的有效利用方面，主要是减少粮食损失和浪费。如推广在整个食品供应链中减少粮食损失和浪费的技术和设备。在确保粮食安全稳定方面，主要是提高农业对气候变化适应和抵御能力。如发展气候智能型农业，降低碳强度，增强对气候变化和极端天气影响的适应能力及发展农村可再生能源等。在当前气候变化、新冠疫情、地缘政治冲突和供应链削弱对全球粮食安全治理构成严峻挑战的背景下，东盟国家与中国关于粮食安全的合作可以一步发挥双方在区域和全球粮食安全治理中的积极参与者和重要贡献者的作用。在东盟和中国看来，保障该区域 20 多亿人口的粮食安全，稳定区域粮食市场，可以为全球粮食安全治理树立典范。②

---

① "Plan of Action to Implement the ASEAN-China Strategic Partnership for Peace and Prosperity (2021-2025)," The ASEAN Secretariat, August 4, 2022, https://asean.org/wp-content/uploads/2022/08/ASEAN-China-POA-2021-2025_Updated-with-ANNEX.pdf，2023 年 6 月 25 日浏览。

② "ASEAN-China Joint Statement on Food Security Cooperation," The ASEAN Secretariat, November 12, 2022, https://asean.org/wp-content/uploads/2022/11/FINAL-ASEAN-China-Joint-Statement-on-Food-Security-Cooperation.pdf，2023 年 6 月 25 日浏览。

（三）与联合国组织“议题对接”，推动气候变化等全球议程

近年来，随着“全球东盟”在东盟外向性建设中的地位不断提升及其全球行为体角色日益凸显，东盟与联合国组织等全球机制的联系日趋紧密，而主动将东盟的区域议程与联合国组织全球议程的“议题对接”成为双方共同应对区域和全球共同问题的核心路径。2022 年 11 月 11 日，东盟与联合国举行了第 12 届东盟-联合国峰会，并发表了《第 12 届东盟-联合国峰会主席声明》。该声明强调了东盟-联合国全面伙伴关系在共同应对全球和区域关切，追求共同目标和互补倡议，促进和平、繁荣、人权和可持续发展，造福东盟各国人民方面的重要意义。资料显示，东盟与联合国 2020 年 10 月推出的《落实东盟-联合国全面伙伴关系行动计划（2021~2025 年）》实施两年来，已有 86%的行动路线得到执行。该声明表示，联合国支持第 16 届东盟防长会议通过的《关于加强东盟女性维和人员支持机制概念文件》及建立一个符合“妇女、和平与安全议程”的“东盟女性维和人员网络”的新动议。2022 年 12 月，老挝主办了东盟和平与和解研究所与联合国共同举行的“促进东盟青年、和平与安全”议程的区域研讨会，非洲联盟、阿拉伯国家联盟和欧洲安全与合作组织等区域组织也参加了会议。这进一步加强东盟和平与和解研究所与联合国在预防性外交、冲突预防和信任建设方面的合作。①

东盟与联合国组织的“议题对接”中进展最大的是气候变化应对。东盟国家对联合国气候变化谈判一直持积极支持的立场。为此，东盟曾颁布《东盟气候变化联合声明》和《东盟领导人关于气候变化〈联合国气候变化框架公约〉及联合国气候行动峰会联合声明》。2022 年 11 月 6~18 日，《联合国气候变化框架公约》第 27 次缔约方大会在埃及沙姆沙伊赫举行。值此之际，第 40 届和第 41 届东盟峰会通过《东盟关于气候变化〈联合国气候

① “Chairman's Statement of the 10th ASEAN-United States Summit,” The ASEAN Secretariat, November 12, 2022, https://asean.org/wp-content/uploads/2022/11/6.-Final-CS-10th-ASEAN-US-Summit.pdf, 2023 年 6 月 25 日浏览。

变化框架公约〉第27次缔约方大会联合声明》，重申东盟国家将根据各国不同国情，坚持公平原则、共同但有区别的责任和各自能力原则履行对《联合国气候变化框架公约》和《巴黎协定》的承诺。东盟国家认识到气候变化对食物、水、能源、清洁与绿色环境、卫生等人类基本生活需求产生的潜在负面影响，而妇女、儿童、老年人、残疾人和低收入人群等弱势群体受到的气候变化不利影响尤为严重。为此，该声明呼吁《联合国气候变化框架公约》和《巴黎协定》缔约方全面参与格拉斯哥对话进程，讨论有关活动的资金安排，以避免、减少和应对与气候变化不利影响相关的损失和损害；促进对妇女和性别敏感的代际气候行动，并最大限度地考虑弱势群体的困境；合作促进一个支持性和开放性的国际经济体系，使所有缔约方特别是发展中国家缔约方实现可持续的经济增长和发展，从而使它们能够更好地处理气候变化问题。该声明敦促发达国家缔约方紧急履行每年向发展中国家提供1000亿美元的承诺，并在2025年之前在这一目标基础上增加气候资金；进一步扩大气候资金动员，将其作为制定新的集体量化目标的一部分，以每年1000亿美元为下限，并考虑包括东南亚国家在内的发展中国家的需求和优先事项；扩大向绿色气候基金、全球环境基金、适应基金和最不发达国家基金提供充足和可预测的气候资金，同时考虑到东盟国家和其他发展中国家的优先事项和需求。东盟领导人决定，加快在文莱建立东盟气候变化中心，作为东盟区域气候行动倡议和活动的区域卓越中心、知识中心和战略协调者。①

东盟应对气候变化的动议得到联合国的积极支持。《第12届东盟-联合国峰会主席声明》称，联合国期待通过在文莱建立的新的东盟气候变化中心与东盟及其部门机构合作，并根据需要提供全球比较经验和技术支持。联

① "ASEAN Joint Statement on Climate Change to the 27 th Session of the Conference of the Parties to the United Nations Framework Convention on Climate Change (UNFCCC COP-27)," The ASEAN Secretariat, November, 11 , 2022, https://asean.org/wp-content/uploads/2022/11/33-ASEAN-Joint-Statement-on-Climate-Change-to-UNFCCC-COP-27.pdf，2023年6月26日浏览。

合国还将继续支持东盟建设气候适应型共同体的愿景，包括制定《东盟气候融资战略》和建立东南亚气候透明度网络等。另外，在第 12 届东盟-联合国峰会上，双方重申根据《联合国秘书长防止暴力极端主义行动计划》，采取全面和“全社会”方式打击恐怖主义和防止暴力极端主义；联合国承诺通过联合国反恐怖主义办公室和联合国相关伙伴，为落实《东盟防止和打击激进和暴力极端主义行动计划（2019~2025 年）》（巴厘工作计划）提供技术支持。东盟和联合国还同意加强合作，打击本区域日益严重的跨国犯罪威胁，包括恐怖主义和暴力极端主义，并希望联合国继续提供支持，特别是与东盟分享在网络犯罪和与网络有关的威胁、国际经济犯罪、人口贩运、非法毒品和易制毒化学品以及非法贩运野生动物和木材方面的全球做法和技术专长。① 东盟与联合国组织“议题对接”进一步彰显了东盟作为新型全球行为体经由全球治理促进区域治理的强烈意愿和积极角色。

---

① “Chairman's Statement of the 10th ASEAN-United States Summit,” The ASEAN Secretariat, November 12, 2022, https://asean.org/wp-content/uploads/2022/11/6.-Final-CS-10th-ASEAN-US-Summit.pdf, 2023 年 6 月 25 日浏览。

Y.3

2022年东盟经济共同体建设进展与成就

张家寿*

摘　要： 在世界百年未有之大变局和新冠疫情双重影响下，2022年东盟经济共同体建设进展受到了一定程度的影响。但是，东盟各国团结抗击疫情，遵循《东盟经济共同体蓝图（2025年）》的有关计划，积极推动数字经济一体化发展，积极推进经济绿色化和可持续发展进程，大力提升区域竞争力，持续促进区域自由贸易发展，推动共建“一带一路”高质量发展，促进全面、包容、韧性和竞争性的东盟经济共同体建设。在东盟各国的共同努力下，东盟经济共同体建设取得了新进展新成就。展望2023年，由于受到内外各种不确定性因素的制约和影响，东盟经济共同体建设面临的风险挑战仍然有增无减。尽管如此，其也存在新的发展机遇。东盟各国将抓住有利机遇不断深化合作，以促进地区经济发展并为提振世界经济提供助力。

关键词： 东盟　经济共同体　区域经济合作　“一带一路”　数字经济

面对世界百年未有之大变局和新冠疫情的双重影响，经济全球化遭遇逆流，贸易保护主义抬头，世界经济复苏乏力的复杂环境，东盟各国团结合作，共同应对挑战，积极落实《东盟经济共同体蓝图（2025年）》有关计划，共同促进经济复苏，加快经济数字化转型，积极推进数字经济一体化进

* 张家寿，博士，中共广西壮族自治区委员会党校（广西行政学院）“一带一路”研究院二级教授、常务副院长，研究方向为“一带一路”与中国-东盟区域经济一体化研究。

程，增强数字联通性，不断提高可持续发展能力，努力缩小发展差距，促进全面、包容、韧性和竞争性的东盟经济共同体建设，维持东盟经济共同体在全球经济增长中的地位和影响力，推动东盟经济共同体建设不断取得新进展新成就。展望 2023 年，随着国际交流和合作的逐步恢复，东盟经济共同体建设将取得更大的进展和成就。

一 2022年东盟经济共同体建设进展回顾

自 2015 年东盟经济共同体建成之后，不仅东盟国家各领域合作在加强，而且东盟国家在推进国际区域合作中也不断取得新进展，更加凸显了东盟经济共同体的重要地位。特别是《区域全面经济伙伴关系协定》（RCEP）的生效实施，彰显了东盟经济共同体建设的重要性和东盟经济共同体建设的重大成果。除此之外，中国-东盟自由贸易区 3.0 版的谈判也取得突破性进展，这对东盟经济共同体的升级发展也是一个极大的促进。2022 年，在全球经济面临通胀高企、增长乏力等问题的背景下，东盟国家也整体上调了通胀预期，诸多因素导致的区域和全球经贸格局的不断变化，使东盟经济共同体建设进程受到一定的影响。总体来看，2022 年东盟经济共同体建设仍然取得不俗成绩，整体经济实现正增长，东盟经济共同体仍然保持发展的活力和韧性，继续成为国际资本投资关注的重点区域。东盟各国经济部长在第 54 届东盟经济部长会议期间强调通过推进《东盟经济共同体蓝图（2025 年）》的落实，在货物贸易、贸易便利化、东盟统一关税机制、服务贸易、竞争政策、知识产权等方面的沟通取得新进展，坚定不移地推进区域经济一体化，共同应对区域和全球发展面临的挑战，维护以法治、全球化原则和多边主义机制为基础的贸易体系，推动贸易投资自由化便利化，反对贸易保护主义，增强区域和全球供应链、联通性以及物流、数字经济、环境保护、清洁能源、可持续发展和粮食安全等方面的弹性，共同促进疫情后经济复苏以增强经济竞争力。在东盟各国的共同努力下，东盟经济共同体建设不断取得新进展新成就。

（一）积极推动数字经济一体化发展

发展数字经济已成为东盟各国实现经济增长的新引擎。新冠疫情发生以来，东盟各国的经济发展均受到了不同程度的冲击和影响。为促进经济发展，维持东盟国家的经济增长和竞争力，东盟各国加大了对数字经济的重视，加快数字化转型步伐，把数字经济发展作为推动经济高质量发展和实现弯道超车的助推器。根据《东盟数字经济总体规划（2025 年）》提出的将东盟建设成为一个由安全和变革性的数字服务、技术和生态驱动的领先数字社区和经济体的目标要求，东盟各国按照《东盟数字经济总体规划（2025 年）》的行动计划，积极采取务实举措推动数字经济一体化进程，加快经济数字化转型。这些措施包括：一是加快研究数字经济框架协议，为建立数字区域及数字服务生态系统提供支持；二是探索区域支付方式联通，开发可交互操作的二维码准则，实施东盟支付政策框架的跨境实时支付系统，印度尼西亚和泰国成为率先推出跨境二维码支付系统试点的国家；三是积极推行无纸化贸易，扩大东盟单一窗口贸易文件电子化范围，10 个成员国的所有港口和入境点都可使用《东盟货物贸易协定》电子表格，8 个成员国加入东盟海关清关文件实时共享，交换出口清关信息；四是继续讨论电子植物学证书和动物健康证书问题；五是启动东盟接入匹配计划，改造中小企业学院，增强数字技能，增加在线商业机会，推动中小微企业利用数字技术，改善中小微企业的接入和学习体验；六是倡议建立区域特有企业识别号，简化企业注册手续，促进中小微企业开展跨境贸易。通过一系列务实举措的落实，东盟各国的数字经济发展都取得了较大进展。

新加坡作为东盟经济共同体中的发达经济体，在数字经济发展方面一直位于东盟前列，是东盟各国中数字经济发展得较快较好的国家。新加坡的数字经济发展地位不仅得到强化，而且在数字经济国际合作方面也表现不俗，国际数字经济合作不断深化发展。在推进与澳大利亚、新西兰、英国、韩国、智利、中国、欧盟、印度、加拿大等经济体的数字经济合作方面均取得了较大的进展。尤其是与中国的数字经济合作，已成为新加坡一个新的增长点和合作发展的新趋势。

马来西亚在经济数字化转型方面也取得了不俗的成绩。面对新冠疫情，马来西亚加快了大健康领域的数字化转型，积极开发疫苗管理系统，使用区块链技术，在大健康领域实现了高度数字化。马来西亚还通过实施数字马来西亚发展蓝图计划，着力在区块链、人工智能、机器人技术、电器和电子、先进材料等领域加速推进经济数字化转型，致力于将马来西亚发展成为以数字技术驱动的高收入国家和数字经济领域的领导者。

越南是一个高度重视经济数字化转型的国家，把发展数字经济作为第四次工业革命背景下的突破性步骤，把发展数字经济作为数字化国家建设的重要支柱和推动越南经济发展和产业转型的重要驱动力。根据越南制定的“数字经济和数字社会国家发展战略”目标要求，到 2022 年，越南数字经济将占国内生产总值的 11.5%，使用数字化平台的中小企业比例将提升至 30%，预计到 2025 年数字经济将占国内生产总值的 20%。① 越南为此出台了多项优惠政策支持发展数字经济，并把数字经济列为优先投资领域。谷歌、淡马锡和贝恩公司联合发布的《2022 年东南亚数字经济报告——乘风破浪，迈向机遇之海》的数据显示，2022 年越南数字经济规模达 230 亿美元。②

菲律宾推出国家人工智能战略来助力企业实现数字化转型，在金融科技、电子商务和数字健康等领域推行人工智能技术，以促进数字经济发展。谷歌、淡马锡和贝恩公司发布的《2022 年东南亚数字经济报告——乘风破浪，迈向机遇之海》的数据显示，2022 年菲律宾的数字经济规模达到 200 亿美元，预计到 2025 年将增至 350 亿美元，2030 年将达到 1500 亿美元。③

① 《越南推动数字经济发展》，《人民日报》2022 年 5 月 19 日，第 17 版。

② 《越南 2022 年回顾：率先推动数字转型和数字经济发展》，中华人民共和国驻胡志明市总领事馆网站，2023 年 1 月 6 日，http：//hochiminhcity. china-consulate. gov. cn/zytztg/202301/t20230106_11003106. html，2023 年 3 月 17 日浏览。

③ 《菲律宾数字经济前途波涛汹涌》，每日经济，2022 年 11 月 8 日，https：//cn. dailyeconomic. com/2022/11/08/37339. html，2023 年 3 月 19 日浏览。

菲律宾通过数字创新不仅实现了科技创新在卫生系统的广泛应用，也有效推广至其他领域，这为菲律宾的数字经济发展注入新动力。

文莱通过实施《东盟数字经济总体规划（2025 年）》，专注于推动工业数字化、政府行政数字化、数字产业发展以及人力和人才开发等方面的数字经济发展，并在物流、能源、商业服务、旅游、金融服务、健康、农产品以及清真产业等具有发展潜力的重点领域落实一批重点项目，推动数字经济发展取得成效。

柬埔寨抓住第四次工业革命带来的深刻变革和信息化纵深发展带来的机遇，已于 2021 年推出了促进数字经济发展的《柬埔寨数字经济和数字社会政策框架（2021~2035 年）》，意在为信息和通信技术发展提供助力，把发展数字经济作为助力柬埔寨经济增长的新引擎。2022 年颁布实施《2022~2035 年柬埔寨数字政府政策》，以推进数字蝶变，提高政府效能，更好发挥政府服务经济发展的促进作用。

泰国实施“泰国 4.0”工业转型计划和《二十年国家数字发展总体规划（2017~2037 年）》，以促进数字经济的更好发展。通过经济数字化转型，泰国的电子商务市场得到了较好的发展，已成为东盟国家中发展较快的国家之一。在泰国，数字技术被广泛应用于服务行业，包括在线批发与零售、手机与互联网、金融服务等领域，但是，在制造业和农业等领域的利用率还相对较低。

老挝把发展数字经济作为优先事项。老挝于 2021 年 11 月制定的《国家数字经济 20 年发展愿景（2021~2040 年）》、《国家数字经济 10 年发展战略（2021~2030 年）》和《国家数字经济 5 年发展规划（2021~2025 年）》，充分表明老挝重视发展数字经济。虽然老挝的数字技术刚刚起步，但该国已经取得了初步成果，正在朝着数字化方向发展。

印度尼西亚把发展数字经济作为经济转型的主要战略之一。新冠疫情暴发以来，印度尼西亚的数字经济发展表现迅猛，数字银行、数字保险、电子支付等金融服务被公众广泛接受和采用，数字健康和数字教育也得到较好的普及。

（二）积极推进经济绿色化和可持续发展进程

为应对全球气候变化，东盟各国积极推动经济绿色化转型，积极推进可持续发展进程，大力发展绿色经济和蓝色经济，致力于建设蓝色经济伙伴关系。东盟国家通过制定东盟经济共同体循环经济框架和可持续发展分类法，在金融、能源、农业和旅游业等领域实施绿色发展行动计划，促进经济绿色化转型发展，推进可持续发展进程，促进低碳和可持续发展，不断推动东盟经济共同体建设取得新进展。

1. 推出东盟经济共同体循环经济框架实施计划和工作计划

新加坡是东盟国家中高度重视绿色发展的国家，为推进可持续发展进程，新加坡推出绿色经济监管创新倡议。新加坡推出的绿色经济监管创新倡议，其内容涵盖了碳服务和交易、循环经济、电动汽车、能源产业、可持续航空和海事、可持续旅游等多个关键领域。通过实施绿色经济监管创新倡议，支持企业把握新的绿色发展机遇开发绿色产品和服务。新加坡的绿色监管创新倡议中最具吸引力的是提出构建能源绿色基金建议，通过建立能源绿色基金为企业采用节能技术提供补贴，补贴的额度最高可达成本的 70%。新加坡政府还通过制定绿色债券框架，发行政府绿色债券，支持公共领域绿色发展。新加坡计划在 2030 年前发行总额高达 350 亿新加坡元的绿色债券，用于支持公共领域绿色基础设施建设。新加坡的绿色监管创新倡议，不仅对新加坡的绿色发展发挥了重要的促进作用，对推进东盟经济共同体绿色发展也是一个促进。

2. 开展可持续农业指南、使用库存农化学品以及林业部门自然解决方案研究

越南作为新兴市场经济国家，非常重视经济绿色化发展，鼓励发展循环经济，推进可持续发展进程，取得了积极进展和成效。越南政府于 2021 年 10 月 1 日颁布第 1658 号决定，批准了《近期 2021～2030 年、远景展望至 2050 年绿色增长国家行动计划》，以促进国家经济结构调整与增长模式转型，实现经济繁荣、环境可持续性和社会公平。越南的绿色增长战略，

通过采取数字技术应用、产业数字化转型、绿色和可持续发展以及绿色生活方式等措施来节约和高效利用能源和资源。[①] 2022 年，越南城市地区生活垃圾收集处理率达 96.37%，建成垃圾处理焚烧发电厂 11 家，生态环境犯罪案件数量下降 65.38%。[②]

3. 积极实施东盟能源合作行动计划

2022 年 9 月，东盟提出实施《东盟能源展望（第七版）》和《东盟可再生能源展望（第二版）》，探索评估多种可再生能源和清洁技术的选择，在矿产领域合作方面继续推进可持续矿产开发原则并加强对外合作。印度尼西亚作为全球最大的煤炭出口国，非常重视经济绿色低碳转型，推进太阳能、风能以及智能电网、储能等新技术的创新应用，建设一个超级电网，以确保电力稳定可靠供应。持续加强新能源汽车充电网络建设，让电力基础设施惠及更多民众。马来西亚通过综合平衡环境和经济因素，按照《2035 年马来西亚可再生能源路线图》积极推动绿色低碳转型以促进可持续发展。在光伏发电、生物质能发电、水力发电等领域实施可再生能源计划，到 2035 年可再生能源的电力采用率将达到 40%。

4. 完成可持续旅游业发展框架研究

泰国积极推进经济绿色化发展，促进旅游业可持续发展进程，助力疫情后旅游业复苏发展，积极开发社区和乡村旅游服务和产品，提高基层社会收入水平，打造可持续发展经济模式，提高社区和乡村的可持续发展能力，推动泰国转型为可持续发展的国家。文莱作为东盟经济共同体中的小型经济体，在推动经济绿色化发展方面表现积极，通过实施绿色发展倡议，促进经济可持续发展进程，实现经济可持续增长。

5. 启动可持续债券标准

2022 年 8 月，新加坡政府在绿色债券框架下发行绿色主权债券，根据

---

① 《越南着力完善〈2021~2030 年绿色增长国家行动计划〉》，中国-东盟自由贸易区网站，2022 年 3 月 17 日，http：//www.cafta.org.cn/show.php？contentid=97082，2023 年 3 月 25 日浏览。

② 云南日报：《越南加大绿色发展力度》，人民网，2023 年 2 月 15 日，http：//yn.people.com.cn/n2/2023/0215/c372459-40301587.html，2023 年 3 月 25 日浏览。

新加坡金融管理局的公告，这项 50 年期的绿色主权债券的发行总额为 24 亿新加坡元，票息率为 3.04%，其中新加坡的个人投资者认购额度为 5000 万新加坡元，配售给机构投资者的额度为 23.5 亿新加坡元。[①] 2022 年 2 月，新加坡政府在发布财政预算案时宣布在 2030 年前发行总额为 350 亿新加坡元的绿色债券，绿色主权债券的收益主要用于具备环境效益的项目，包括裕廊地区线和跨岛线的地铁绿色项目。

6. 制定东盟碳中和战略概念文件，启动实施碳中和工作计划

2022 年 11 月，东盟经济共同体部长会议强调要加强在东盟碳中和绿色增长方面的协作，呼吁将可持续议程纳入东盟 2025 年愿景。柬埔寨实施的碳中和长期战略明确在 2050 年要实现碳中和目标。柬埔寨的碳中和长期战略致力于促进绿色增长，减少温室气体排放，发展可持续性清洁能源，在农业、森林和其他用途、能源、交通、工业和产品用途、废物管理等领域推进绿色发展。到 2050 年碳中和长期战略对柬埔寨国内生产总值的增长率占比达到 2.8%，创造就业机会达到 44.9 万个。此外，柬埔寨制定的《2040 年能源发展政策》旨在持续增加和充分利用清洁能源，确保能源安全、可负担和可靠供应，为减缓气候变化作出贡献。柬埔寨政府还鼓励投资创新能源技术以提升能源系统的自动化水平，加大在氢气、电子和储能、能源互联网等重点领域的投资支持力度，以加速提高能源的绿色转型。

（三）持续提升区域竞争力，加快融入经济全球化进程

东盟经济共同体建设是区域经济一体化发展的生动实践，在经济全球化遭遇逆流和贸易保护主义抬头的背景下，东盟按照《东盟经济共同体蓝图（2025 年）》的目标要求，致力于到 2025 年建设一个高度一体化、竞争力强、创新水平高、充满活力、韧性强、包容度高、以人为本、互联互通和各领域合作进一步加强并融入全球经济的东盟经济共同体。通过推进人力资源

① 刁倩：《东盟绿色金融发展框架完善新加坡政策频出区域中心定位增强》，中新（重庆）战略性互联互通示范项目综合服务网站，2022 年 8 月 23 日，http://www.cciserv.com/content/2022-08/23/content_10403580.htm，2023 年 3 月 28 日浏览。

发展和能力建设，加强宏观金融政策的协调，促进电子商务发展，提高私营企业和部门在东盟经济共同体建设中的参与度，使东盟成为货物、服务、投资、劳务、资金流动自由化的地区和具有吸引力的贸易和投资沃土。

2022 年，受全球经济增速放缓、全球产业链和供应链遇阻不畅、全球及区域通胀压力加大、能源危机和粮食危机等多重负面因素叠加影响，东盟各国经济发展面临严峻考验。但是，东盟各国经济发展呈现出复苏态势。从东盟与中国的贸易规模来看，东盟与中国的进出口额为 65153.22 亿元，同比增长 15%，出口 37906.52 亿元，同比增长 21.7%，进口 27246.7 亿元，同比增长 6.8%。[①] 越南是东盟 10 国中经济复苏增长最快的国家之一。2022 年，越南与中国的贸易额达 15697.9 亿元，同比增长 5.6%，越南从中国进口 9812 亿元，同比增长 10.3%，越南向中国出口 5885.9 亿元，同比下降 1.4%。[②] 东盟与中国的贸易数据充分表明东盟国家与中国在经贸合作方面具有广阔前景，强化与中国的经贸合作，也有利于加快促进东盟国家的经济发展。

二　东盟经济共同体对区域合作的促进

东盟经济共同体建设，致力于推进东盟区域经济一体化进程，持续推动区域合作和区域发展，打造区域单一市场，促进该区域内商品、资本和劳动力的自由流动，有效发挥东盟作为区域合作的中心地位和主导作用，不断提升东盟的国际地位和国际影响力。

（一）持续推动区域自由贸易发展

1. 推动自由贸易协定升级

自 2015 年东盟经济共同体建成以来，东盟一直致力于实施《东盟经济

① 海关总署：《2022 年 1~12 月我国与东盟贸易情况》，中华人民共和国国家发展和改革委员会网站，2023 年 1 月 31 日，https://www.ndrc.gov.cn/fggz/jjmy/dwjmjzcfx/202301/t20230131_1348036_ext.html，2023 年 5 月 17 日浏览。

② 海关总署：《2022 年 1~12 月我国与东盟贸易情况》，中华人民共和国国家发展和改革委员会网站，2023 年 1 月 31 日，https://www.ndrc.gov.cn/fggz/jjmy/dwjmjzcfx/202301/t20230131_1348036_ext.html，2023 年 5 月 17 日浏览。

共同体蓝图（2025 年）》，致力于打造高度一体化和融入全球经济的东盟经济共同体，不断增强东盟在全球经济中的竞争力。2022 年，东盟各国遵循《东盟经济共同体蓝图（2025 年）》的路线图和实施计划，积极推进自由贸易协定升级谈判，着力打造具有高度一体化特征的区域大市场。为此，东盟各国统一行动，共同努力，积极推动自由贸易协定的升级谈判。2022 年 3 月 16 日，第 28 届东盟经济部长非正式会议就东盟当前增进其内部经济合作达成了一系列共识，其中就包括《东盟货物贸易协定》升级谈判议题，通过发挥各成员国的贸易潜能，加深经济一体化，相关协商旨在解决非关税壁垒、提高透明度、协助东盟成员国参与全球和区域供应链。2022 年 11 月，东盟启动《中国-东盟自由贸易协定》升级谈判，期待尽早启动中国-东盟自由贸易区 3.0 版建设，推动中国-东盟区域经济一体化，依托中国强大市场实现快速发展。东盟还宣布《东盟-澳大利亚—新西兰自由贸易协定》的升级谈判实质性结束，通过自由贸易协定升级谈判，努力消除贸易壁垒，不断提高区域贸易的自由化便利化水平，促进产业链合作，维持供应链稳定，推动区域市场扩大开放，增强区域市场的强劲活力和竞争力，使东盟成为全球合作伙伴和全球经济复苏的重要引擎。

2. 推动《区域全面经济伙伴关系协定》生效实施

《区域全面经济伙伴关系协定》是东盟致力于建设区域大市场的务实行动。经过东盟和区域有关国家的不懈努力，《区域全面经济伙伴关系协定》于 2022 年 1 月 1 日正式生效，15 个成员国先后完成签署程序。《区域全面经济伙伴关系协定》的正式生效，是东盟经济共同体建设的重大成果，标志着全球最大的自由贸易区诞生。《区域全面经济伙伴关系协定》是在整合区域五个双边自由贸易协定的基础上达成的，是东盟国家致力于推动区域经济一体化和经济全球化的结果，表明东盟各国致力于推进区域经济一体化和经济全球化进程的强烈愿望。该协定的生效形成了一个覆盖全球约 27%的贸易、29%的国内生产总值、30%的人口以及 29%的对外直接投资的自由贸易区，其重大利好就在于关税降低带来的进口成本下降和出口机遇增多，区域内 90%以上的货物贸易将最终实现零关税，这极大促进成员国间的跨境贸易往来。在世界经济复苏乏力以及新冠疫情仍在全球肆虐的不利环境下，《区域全面经济伙伴关系协定》的生效实施，不仅能够更好地促进区域经济发展以保持区域经济活力，而且能够为世界经济复苏注入新动力。RCEP 各成员国在经济结构上具有很强的互补性，可以实现优势互补、相得益彰，符合区域国家的发展要求，使东盟各国更好地实现发展。

东盟各国对《区域全面经济伙伴关系协定》的生效时间不尽相同。但是，由于文莱、柬埔寨、老挝、新加坡、泰国、越南 6 个东盟成员国与中国、日本、新西兰、澳大利亚 4 个非东盟成员国如期完成国内批准程序并向东盟秘书长提交核准书，最终确保了《区域全面经济伙伴关系协定》的生效实施。之后，其他几个东盟国家也陆续核准生效。2022 年 3 月 18 日，马来西亚国际贸易和工业部发表声明正式对《区域全面经济伙伴关系协定》生效。2022 年 8 月 30 日，印度尼西亚议会正式批准《区域全面经济伙伴关系协定》。《区域全面经济伙伴关系协定》的成员国是印度尼西亚的主要贸易和投资伙伴国，占其 2022 年出口总额 1326 亿美元的至少 60%，占其进口总额 1306 亿美元的 71%。[①] 正是由于《区域全面经济伙伴关系协定》的强大市场吸引力，各相关国家都积极推动生效实施，为提振区域经济注入新动力。

（二）推动共建“一带一路”高质量发展

自“一带一路”倡议提出以来，东盟各国对此予以积极回应，并积极参与共建“一带一路”，这一过程已取得显著成效，使东盟成为高质量共建“一带一路”的重点地区和共建“一带一路”的最大受益者。2022 年，东盟各国克服新冠疫情带来的困难，提升政治互信，加强战略对接，持续推动共建“一带一路”高质量发展，为东盟与中国的经贸合作注入新活力。

中老铁路的建成和投入运营，实现了老挝由“陆锁国”向“陆联国”

① 陈小方：《印尼批准〈区域全面经济伙伴关系协定〉》，《经济日报》2022 年 9 月 1 日，第 4 版。

转变的愿望，这是老挝参与共建“一带一路”的重大成果，不仅为提升老挝的贸易便利化程度营造了有利环境，也为老挝传统产业升级发展营造了有利条件。中老铁路的开通也促进了中南半岛的互联互通进程，为中国至中南半岛经济走廊建设提供了助力。目前，中国的25个省份已经开通了通往老挝的国际货物列车，货物运输已覆盖老挝、泰国、缅甸、马来西亚、柬埔寨、新加坡等国家，进一步密切了与老挝、泰国、缅甸、马来西亚、柬埔寨、新加坡等国的贸易关系。货物运输种类从开通初期的化肥、百货等扩展至电子、光伏、冷链水果等1200多种。[①] 截至2022年11月7日，中老铁路累计货物运输量突破1000万吨。其中跨境货物运输量超过180万吨，货物价值突破120亿元。[②] 随着我国面向东盟的国际大通道建设的推进，面向东盟的铁路、公路、航空等基础设施已经日益完善，互联互通程度显著提高。我国通向边境口岸的铁路、公路线路已基本畅通，并与泛亚铁路、公路实现了有机衔接。

越南加快了“两廊一圈”与中国“一带一路”倡议的对接进程，为越南北方各省开放发展创造有利条件，也促进了中国至中南半岛经济走廊建设。2022年10月30日至11月2日，越南共产党中央委员会总书记阮富仲应邀访问中国，为推动新时代中越全面战略合作伙伴关系长期健康稳定发展，双方发表了《关于进一步加强和深化中越全面战略合作伙伴关系的联合声明》（简称《中越联合声明》）。《中越联合声明》指出：“双方同意，积极推进两国发展战略对接，加快推动商签两国政府间推进共建‘一带一路’倡议和‘两廊一圈’框架对接合作规划，开展产能合作，开展基础设施建设与互联互通合作，尽快完成老街—河内—海防标准轨铁路规划评审。”[③]《中越联合声明》还提出：“继续扩大边境口岸（通道）开放，推进

① 《RCEP助力东盟国家农产品出口中国》，人民网，2022年11月10日，http://finance.people.com.cn/n1/2022/1110/c1004-32562985.html，2023年3月28日浏览。

② 《RCEP助力东盟国家农产品出口中国》，人民网，2022年11月10日，http://finance.people.com.cn/n1/2022/1110/c1004-32562985.html，2023年3月28日浏览。

③ 《关于进一步加强和深化中越全面战略合作伙伴关系的联合声明》，《人民日报》2022年11月2日，第2版。

跨境基础设施建设，重点推动就老街（越南）—河口（中国）铁路对接方案商谈一致，维护边境地区良好秩序，促进边境地区发展。”[①] 这为推进“两廊一圈”与“一带一路”的对接进一步奠定了政治基础。到目前为止，越南已经连续多年成为中国在东盟地区的最大贸易伙伴，也是中国在全球的第六大贸易伙伴，中国对越南的投资明显增多。但是，中国对越南的投资主要集中在加工制造业，如电子、手机、计算机、纺织服装、机械设备等。

柬埔寨是参与共建“一带一路”倡议的最大受益者，柬埔寨积极推动其“四角”战略与中国“一带一路”倡议对接，共同落实好两国政府关于共同推进“一带一路”倡议的合作规划纲要，推进以交通、产能、能源、贸易、民生为重点的务实合作，不断提升双边贸易投资的规模和质量。“四角”战略与“一带一路”倡议的对接，不仅改善了柬埔寨的基础设施环境，也促进了其他领域的发展。在农业领域，“一带一路”倡议给柬埔寨农业发展带来了巨大利好，通过加强双边合作，为柬埔寨提供农业生产技术、基础设施建设和资金来源，为中国投资者投资农业生产和对华出口提供良好环境，如投资大米生产和出口大米、木薯、香蕉、芒果等农产品，水稻、木薯、热带水果、天然橡胶等产品产量和品质实现了新提高，农产品加工园区的建设，也提升了柬埔寨的农产品附加价值。

印度尼西亚积极推进全球海洋支点战略、区域综合经济走廊与中国“一带一路”倡议的对接，加强在基础设施互联互通、海洋经济、金融合作、能源、“两国双园”等领域的合作。2022 年 7 月，印度尼西亚总统佐科访问中国，两国元首同意共建中印尼命运共同体，共同打造发展中国家的共同发展典范、互利共赢典范和南南合作先锋，推进更加紧密的经贸合作。2022 年 7 月，中国国家发展和改革委员会主任何立峰与印度尼西亚对华合作牵头人、海洋与投资统筹部长卢胡特举行视频会见，双方一致认为要进一步推进全球海洋支点战略与“一带一路”倡议的对接，不断深化区域综合

① 《关于进一步加强和深化中越全面战略合作伙伴关系的联合声明》，《人民日报》2022 年 11 月 2 日，第 2 版。

经济走廊合作。通过合作共建“一带一路”，中国的成熟技术、先进经验以及资本将为印度尼西亚经济发展注入活力和动力。

马来西亚加强与中国在港口基础设施、临港产业、跨境金融、旅游、农渔业等领域的合作，尤其是在“两国双园”合作方面，致力于推动打造“一带一路”国际合作标杆。2022 年是中马“两国双园”建设 10 周年，在中国-东盟博览会期间，双方启动了“两国双园”升级发展启动仪式，按照《中马“两国双园”升级发展行动方案（2022~2025 年）》目标要求，中马“两国双园”以产业发展、两园联动为重点深化两园两港产业投资合作，推动跨境贸易、跨境投资、跨境金融、跨境物流、跨境数字经济、跨境人才流动等更加自由便利，打造立足中马、辐射东盟的经贸创新发展示范园区和“一带一路”国际产能合作高质量发展示范区。

文莱积极推进“文莱 2035 宏愿”与中国“一带一路”倡议的国际合作，加强在香料、清真食品加工、渔业等领域合作，推动经济朝着多元化方向发展。文莱政府高度重视中国企业对文莱物流、油气、银行服务等领域的投资，这些投资不仅扩大了文莱的就业领域，而且成为文莱经济多元化发展的强劲动力。中国也因此成为文莱的最大贸易伙伴以及重要的投资来源地之一，日益紧密的贸易与投资关系让文莱获得了实实在在的好处。

新加坡致力于加强与中国在互联互通、商贸物流、第三方市场、金融、产业园区等领域的合作，推动两国合作迈向更高水平。中新（重庆）战略性互联互通示范项目是新加坡与中国合作共建“一带一路”的标志性项目，也是新加坡与中国合作共建国际陆海贸易新通道的重点工程。随着国际陆海贸易新通道建设的推进，中新（南宁）国际物流园建设也成为新加坡与中国合作的又一示范性工程。国际陆海贸易新通道不仅成为新加坡与中国加强经贸合作的重要桥梁和纽带，也是东盟加强与中国经贸合作的便捷通道。

菲律宾积极推进“大建特建”规划与中国“一带一路”倡议对接，积极推进与中国在产业园区、基础设施、友好城市、农业、旅游等领域的务实合作，通过一系列政府间合作项目建设，两国在经贸领域的合作不断取得积极进展，经贸往来实现逆势上扬，中国继续保持作为菲律宾的第一大贸易伙伴、第一大进口来源地以及第二大出口市场的地位。

缅甸加强与中国在互联互通、电力能源、交通运输、农业、金融、民生、旅游等领域的务实合作，积极打造中缅经济走廊。中缅经济走廊的建设，不仅改善了缅甸的基础设施，也造福了缅甸国家人民，给缅甸国家人民带来实实在在的利益。中国电建集团投资建设的缅甸皎漂燃气联合循环电站的投产运营，不仅缓解了缅甸的电力紧张状况，而且对提振缅甸当地经济和促进就业都发挥了重要作用。

泰国积极推动东部经济走廊与中国“一带一路”倡议对接，重点推进“两国双园”示范建设，推动产业链合作走深走实。泰国东部经济走廊建设与中国“一带一路”倡议的深度对接，使泰国东部经济走廊成为中国企业在泰国投资的重要集散地。泰中（罗勇）工业园作为中泰两国政府合作共建的示范园区，已经成为中泰合作共建“一带一路”的重要载体，是泰中紧密合作的重要成果。随着中泰铁路一期项目工程进入全面建设阶段，将加快中老泰铁路的全面对接，推动沿线国家的全方位合作。

东盟各国通过合作共建“一带一路”，对接战略规划，加速互联互通，不仅为东盟增添了发展动力，促进东盟各国的共同发展，而且使东盟与中国的经贸合作越来越紧密，东盟已经连续多年成为中国的第一大贸易伙伴和重要的投资对象国。

（三）持续助力中国-东盟命运共同体建设

中国-东盟命运共同体倡议提出以来，得到东盟国家的广泛认同。在错综复杂、变化多端的国际形势下，中国-东盟关系稳步发展，中国-东盟全面战略合作伙伴关系已经成为亚太合作的成功典范，中国-东盟命运共同体建设已经成为人类命运共同体建设的生动实践，中国-东盟命运共同体建设也为东盟经济共同体建设注入了确定性。目前，双方正在着力推进《东盟印太展望》与共建“一带一路”重点领域的对接合作，共同推进“和平家园、安宁家园、繁荣家园、美丽家园、友好家园”的“五个家园”建设，不断推动中国-东盟命运共同体建设走深走实。

三　2023年东盟经济共同体建设展望

展望2023年，国际形势变化仍将错综复杂，危机挑战仍将有增无减。由乌克兰危机产生的外溢效应对地区安全稳定造成的冲击更加难以预测，且充满不确定性。美国金融领域的隐患可能引发金融危机，这样的危机将可能波及全球，对本已脆弱的世界经济造成进一步影响。这些不稳定因素将对东盟经济共同体建设带来不利影响。但是，中国推进高质量发展，加快构建"双循环"新发展格局，推动共建"一带一路"高质量发展，加快构建国内统一大市场，这将为东盟经济共同体建设带来新的机遇。东盟各国将不断深化与中国的合作，持续推进《东盟经济共同体蓝图（2025年）》计划的落实，使东盟经济共同体建设取得更大进展和成就。

（一）东盟经济共同体对地区经济发展的影响

2023年是"一带一路"倡议提出10周年和中国-东盟命运共同体倡议提出10周年，也是中国-东盟博览会和中国-东盟商务与投资峰会举办20周年。展望2023年，东盟经济共同体建设将迎来新的发展机遇。中国国家主席习近平在中国-东盟建立对话关系30周年纪念峰会发表讲话时表示，"中方愿在未来3年再向东盟提供15亿美元发展援助，用于东盟国家抗疫和恢复经济"。"愿加强减贫领域交流合作，促进均衡包容发展"。"拓展数字经济、绿色经济等新领域合作，共建经贸创新发展示范园区"。"愿进口更多东盟国家优质产品，包括在未来5年力争从东盟进口1500亿美元农产品"。[①] 其旨在为东盟各国经济发展注入稳定性，也有利于增强东盟各国经济发展活力。当然，2023年，受错综复杂的国际形势影响，东盟经济共同体建设面临的困难和挑战仍然不少，地区经济发展也面临不确定性。综合世

① 习近平：《命运与共　共建家园——在中国-东盟建立对话关系30周年纪念峰会上的讲话》，中国政府网，https://www.gov.cn/xinwen/2021-11/22/content_5652461.htm，2024年2月2日浏览。

界银行、国际货币基金组织、亚洲开发银行最新发布的预测，2023 年东盟各国的经济增长率均为正增长，越南在 6%以上，菲律宾、柬埔寨在 5%以上，印尼、马来西亚在 4%以上，老挝、泰国、文莱、缅甸在 3%以上，新加坡在 0.5%至 2.5%。[①] 这表明东盟经济共同体建设面临的国际国内环境仍然充满不确定性，从而影响到东盟各国的经济发展预期。东盟各国经济发展虽然面临各种困难和挑战，经济下行压力增大。但是，东盟经济共同体的较强韧性，再加上中国应对经济下行采取的强有力措施，对东盟经济共同体建设具有重要的促进作用。因此，东盟经济共同体建设将更加有利于地区经济发展。为促进地区经济发展，东盟经济共同体各国将持续把发展数字经济作为重要发展方向，积极推动经济数字化转型，加强与包括中国在内的数字经济大国的合作，促进传统产业数字化转型发展，大力发展数字经济，使数字经济成为带动地区增长的新引擎。但是，推动数字经济发展，需要开展数字治理合作，加强数字技术创新应用，以促进东盟数字经济更好发展。

为促进地区经济发展，东盟国家将不断增强内生动力，促进地区经济复苏发展。同时，将更加重视和加强国际合作，积极参与区域次区域合作，促进经贸正常发展。通过增强内生动力和参与国际合作，保持地区经济持续健康发展，持续努力建设一个创新、繁荣、具有竞争力的东盟经济共同体。

（二）东盟经济共同体对区域合作的影响

东盟各国将抓住有利机遇，持续深化区域次区域合作，聚焦重点领域、重点项目、重点工程，采取更加务实举措，推动合作发展取得更大成效。尤其是东盟各国将更加重视加强与中国合作共建“一带一路”，共同推动互联互通基础设施建设和国际产能合作，共建国际产能合作园区和经贸合作创新

① 许宁宁：《2023 年中国与东盟合作将彰显更大成效》，《中国经济时报》2023 年 1 月 31 日，第 2 版。

示范区，密切与中国的区域经济合作。中国国家主席习近平在中国-东盟建立对话关系 30 周年纪念峰会发表讲话时强调，要高质量共建“一带一路”，同东盟提出的印太展望开展合作。中方愿进一步打造“一带一路”国际产能合作高质量发展示范区，欢迎东盟国家参与共建国际陆海贸易新通道。[①] 这不仅为推进东盟与中国合作共建“一带一路”进一步指明了方向，也为深化区域合作、促进区域发展注入了新动力。

尽管 2023 年面临的不确定性因素仍然有增无减，疫情的反弹将是该地区经济发展面临的主要下行风险，全球供应链的扰动和通胀压力的上升也可能进一步加剧该地区经济发展的不稳定性。加快推动《区域全面经济伙伴关系协定》的实施是维持地区经济稳定发展的重要保障。加快《区域全面经济伙伴关系协定》的实施，也是对外发出的一个强烈信号，反对单边主义和贸易保护主义，支持自由贸易，维护多边贸易体制，这有助于为区域乃至全球经济疫后复苏提振信心。《区域全面经济伙伴关系协定》的实施是东盟在全球范围内的区域合作处于不利的前提下取得的重大胜利。《区域全面经济伙伴关系协定》的生效实施将为区域合作注入新活力，推动东盟经济共同体建设朝着《东盟经济共同体蓝图（2025 年）》设定的目标方向持续努力，继续发挥好东盟的主导作用，为推动东亚区域经济一体化发展作出新贡献。

（三）东盟经济共同体对世界经济的影响

世界经济环境错综复杂的背景下，全球经济复苏仍然乏力。东盟经济共同体致力于发展，维护东盟的中心地位，谋求在大国之间保持平衡，以维护地区和平稳定，这有利于促进世界经济复苏发展。

东盟国家积极推动《区域全面经济伙伴关系协定》的生效实施，就是为了更好地推动区域经济发展，促进投资贸易自由化便利化，推动东亚经济一体化发展，实现优势互补，推动构建跨境跨区域产业链、供应链、价值链，加快形

① 习近平：《命运与共　共建家园——在中国-东盟建立对话关系 30 周年纪念峰会上的讲话》，中国政府网，https：//www. gov. cn/xinwen/2021 - 11/22/content _ 5652461. htm，2024 年 2 月 2 日浏览。

成富有活力的区域大市场，这有利于提高区域竞争力和吸引力，使东亚区域成为带动世界经济复苏的重要引擎，并对世界经济复苏起到积极的促进作用。

“一带一路”倡议已经取得了实实在在的成果。推动共建“一带一路”高质量发展，让“一带一路”建设更有效地惠及各国人民，并造福各国人民，使东盟经济共同体各国增强参与共建“一带一路”的积极性和主动性，着力打造区域合作典范，更好地发挥示范作用，有利于增强东盟经济共同体的综合竞争力，进一步提升东盟经济共同体的国际地位和国际影响力，为推动世界经济复苏发展提供“东盟范式”。通过参与共建“一带一路”，推进互联互通基础设施建设，能够更好地带动相关产业发展，不仅有利于促进世界经济繁荣发展，解决就业和民生问题，而且有利于促进全面投资发展，增强东盟经济共同体的投资吸引力，为东亚区域经济一体化发展注入新的活力，也对提振世界经济起到催化作用。

启动中国-东盟自贸区 3.0 版，积极推动经贸高质量发展，构建更加互惠互利的双边和区域经贸关系，推动构建中国-东盟跨境跨区域产业链供应链，有利于推动中国与东盟区域经济一体化发展，推动中国与东盟加快构建新发展格局，焕发东盟地区经济发展新活力，努力打造亚太地区最具活力和最为成功的合作典范，可以为促进世界经济复苏发展提供新动力。

东盟经济共同体建设之所以引起大国的关注，就在于其与其他区域合作组织的运作机制有很大的不同。东盟经济共同体的特有运作机制具有较强的弹性和韧性，这种运作机制有利于其更好地在大国博弈中表现出灵活性，并有利于确保其中心地位不受外部因素的影响。因此，东盟经济共同体建设，不仅有利于加快地区经济发展和缩小地区内发展差距，而且在促进全球经济发展的同时实现自身利益最大化，并维护其在区域合作中的主导地位，对全球经济发展起到促进和催化作用。

结　语

2022 年，在新冠疫情和当前国际环境不确定性不稳定因素的影响下，尽管面临不少困难和挑战，东盟经济共同体建设仍然取得了显著成绩，东盟大部分国家经济保持正增长，数字经济发展成为推动东盟各国经济发展的重要增长引擎，货物贸易和服务贸易稳步发展，全面投资稳步增长。这些成绩的取得，一是得益于东盟经济共同体团结抗疫，共同促进经济复苏；二是得益于东盟经济共同体助力区域合作，保障产业链、供应链畅通；三是得益于东盟各国积极参与共建“一带一路”，促进基础设施互联互通，推动投资自由化、便利化发展。展望2023年，东盟经济共同体建设面临的困难和挑战仍然有增无减，但是，也面临重要发展机遇。《区域全面经济伙伴关系协定》的生效实施，将助力东盟经济共同体建设，进一步提振东盟经济共同体的发展活力。东盟各国通过加强与中国合作共建“一带一路”，深化与中国的经贸合作，借势中国大市场，更好地促进东盟经济共同体的建设取得新进展，也必将对世界经济复苏发展起到重要的促进作用。

Y.4

2022年东盟社会文化共同体建设进展与成就

杨保筠*

摘　要： 2022 年，东盟轮值主席国柬埔寨遵循其提出的“东盟行动：共同应对挑战”的工作主题，确定了关于东盟社会文化共同体建设的优先事项。在东盟各成员国的共同努力下，东盟社会文化共同体建设进程取得明显成果。特别是成功举办“东盟青年年”活动，得到各成员国领导人在东盟峰会上的一致认可。2023 年接任东盟轮值主席国的印度尼西亚表示将优先促进东盟社会文化共同体的建设，相信将能够取得新的成果。

关键词： 东盟　社会文化共同体　防灾减灾　东盟青年年

一　2022年东盟社会文化共同体发展概况

2022 年，是由柬埔寨担任东盟轮值主席国的一年。自 2021 年 11 月接棒伊始，柬埔寨政府就表示将与其他东盟成员国一道，共同应对当前所面临及正在出现的问题，以创造有利环境，建立一个准备更充分、更具战略性、更全面和协调的更强大的东盟。为此，柬埔寨政府确定在其担任东盟轮值主席国期间的工作主题为“东盟行动：共同应对挑战”，以彰显东盟作为一个

* 杨保筠，博士，北京大学国际关系学院教授、博士生导师，泰国法政大学比里 · 帕侬荣国际学院学术顾问，研究方向为东南亚、亚欧关系、华侨华人研究。

共同体的团结精神和集体解决问题的意愿，共同应对疫情和地缘政治因素叠加给东盟造成的挑战。

为了推动东盟社会文化共同体建设，柬埔寨政府确定该共同体建设的优先事项包括：提高东盟的价值观、意识和认同；促进人力资源开发和赋予妇女权力；增强东盟各国人民的健康、福祉和社会保护，以及提升东盟社会文化共同体的机构能力和有效性。2022 年 3 月底，东盟社会文化共同体第 27 届理事会召开会议，讨论推进东盟社会文化共同体建设的战略问题和方向，与会的东盟各国代表一致决议，全力支持柬埔寨担任东盟轮值主席国及其提出的“东盟行动：共同应对挑战”的工作主题，同时对柬埔寨提出的关于东盟社会文化共同体的优先事项表示认可。[①]

同时，在柬埔寨担任东盟轮值主席国后，东盟根据《东盟共同体建设蓝图（2025 年）》的实施情况，对社会文化共同体建设进行了中期审查，柬埔寨教育、青年和体育部（MoEYS）作为该国代表参与审查。审查报告指出，自 2020 年以来，社会文化共同体的工作计划与《东盟全面复苏框架》及其实施计划保持一致，强调应继续发展青年和体育事业，强化人力资源开发、妇女发展和性别平等，建立疫后依靠绿色经济实现复苏的能力，消除数字鸿沟、进一步扶贫减贫等事项的重要性，以支持东盟地区的可持续发展。[②] 东盟秘书处发表的中期审查结果对东盟社会文化共同体建设工作的认可，为柬埔寨在担任轮值主席国期间更好地落实其为东盟社会文化共同体建设而提出的优先事项确定了更为明确的工作方向。

2022 年 10 月 13 日，东盟社会文化共同体理事会在柬埔寨首都金边召

① “ASEAN Socio-Cultural Community Council Voice Support for Cambodia’s 2022 Priorities,” The ASEAN Secretariat, April 2, 2022, https://en.vietnamplus.vn/asean-sociocultural-community-council-voice-support-for-cambodias-2022-priorities/224463.vnp，2023 年 4 月 1 日浏览。

② “ASEAN Socio-Cultural Community Council Expresses Strong Support for Cambodia’s 2022 Priorities,” The ASEAN Secretariat, April 1, 2022, https://asean.org/asean-socio-cultural-community-council-expresses-strong-support-for-cambodias-2022-priorities/，2023 年 4 月 1 日浏览。

开第28届会议，回顾和总结2022年在东盟社会文化共同体优先领域取得的进展和面临的挑战，讨论东盟社会文化共同体的发展战略方向及其跨共同体、跨部门工作的重要性，并通过了准备提交至即将举行的第40届和第41届东盟峰会审批的各项文件。[①] 由于一般在每年11月前后举行的东盟峰会上将更换轮值主席国，因此，这次会议实际上也是对柬埔寨担任2022年度东盟轮值主席国期间社会文化共同体工作的总结和评价。

柬埔寨首相洪森出席会议开幕式并致辞。他指出，东盟社会文化框架所体现的合作精神，对于进一步促进经济发展，加强地区安全和政治稳定，以及加强东盟团结的精神和共同努力具有更为重要的作用。他对柬埔寨在担任轮值主席国期间社会文化共同体建设方面取得的显著进展表示非常自豪。他认为，在柬方坚持倡导多边主义、不干涉内政的精神；提倡共识，加强对话和相互了解；以及贯彻“多元一体”原则的基础上，东盟社会文化共同体在包括促进移民工人的社会保护、社会安全和福祉，促进妇女创业、创新和文化产业等诸多领域取得显著成就。他还认为，在东盟各国的共同努力下，成功控制了疫情蔓延，使各国有机会全面恢复经济和社会活动，并加快实施社会和经济复苏战略。[②] 洪森首相还指出，为了实现可持续的社会经济复苏与发展韧性，东盟必须加强合作，更加重视人力资本的保护和发展。为此，应更广泛地采用数字技术，提高教育和技能开发水平，建立应对危机所需的公共卫生和社会保护系统。[③]

在这次会议上，东盟社会文化共同体理事会对柬埔寨坚持其确定的

---

① “ASEAN Socio-Cultural Community Council Meeting Highlights Productive Year in Achieving Priorities,” The ASEAN Secretariat, October 17, 2022, https://asean.org/asean-socio-cultural-community-council-meeting-highlights-productive-year-in-achieving-priorities/, 2023年4月1日浏览。

② 《洪森总理：东盟社会文化框架合作具有更重要作用，重点关注4项优先领域》，FRESH NEWS，2022年10月13日，https://cn.freshnewsasia.com/index.php/en/18265-2022-10-13-05-16-05.html，2023年4月1日浏览。

③ “ASEAN Socio-Cultural Community Council Meeting Highlights Productive Year in Achieving Priorities,” The ASEAN Secretariat, October 17, 2022, https://asean.org/asean-socio-cultural-community-council-meeting-highlights-productive-year-in-achieving-priorities/, 2023年4月1日浏览。

“东盟行动：共同应对挑战”工作主旨，在东盟社会文化共同体建设中取得的诸多成果表示赞赏，并通过了有关该共同体建设的多项成果文件，准备提交至即将举行的东盟峰会以获得批准和签署，认为这将有利于确保疫情后东盟正在加倍努力实现的强劲、可持续、具有韧性和包容性的复苏进程。会议同时也指出，今后东盟社会文化共同体还需要继续努力促进社会和人类的可持续发展，要加强东盟成员国团结应对未来挑战的准备，进一步加强跨部门即跨共同体的协调能力，以提高制度效能，① 从而为社会文化共同体的发展确定了方向。

此外，2022 年东盟社会文化共同体在吸收东帝汶加入东盟方面也作出了贡献。东盟经济共同体和社会文化共同体组成的跨部门小组于当年 7 月赴东帝汶针对东帝汶的入会申请进行了实地考察。考察评估报告在 10 月举行的社会文化共同体理事会上获得批准。② 在同年 11 月 11 日举行的第 40 届和第 41 届东盟峰会上，东盟领导人通过了关于《东帝汶申请加入东盟声明》，宣布峰会审议了东盟政治安全共同体、东盟经济共同体和东盟社会文化共同体等东盟三大支柱代表团在东帝汶进行实地考察的结果，一致同意原则上接受东帝汶为东盟第 11 个成员国；给予东帝汶观察员地位，并允许其参加东盟的所有会议。同时，在东盟共同体三大支柱考察团进行实地考察报告中所确定的各项重要时间表的基础上，正式制定东帝汶成为东盟正式成员的路线图；所有东盟成员国和合作伙伴将为东帝汶成为东盟正式成员提供支持。③

---

① “ASEAN Socio-Cultural Community Council Meeting Highlights Productive Year in Achieving Priorities,” The ASEAN Secretariat, October 17, 2022, https://asean.org/asean-socio-cultural-community-council-meeting-highlights-productive-year-in-achieving-priorities/, 2023 年 4 月 1 日浏览。

② “31 ASCC Documents for ASEAN Summit,” *Khmer Times*, October 14, 2022, https://www.khmertimeskh.com/501168235/31-ascc-documents-for-asean-summit/, 2023 年 4 月 1 日浏览。

③《东盟峰会：东盟领导人通过〈东帝汶申请加入东盟声明〉》，越南《人民军队》，2022 年 11 月 11 日，https://cn.qdnd.vn/cid-6123/7183/nid-597832.html，2023 年 4 月 1 日浏览。

二　东盟社会文化共同体建设的主要成果

（一）推动医疗卫生体系建设

2022 年是抗击新冠疫情的关键之年。新冠疫情对东盟经济社会造成了前所未有的冲击。为了应对疫情造成的挑战，东盟各国领导人于 2020 年 11 月通过《东盟全面复苏框架》（ACRF）及其实施计划，希望通过采取协调一致的战略和行动举措，推动东盟应对新冠疫情和社会经济更有韧性、包容性和可持续的稳步复苏。但是，此后病毒毒株不断变异等因素造成的疫情蔓延使该计划的落实举步维艰。2022 年，虽然新冠疫情并没有结束，但随着奥密克戎变异毒株毒性的降低，东盟各国在积极防疫的同时，不失时机地开展复苏经济的准备工作，取得明显成效。

新冠疫情使东盟各国充分认识到全面加强医疗卫生系统的建设，以保障人民健康福祉的重要性，2022 年，东盟社会文化共同体将此作为重要事项。2022 年 5 月下旬，由东盟秘书处出面举办了主题为“在东盟促进和实施护理经济”的第 18 届东盟社会文化共同体协调会议（18th SOC-COM），探讨促进和实施 2021 年东盟峰会通过的建立“东盟护理经济综合框架”倡议和投资方面的合作，希望通过发展护理工作和护理经济来提高东盟人民、社区和部门的福祉。负责东盟社会文化共同体（ASCC）事务的东盟副秘书长埃卡帕·潘他冯在开幕词中强调，为了保护不同人群和加强东盟各国人民的健康福祉，需要持续投资和推动政策与计划的落实，以确保建立可持续发展的关爱社会和经济。他认为，面对当前的机遇和挑战，东盟需要努力制定协调一致和灵活的解决方案，并作出坚定的行动承诺，以使东盟在护理经济综合框架的引导下，通过发展护理工作和护理经济，使其在迅速应对复杂的公共卫生危机和挑战方面发挥重要作用。东盟各国代表也普遍认为，护理经济综合框架有助于指导东盟应对诸如新冠肺炎等传染病大流行、不断变化的人口结构和气候危机等复杂因素造成的危机和挑战，并强调东盟各国之间及与其他合作伙伴之间建立强有力的关系与合作对发展护理经济的重要性。会议还强调，东盟推动护理经济的努力应集中在弱势群体，包括老年人、受灾害影响的人、家庭和受环境影响的人等重要人口和社会阶层，并保障他们能够从中受益。①

此外，东盟社会文化共同体还提出了到2030年实现终结艾滋病，保护、促进和支持母乳喂养和补充喂养，以及更广泛地传播2021年东盟粮食和营养安全报告等与民众健康相关的工作目标。②

同时，东盟社会文化共同体还把保障人民健康与气候变化的影响结合起来统筹考虑。在2022年9月举行的题为“东盟卫生系统准备好应对与气候相关的健康威胁了吗?”网络研讨会上呼吁加速东盟采取跨部门行动以优先解决健康问题，并加强卫生系统应对气候引发的紧急情况的能力，并提出利用现有的抗击COVID-19疫情的基础设施和应对计划，为建立新一代卫生系统提供支持。③

（二）强化防灾抗灾与环境保护

东盟是世界上最容易发生灾害的地区之一，抗灾救灾一直是东盟社会文化共同体的重点工作。近年来，世界气候变化的发生速度和强度远比预期的要快，而承受极端气候事件的冲击，东盟可谓首当其冲。由于该地区国家较高的贫困率以及依赖受气候条件影响严重的农业等产业，环境和气候恶化而产生的后果更为严重。因此，2022年东盟社会文化共同体的工作重点之一仍然放在环境保护和抗灾救灾方面。根据“东盟行动：共同应对挑战”的

① “18th Coordinating Conference on ASCC Discusses Implementation of Comprehensive Care Economy in ASEAN,” The ASEAN Secretariat, May 27, 2022, https://asean.org/18th-coordinating-conference-on-ascc-discusses-implementation-of-comprehensive-care-economy-in-asean/, 2023年4月1日浏览。

② “Joint Statement of the Twenty-Eighth ASEAN Socio-Cultural Community (ASCC) Council,” The ASEAN Secretariat, October 13, 2022, https://asean.org/wp-content/uploads/2022/10/Joint-Statement-of-the-28th-ASCC-Council-Meeting_adopted.pdf, 2023年4月1日浏览。

③ “ASEAN Holds Webinar to Discuss Health Systems Preparedness for Climate-related Health Tthreats,” The ASEAN Secretariat, September 6, 2022, https://asean.org/asean-holds-webinar-to-discuss-health-systems-preparedness-for-climate-related-health-threats/, 2023年4月1日浏览。

主题，要求东盟各国及所有利益攸关方在各个层面参与行动，强化应对气候变化的努力，以保障该地区发展的可持续性。①

2022 年 3 月，东盟社会文化共同体研究与发展平台计划举办“建设气候变化数据管理能力和加强气候融资渠道”的论坛，讨论建设气候变化数据管理能力和加强东盟成员国获得气候融资所面临的挑战和政策影响。据亚洲开发银行估计，在应对气候变化的过程中，虽然公共财政的投资至关重要，但不足以为 2019~2030 年每年所需的 2100 亿美元的基础设施建设提供资金。因此，尽管相关融资的预期需求正在上升，但发展融资的速度和规模仍未跟上，从而必须在提高公共资金的有效性的基础上大力开拓新的融资渠道，包括寻求和利用国际组织和多边开发银行提供的混合融资举措，特别是激励私营企业和部门尽其义务，参与应对气候变化的投融资，培育起在人类、地球和利润之间平衡的创新商业模式。为此，东盟各国还需要解决建设数据管理能力和获得气候融资方面的三大挑战，即数据的统一性、连通性和复杂性，从而为决策者、国家领导人和从业者与专家提出实用和可行的政策工具，以解决东盟与其各部门相关的政策问题，为东盟在 2025 年及以后实现建立气候友好型社区的最终目标奠定基础。②

为了推动私营企业和部门参与气候变化和抗灾救灾，东盟社会文化共同体研究与发展平台计划又于 2022 年 9 月举办“通过私营企业和部门参与和基于自然的解决方案（NbS）加强复苏能力”网络研讨会，旨在呼吁相关各方提高认识，加强跨部门协同，整合当地科学和知识以及适当的制度安排，把“基于自然的解决方案”的概念纳入政策并予以实施。据 2022 年东南亚气候展望调查，私营企业和部门在气候行动中具有极高的重要性。在实现净零碳

---

① “ASEAN Strengthens Climate Resilience Through Private Sector Engagement Towards Nature-Based Solutions,” The ASEAN Secretariat, September 12, 2022, https://asean.org/asean-strengthens-climate-resilience-through-private-sector-engagement-towards-nature-based-solutions/, 2023 年 4 月 1 日浏览。

② “Data Capacities and Access to Finance Key for ASEAN Climate Action,” The ASEAN Secretariat, March 18, 2022, https://asean.org/data-capacities-and-access-to-finance-key-for-asean-climate-action/, 2023 年 4 月 1 日浏览。

目标的过程中，无论是研发投资还是提供绿色投资和融资，都是私营企业和部门可以作出的贡献。但私营企业和部门对气候风险的了解仍然不足，并因投资回收期长而缺乏参与的意愿。然而，农业、林业和渔业是东盟各国经济的重要支撑，也是最容易受到气候因素影响的产业，东盟各国对植物油的需求也在持续增加。因此，东盟各国应结合当地知识和科学来应对气候和环境的变化，从而为地球、人类和企业带来好处，并且，应有紧迫感及为此作出更多努力。为此，东南亚需要培育新的商业模式和伙伴关系来解决气候变化问题。同时，东盟应当通过加强环保意识宣传，开展良好的区域合作和跨部门合作，制定融资标准，以促进更多部门和实体，特别是私营企业和部门参与东盟地区“基于自然的解决方案”。①

为了加强灾害管理，东盟秘书处于 2022 年 4 月举办“东盟灾害管理趋势和前瞻”论坛。东盟社会文化共同体事务负责人指出，灾害管理部门需要配备强大的战略分析和工具，为东盟不断变化的风险格局做好准备。但是，由于东盟国家之间利用大数据等先进技术的能力存在差异，因而在利用抗灾救灾相关的数字化技术方面存在差距，而已经比较成熟的数字化灾害风险管理方法是应对灾害的主要手段之一。此外，由于东盟组织的特性，承认、尊重和加强各成员国领导和决策的独立性是人道主义和灾难响应的关键。因此，为了更广泛有效地应对灾害，应建议在区域层面的基础上制定各国的本地化抗灾路线图，以便各国能够在遭遇重大灾害时协调行动。②

对于东盟 2022 年的防灾抗灾工作，于 10 月 20 日举行的第 10 次灾害管理部长级会议（AMMDM）和第 11 次《东盟灾害管理和应急响应协定》

① “ASEAN Strengthens Climate Resilience Through Private Sector Engagement Towards Nature-based Solutions,” The ASEAN Secretariat, September 12, 2022, https://asean.org/asean-strengthens-climate-resilience-through-private-sector-engagement-towards-nature-based-solutions/, 2023 年 4 月 1 日浏览。

② “ASEAN Socio-Cultural Community Forum Calls for New Approach on ASEAN Disaster Management,” The ASEAN Secretariat, April 28, 2022, https://asean.org/asean-socio-cultural-community-forum-calls-for-new-approach-on-asean-disaster-management-2/, 2023 年 4 月 15 日浏览。

（AADMER）缔约方会议发表的主席声明，对2021~2025年阶段《东盟灾害管理和应急响应协定》工作计划的优先事项在2022年取得的成就表示认可。其中包括通过了《东盟灾害管理预期行动框架》和《东盟区域框架实施指南》等关于灾害管理的成果文件送交东盟峰会批准；启动了印度尼西亚、老挝和泰国的干旱问题与国家建设的案例研究；成立涉及东盟共同体三大支柱的12个东盟部门机构的东盟抗灾平台（ADRP），并与东盟灾害管理战略政策对话（SPDDM）共同举办了首届东盟抗灾论坛。①

（三）持续推动各国社会经济平等发展

实现平等发展，是东盟社会文化共同体建立以来就长期关注的问题。城乡差别是阻碍东盟多数国家发展的重要原因。为此，东盟制定“农村框架行动计划（2021~2025年）”，旨在推动东盟成员国减轻贫困，扶助弱势群体，并增强经济复苏的原动力，从而实现包容性的可持续发展，以落实东盟共同体2025年愿景和联合国2030年可持续发展议程所确定的目标。②

2022年，东盟社会文化共同体在平等发展方面持续取得进展。由于东盟的弱势和边缘化人口越来越多地受到气候变化影响的最严重打击，东盟社会文化共同体强调减少不平等现象对促进可持续发展的重要性。东盟政府间人权委员会（AICHR）于9月23日举行了视频会议，进一步探讨人权与环境之间的联系，并讨论了东盟地区在2015~2018年由于各种灾害所造成的至少2100万国内流离失所者（IDP）的纾困问题。东盟灾害管理和人道主义援助司负责人呼吁建立东盟各国流离失所者的分布

---

① “Chairman's Statement of the Tenth Ministerial Meeting on Disaster Management（AMMDM）and Eleventh Meeting of the Conference of the Parties（COP）to the ASEAN Agreement on Disaster Management and Emergency Response（AADMER），” The ASEAN Secretariat, October 20, 2022, https：//asean.org/chairmans-statement-of-the-tenth-ministerial-meeting-on-disaster-management-ammdm-and-eleventh-meeting-of-the-conference-of-the-parties-cop-to-the-asean-agreement-on-disaster-management-a/，2023年4月15日浏览。

② “Joint Statement of the Twenty-Eighth ASEAN Socio-Cultural Community（ASCC）Council，” The ASEAN Secretariat, October 13，2022，https：//asean.org/wp-content/uploads/2022/10/Joint-Statement-of-the-28th-ASCC-Council-Meeting_adopted.pdf，2023年4月15日浏览。

和财政援助计划框架及相关数据库，以更有效地帮助解决东盟地区的流离失所者问题。①

2022 年，东盟社会文化共同体继续推动妇女在实现包容性可持续发展中发挥作用。由于新冠疫情对妇女和女童产生了更为严重的影响，包括生计的丧失和优质医疗保健机会的减少，东盟社会文化共同体审查并通过了旨在发挥妇女作用的《东盟妇女、和平与安全区域行动计划》，并上报东盟峰会，以促进东盟的性别平等，在疫后恢复重建和东盟的发展过程中，进一步保护和增强妇女和女童的权益。②

此外，针对缅甸所面临的经济和社会问题，东盟重新启动了特别人道主义援助基金，以向缅甸提供人道主义援助。③

三 成功举办“东盟青年年”

自东盟社会文化共同体建立以来，加强东盟各成员国公民，特别是青年，对东盟的身份认同，以建立一个有凝聚力的共同体，一直是东盟承担的重要使命。据统计，青年人口占东盟 6.54 亿人口总数的 34%，是东盟当前和未来的领导者、劳动力以及区域社会经济、环境发展、人力资源开发的主力军，也是实现东盟共同体 2025 年愿景和联合国 2030 年可持续发展目标的

① “ASEAN Socio-Cultural Community Forum Calls for New Approach on ASEAN Disaster Management,” The ASEAN Secretariat, April 28, 2022, https://asean.org/asean-socio-cultural-community-forum-calls-for-new-approach-on-asean-disaster-management-2/, 2023 年 4 月 15 日浏览。

② “Joint Statement of the Twenty-Eighth ASEAN Socio-Cultural Community (ASCC) Council,” The ASEAN Secretariat, October 13, 2022, https://asean.org/wp-content/uploads/2022/10/Joint-Statement-of-the-28th-ASCC-Council-Meeting_adopted.pdf, 2023 年 4 月 15 日浏览。

③ “Chairman's Statement of the Tenth Ministerial Meeting on Disaster Management (AMMDM) and Eleventh Meeting of the Conference of the Parties (COP) to the ASEAN Agreement on Disaster Management and Emergency Response (AADMER),” The ASEAN Secretariat, October 20, 2022, https://asean.org/chairmans-statement-of-the-tenth-ministerial-meeting-on-disaster-management-ammdm-and-eleventh-meeting-of-the-conference-of-the-parties-cop-to-the-asean-agreement-on-disaster-management-a/, 2023 年 4 月 15 日浏览。

重要参与者。[①] 2022 年，在东盟轮值主席国柬埔寨提出的“东盟行动：共同应对挑战”的工作主题引导下，社会文化共同体继续在加强东盟认同意识的培养方面着力。在这一过程中，共同体进一步强调青年在东盟共同体建设中所发挥的重要作用，努力加强东盟各成员国公民对东盟的身份认同，以建立有凝聚力的东盟共同体。

柬埔寨政府为此提出了三项与青年息息相关的举措，包括将 2022 年定为“东盟青年年”、设立东盟运动休闲区以及推广东盟各国传统的体育和游戏，以提高东盟各国青年和民众对东盟身份的认知。同时，柬方还就此提出了诸如制定关于发挥体育在东盟共同体建设及实现可持续发展目标中作用的宣言；通过保护传统体育和游戏（TSG）来促进东盟身份认同；发表东盟领导人关于 2022 年“东盟青年年”的声明；提交支持文化和创意产业的宣言，讨论设立“东盟文化和创意产业中心”计划等一系列具体规划。[②]

2022 年 7 月 25~26 日，在柬埔寨暹粒市举办了首届青年对话会。这次会议以“工业 4.0 时代的青年：后疫情时期经济复苏的机遇与挑战”为主题，围绕治理、科学、技术和创新，未来的就业，基础设施和互联互通，包容性和可持续性的增长，气候变化，缩小东盟的发展差距以及人文交流等主要议题展开交流。会议期间，青年代表还与东盟各国青年部长和高级官员就青年赋权、疫后重建和区域一体化等问题进行了面对面的对话。[③]

① “ASEAN Work Plan on Youth 2021-2025,” The ASEAN Secretariat, November 2022, https://asean.org/wp-content/uploads/2022/11/ASEAN-Work-Plan-on-Youth-2021-2025_.pdf, 2023 年 4 月 15 日浏览。

② “ASEAN Socio-Cultural Community Council Expresses Strong Support for Cambodia's 2022 Priorities,” The ASEAN Secretariat, April 1, 2022, https://asean.org/asean-socio-cultural-community-council-expresses-strong-support-for-cambodias-2022-priorities/, 2023 年 4 月 15 日浏览。

③ 《东盟启动首届青年对话会》，越通社，2022 年 7 月 21 日，https://zh.vietnamplus.vn/%E4%B8%9C%E7%9B%9F%E5%90%AF%E5%8A%A8%E9%A6%96%E5%B1%8A%E9%9D%92%E5%B9%B4%E5%AF%B9%E8%AF%9D%E4%BC%9A/170157.vnp，2023 年 4 月 1 日浏览。

2022年10月举行的第28届东盟社会文化共同体理事会会议通过了将提交给东盟峰会批准的关于2022年“东盟青年年”的领导人声明，并对在暹粒举行的首届东盟青年对话会议，以及柬埔寨提出的关于东盟定期召开有关青年问题的跨部门会议以及建立“东盟青年代表”（ASEAN Youth Representatives）机制的提议，对于青年参与东盟政策制定、提出提案、向东盟成员国提出关注或建议等决策过程的建议表示肯定。[①] 为了进一步加强青年工作，东盟社会文化共同理事会还表示，将通过提供奖学金、实习和研究计划等方式加强东盟青年之间的互动交流；鼓励对话伙伴、东盟部门对话伙伴、私营企业和部门及相关外部利益相关者为2022年“东盟青年年”活动提供支持。[②] 理事会会议还举办了第六届东盟青年影像大赛、第一届东盟青年摄影大赛、第一届东盟青年辩论赛等多项活动。[③]

在2022年11月11日于金边举行的第40届和第41届东盟峰会上，东盟成员国领导人发表了关于“东盟青年年”的声明。声明指出：东盟宣布2022年为“东盟青年年”，旨在加强激励东盟青年参与建设一个包容、有弹性、充满活力及和谐的东盟；促进并优先考虑青年参与东盟社会经济发展，鼓励青年在共同体建设中发挥积极和重要作用；增强东盟青年应对包括新冠疫情在内的各种重大挑战的技能，并通过各种方式为他们提供更多的机会和平台；协调和加强现有的举措和机制，开展各种类型的青年行动以促进他们对东盟意识、价值观和身份以及保持“东盟中心地位”的认同。声明重申东盟应通过东盟青年部长级会议（AMMY）继续支持和推动以东盟青年事

---

① “Joint Statement of the Twenty-Eighth ASEAN Socio-Cultural Community (ASCC) Council,” The ASEAN Secretariat, October 13, 2022, https://asean.org/wp-content/uploads/2022/10/Joint-Statement-of-the-28th-ASCC-Council-Meeting_adopted.pdf，2023年4月15日浏览。

② “ASEAN Work Plan on Youth 2021-2025,” The ASEAN Secretariat, https://asean.org/wp-content/uploads/2022/11/ASEAN-Work-Plan-on-Youth-2021-2025_.pdf，2023年4月1日浏览。

③ “ASEAN Socio-Cultural Community Council Meeting Highlights Productive Year in Achieving Priorities,” The ASEAN Secretariat, October 17, 2022, https://asean.org/asean-socio-cultural-community-council-meeting-highlights-productive-year-in-achieving-priorities/, 2023年4月1日浏览。

业的发展为目标，制定解决青年各种问题、关切及不断增加青年机会的政策和计划，如通过发展教育，增强青年对东盟共同体建设的参与以及培养和开放面向未来的东盟青年人力资源；通过发展卫生健康体系，向青年传播健康知识，并使他们能够获得医疗卫生和健康服务及相关福利；通过为东盟青年提供有关技能发展、实习和其他从学校到就职的信息，增加他们创业和就业机会；落实鼓励东盟青年学习 21 世纪所需的技能，积极参与共同体的建设与发展，为实现东盟共同体 2025 年愿景和联合国 2030 年可持续发展目标献计献策，开展志愿活动和建立创新解决方案的平台；通过东盟意识、价值观和身份教育，促进东盟青年对东盟的认同，加深其对东盟的认识和对东盟共同价值观的理解。此外，领导人还呼吁重视青年在东盟共同体建设中不可或缺的作用，特别是在面对新冠疫情后的经济复苏以及促进东盟各国之间及与东盟地区以外的国家和组织之间的跨文化交流方面的重要作用。针对东盟青年可能面临的危害，东盟领导人也要求各成员国采取措施，保护青年免受暴力和非法药物的侵害，鼓励他们保持健康的生活方式和规避灾害造成的风险。① 东盟各国领导人在峰会上通过并发表关于青年的声明，充分体现了东盟对青年一代在共同体建设和发展中重要地位的高度重视，这势必将成为东盟社会文化共同体今后建设过程中的重要议程。

四　进一步强化国际合作

为了推动东盟社会文化共同体建设进程，东盟不断强化对外双边和多边合作。2022 年，东盟社会文化共同体继续努力拓展和加强与国际及地区组织以及相关国家的关系，以获得各方对东盟社会文化共同体合作项目和方案的支持，使其能够得以实施。其中，2022 年东盟与中国及欧盟的合作格外引人注目。

---

① “The ASEAN Leaders’ Statement on the Year of ASEAN Youth to Strengthen the Role of Youth in ASEAN Community-Building,” The ASEAN Secretariat, November 11, 2022, https://asean.org/asean-leaders-statement-on-the-year-of-asean-youth-to-strengthen-the-role-of-youth-in-asean-community-building/，2023 年 4 月 1 日浏览。

（一）与中国的相关合作

在2021年11月22日举行的中国-东盟建立对话关系30周年纪念峰会上，中国和东盟共同宣布建立面向和平、安全、繁荣和可持续发展的全面战略伙伴关系。在此基础上，双方共同制定并颁布了《中国-东盟全面战略伙伴关系行动计划（2022~2025年）》（简称《行动计划》）。[①] 该计划涉及中国与东盟关系的方方面面，其中关于社会文化发展的内容尤其丰富。

根据该《行动计划》，中国与东盟把共谋可持续发展放在重要地位。中方鼓励东盟参与全球发展倡议，探讨在全球发展倡议的重点领域，包括生物经济、循环经济、绿色经济等方面，以及在东盟落实《东盟共同体愿景（2025年）》及联合国2030年可持续发展议程中的互补重点领域，以及《东盟印太展望》的优先领域开展务实合作。为了有效落实《中国-东盟关于合作支持〈东盟全面复苏框架〉的联合声明》，共同促进地区可持续和全面复苏，中国将自2022年起在3年内向东盟提供15亿美元发展援助，支持东盟抗击新冠疫情及经济复苏，促进平衡、可持续、强韧和包容性发展。

为了发展中国-东盟应对气候变化领域的合作，双方将共同实施中国-东盟红树林保护合作伙伴关系等区域生态和气候变化合作项目，以促进区域气候适应能力与绿色发展。双方将继续致力于实施《东盟跨境雾霾污染协议》，包括在东盟跨境雾霾污染控制协调中心的工作、东盟跨境雾霾污染控制合作路线图的制定及实施方法上的合作。东盟欢迎建立中国-东盟清洁能源合作中心的提议。促进可再生能源技术知识共享，以推动区域能源转型，实现《东盟能源合作行动计划Ⅱ（2021~2025年）》设立的目标。

① 《中国-东盟全面战略伙伴关系行动计划（2022~2025年）》，中华人民共和国外交部网站，2022年11月11日，https：//www. fmprc. gov. cn/web/ziliao_ 674904/1179_ 674909/202211/t20221111_ 10972996. shtml，下文有关该行动计划内容的出处均见此注，2023年4月15日浏览。

在灾害治理方面，双方将通过中国-东盟灾害管理部长级会议机制，加强抗灾救灾能力建设和灾害应对协调，实施《中国-东盟灾害管理工作计划（2021~2025 年）》，优先考虑灾害风险评估、监测、预防、缓解、准备、响应和恢复能力，以及其中的健康问题。为此，还将在中国广西建立并运营中国-东盟应急管理合作基地，确保其在加强灾害风险评估、信息管理和人员能力建设合作方面，与东盟灾害管理人道主义救援协调中心发挥更大的协同和互补作用；在基地举办中国-东盟灾害管理研修班、研讨会、论坛，促进知识和经验交流，提高灾害管理能力。

为了推动双方的民间交往和共建友好关系，《行动计划》还提出了加强在教育、旅游、体育、青年等各方面的交流与合作计划。根据该计划，双方将探讨建立中国-东盟教育高官会议机制，在数字学习、技术和职业教育等领域开展务实合作；增加中国-东盟菁英奖学金名额，鼓励东盟国家留学生来华学习，并支持更多中国留学生赴东盟国家学习。为了积极推动疫后恢复人员交往，用好已有旅游合作机制与渠道，有效落实《中国-东盟旅游合作联合声明》，双方将共同促进旅游业的复苏与发展；在旅游推广和营销、可持续旅游原则和实践、旅游从业人员和政府官员能力建设、旅游投资以及加强中国与东盟空中互联互通等领域开展合作，加强旅游城市合作。为推动双边体育交流，双方将建立中国-东盟体育对话合作机制，深化体育领域互利合作，在国际体育领域加强沟通协调。在青年工作方面，中方支持 2022 年“东盟青年年”和《东盟青年工作计划（2021~2025 年）》，用好中国-东盟合作基金，支持中国-东盟青年领袖项目、中国-东盟友好合作主题短视频大赛以及中国和东盟共同商定的其他项目，继续落实好“未来之桥”中国-东盟青年领导人研修计划。

与此同时，为了展示东盟 10 国丰富多彩的文化以及东盟社会文化共同体建设成果，方便大家更好地了解东盟文化发展现状，由中国-东盟中心汇编的《东盟文化信息手册》电子版于 2022 年 5 月正式上线。该手册全套共包括《东盟文化遗产》《东盟非物质文化遗产》《东盟文化节》《东盟文化艺术》《东盟文化城市》《东盟美食》《东盟服饰和手工艺》7本图文手册。① 东盟文化信息手册的线上发布，无疑将有助于中国民众对东盟文化的了解，有利于双方之间的往来和促进民心相通。

（二）与欧盟的相关合作

欧盟是东盟最早与之建立关系的区域合作组织。长期以来，欧盟为东盟的一体化进程和共同体建设提供了大量援助，涉及政治、经济、社会、文化等诸多领域。2020年，第23届欧盟-东盟部长级会议决定将双方之间的对话关系提升为战略伙伴关系。2022年是东盟与欧盟建立对话关系45周年。8月4日，东盟与欧盟在柬埔寨金边举行的部长级会议（PMC）+1上通过了《实施欧盟-东盟战略伙伴关系行动计划（2023~2027年）》。

2022年12月14日，东盟和欧盟双方成员国的领导人聚集在比利时布鲁塞尔，召开庆祝东盟-欧盟对话关系建立45周年的纪念峰会，并发表领导人联合声明。这份声明所涉范围非常广泛，与东盟社会文化共同体建设相关的内容也十分丰富。②

在加强双边交流方面，东盟和欧盟双方领导人都表示期待加强双方之间的可持续和可信赖关系，以应对从气候变化、保护环境及健康安全等紧迫的全球挑战。双方鼓励加强东盟与欧盟之间的研究和教育联系，加强包括研究人员、学生和青年之间的交流。呼吁年轻人和教育工作者利用“欧洲地平线”和“伊拉斯谟+”（Erasmus+）计划以及东盟和欧盟双方成员国的国家计划，开展教育交流与合作。东盟表示认可欧盟为其努力缩小各成员国之间以及与世界其他地区之间的发展差距所作出的贡献。

在可持续发展、环境保护、应对气候变化以及能源方面，双方重申对

① 《东盟文化信息手册电子版正式上线》，中国-东盟中心网站，2022年5月16日，http://www.asean-china-center.org/news/xwdt/2022-05/10516.html，2023年4月1日浏览。

② “EU-ASEAN Commemorative Summit 2022: Joint Leaders' Statement,” Council of the EU and the Europearn Council, December 14, 2022, https://www.consilium.europa.eu/en/press/press-releases/2022/12/14/eu-asean-commemorative-summit-joint-leaders-statement-14-december-2022/pdf，本文有关东盟-欧盟合作的内容出处均见此注，2023年4月1日浏览。

联合国2030年可持续发展议程及其可持续发展目标、《联合国气候变化框架公约》（UNFCCC）、《巴黎协定》、《仙台减少灾害风险框架》和《2020年后全球生物多样性框架》的共同承诺，并通过东盟-欧盟可持续发展对话和环境与气候变化高级别对话推进双边合作。东盟对欧盟大力支持东盟生物多样性中心、东盟灾害管理人道主义援助协调中心的工作表示感谢，期待加强在环境、灾害管理、可持续发展和气候变化领域的双边合作，并根据东盟与欧盟的相关行动计划和《东盟全面复苏框架》的共同协议，制定共同的政策和行动领域，以确保东盟在新冠疫情后实现可持续复苏。双方将加强在气候变化方面的共同努力，运用最新科技应对气候变化，为使国际社会将全球变暖控制在1.5摄氏度以内，以及扭转生物多样性丧失的趋势共同努力。双方还将通过东盟与欧盟间制定的倡议和计划，包括开展政策对话和提供财政及技术支持，支持和落实在环境和气候变化方面的强有力参与。双方将通过欧盟资助的东盟智能绿色城市项目共同促进可持续城市化。东盟和欧盟还将通过提高能源效率和扩大利用可再生能源以实现碳中和，开展能源对话，探讨和确定在东盟成员国的可再生能源合作和投资项目，以获得负担得起的、可靠的、可持续的和现代的能源供应。双方还期待在循环经济方面继续合作。

鉴于新冠疫情对社会和经济造成的重大影响，以及灾后可持续和包容性复苏的必要性，东盟和欧盟还将通过东盟突发公共卫生事件和新发疾病中心（ACPHEED）共同促进区域卫生与健康合作。东盟感谢欧盟在疫情期间向东盟地区提供的超过8亿欧元的一揽子计划，并感谢欧盟在疫苗出口和捐赠方面所作出的贡献。双方将共同努力支持疫后复苏和卫生安全体系建设，在东盟地区建立有效的初级卫生保健系统的基础上，到2030年实现全民健康覆盖（UHC），促进与卫生相关的可持续发展目标（SDGs），并提高东盟成员国在国家和区域层面发展卫生技术和创新的能力，以有效应对突发卫生事件。为此，双方决心采取具体行动，以加强对未来突发事件、危机或健康威胁的预防、监测、准备和应对，并加强相关领域的信息、经验和专业知识的合作、协调和共享，以减轻疫情造成的深远和多方面影响，实现区域经济复苏的稳定性和韧性，确保《东盟全面复苏框架》（ACRF）及其行动计划的实施。

（三）与其他国家的相关合作

2022年，东盟社会文化共同体与其他国家也保持着良好的合作关系。例如，2022年3月和9月，日本政府通过东盟-日本一体化基金（AJIF）支持东盟社会文化共同体研究与发展平台计划举办“建设气候变化数据管理能力和加强气候融资渠道”论坛和“通过私营企业和部门参与和基于自然的解决方案（NbS）加强复苏能力”网络研讨会，以支持东盟部门机构制定和实施其活动。日方代表表示，东盟-日本一体化基金资助的研发平台计划旨在协助东盟成员国建立气候变化数据管理能力并加强获取应对气候变化适应和减缓所需的资源。① 又如，在当年7月举行首届东盟青年对话会之前，东盟秘书处（ASEC）与东盟青年高级官员会议（SOMY）、韩国性别平等和家庭部以及东盟-韩国中心在7月18~20日联合举行视频会议，作为2022年东盟青年对话会的启动活动。与会者就如何通过东盟与韩国的合作为该地区迎接工业4.0提出了一系列政策建议。②

结 论

总体而言，在柬埔寨担任东盟轮值主席国期间，根据其所确定的“东盟行动：共同应对挑战”的工作主旨，2022年东盟在社会文化共同体建设方面取得了比较明显的成果，特别是成功举办“东盟青年年”和首届东盟青年对话会，促进了青年对东盟共同体建设的参与，同时也增强了他们对东

① “Data Capacities and Access to Finance Key for ASEAN Climate Action,” The ASEAN Secretariat, March 18, 2022, https://asean.org/data-capacities-and-access-to-finance-key-for-asean-climate-action/，2023年4月1日浏览。

② 《东盟启动首届青年对话会》，越通社，2022年7月21日，https://zh.vietnamplus.vn/%E4%B8%9C%E7%9B%9F%E5%90%AF%E5%8A%A8%E9%A6%96%E5%B1%8A%E9%9D%92%E5%B9%B4%E5%AF%B9%E8%AF%9D%E4%BC%9A/170157.vnp，2023年4月1日浏览。

盟的认同感，因而得到东盟各国领导人的认可，并在当年的峰会上特地为“东盟青年年”年发表领导人声明，可以说是当年东盟社会文化共同体建设中的一个亮点。

与此同时，2022 年也是新冠疫情初步缓解后的第一年，疫后东盟在各个领域的活动尚未完全恢复正常，此外，亚太地区的地缘政治和国际关系形势更趋复杂，这在一定程度上影响了共同体建设工作的效果。尽管如此，2022 年 11 月举行的东盟峰会对当年东盟社会文化共同体的工作及其对东盟共同体建设所作出的贡献表示了充分肯定，为今后东盟社会文化共同体建设创造了比较有利的条件。

2023 年由印度尼西亚担任东盟轮值主席国，印尼政府确定其三个主要的工作重点，分别是处理东盟事务，打造“增长中心”，以及将《东盟印太展望》主流化。在实施过程中，印尼政府表示将优先促进东盟社会文化共同体的建设，包括加强农民工保护、地区卫生架构以及农村发展等方面的合作，这些都是其优先事项。① 预期在 2023 年东盟社会文化共同体建设方面会取得一些新的成果。

---

① 《2023 年东盟主席轮值主席国优先促进社会文化支柱》，越通社，2023 年 5 月 4 日，https：//zh. vietnamplus. vn/2023%E5%B9%B4%E4%B8%9C%E7%9B%9F%E4%B8%BB%E5%B8%AD%E8%BD%AE%E5%80%BC%E4%B8%BB%E5%B8%AD%E5%9B%BD%E4%BC%98%E5%85%88%E4%BF%83%E8%BF%9B%E7%A4%BE%E4%BC%9A%E6%96%87%E5%8C%96%E6%94%AF%E6%9F%B1/186477. vnp，2023 年 6 月 20 日浏览。

专题报告

Special Reports

Y.5
2022年柬埔寨担任轮值主席国角色与东盟共同体建设

顾佳赟　杨珂萱*

摘　要： 2022年，柬埔寨第三次担任东盟轮值主席国。在复杂国际局势下，柬埔寨持续推进东盟共同体建设，以其工作实绩承担起“主动作为”“自主中立”“开放包容”“经济引领”的主席国角色。在其作为主席国地位的推动下，柬埔寨迎来了其外交事业的“高光时刻”，同时也为国家在后疫情时代经济的快速复苏积蓄力量。

关键词： 东盟共同体　轮值主席国　柬埔寨

---

* 顾佳赟，博士，北京外国语大学亚洲学院副教授，研究方向为柬埔寨政治、中柬关系；杨珂萱，北京大学区域与国别研究院博士研究生，研究方向为中国与东南亚关系。

2021年10月，随着第38届和第39届东盟峰会正式闭幕，柬埔寨接替文莱担任东盟轮值主席国。这是柬埔寨自1999年加入东盟后，第三次担任东盟轮值主席国。如果说在前两届任期内，柬埔寨提升了“在不同框架下与合作伙伴一道工作的能力”，[①] 在发展经济、维护地区和平稳定问题上争取到更多发言权，[②] 那么在这一届任期内，柬埔寨则真正担负起全面推动东盟共同体建设的关键角色。在促进东盟内部建设、维护外部环境等方面，柬埔寨取得了显著成绩，迎来了这一任期的“高光时刻”。

一　备受瞩目的轮值主席国任期

目前，百年未有之大变局与疫情相叠加，诸如缅甸问题、中美战略博弈、乌克兰危机等给全球局势带来了不确定性，世界大国竞相争取东盟国家，推广其政治主张，东盟国家协调和处理区域与全球事务的作用与能力愈发凸显。中国、美国、日本、印度等东盟对话伙伴和东盟成员国都对柬埔寨担任轮值主席国抱有期待。柬埔寨也为新任期做好准备，围绕建立“平等、强大、包容”的东盟共同体制定了优先工作事项。[③]

（一）中国的态度

东盟是中国周边外交的优先方向。2021年，中国与东盟共同纪念建立对话伙伴关系30周年，双方关系提升为全面战略伙伴关系。柬埔寨既是东盟成员国，也是与中国关系紧密的周边国家，中国多次公开表示支持柬埔寨担任东盟轮值主席国。一方面，中国愿意为推动和平解决缅甸危机发挥建设

① 邢和平：《洪森谈人民党和他本人的执政经验——专访柬埔寨人民党副主席洪森》，《东南亚纵横》2008年第6期。

② 参见邢和平：《洪森时代》，金边：柬埔寨 Lucky Star 出版公司，2008，第337页。

③ 《洪森在东盟峰会闭幕式上的完整演讲及举办2022年峰会的承诺》，FRESH NEWS，2021年10月28日，https://www.freshnewsasia.com/index.php/en/localnews/217858-2021-10-28-09-11-27.html，2023年4月3日浏览。

性作用。[①] 另一方面，中国支持东盟在区域合作中的中心地位，与东盟一起制定全面战略伙伴关系行动计划，共同促进地区疫后全面复苏。[②] 具体而言，中国对柬轮值主席国任期内的中国-东盟关系发展有三点期待。一是聚焦地区共同发展，推进高质量共建“一带一路”，携手应对粮食、能源等紧迫挑战，培育数字、低碳等发展的新动能。二是推进东亚经济一体化进程，共同高质量实施《区域全面经济伙伴关系协定》，加快启动中国-东盟自贸区 3.0 版谈判，维护产业链供应链稳定畅通。三是守护地区和平安宁，坚持多边主义与开放的区域主义，构建开放包容的区域合作架构。[③]

（二）美国的态度

首先，美国政府对柬埔寨任期抱有期待，希望缓解两国日渐趋冷的双边关系。2021 年，美国副国务卿温迪·谢尔曼（Wendy Sherman）访柬时就表示，美国有意帮助柬埔寨担任东盟轮值主席国，愿意确保柬埔寨能够在解决关键地区政治安全挑战上发挥建设性作用。[④] 随后，拜登致信柬埔寨首相洪森，邀请洪森和东盟各国领导人参加东盟-美国特别峰会。他表示：“美国政府期待与东盟轮值主席国柬埔寨加强合作。同时期待在柬埔寨担任东盟轮

① “Meeting with Her Excellency Yang Yanyi, Special Representative of His Excellency Wang Yi,” Ministry of Foreign Affairs and International Cooperation, Kingdom of Cambodia, March 4, 2022, https://www.mfaic.gov.kh/Posts/2022-03-04-News-Meeting-with-Her-Excellency-Yang-Yanyi--Special-Representative-of-His-Excellency-Wang-Yi---04-March--11-00-29, accessed: 2023-04-03.

② 《外交部：美国毫无资格自诩所谓“人权灯塔”》，人民网，2022 年 3 月 15 日，http://world.people.com.cn/n1/2022/0315/c1002-32375598.html，2023 年 4 月 3 日浏览。

③ 《2022 年 11 月 4 日外交部发言人赵立坚主持例行记者会》，中华人民共和国外交部网站，2022 年 11 月 4 日，https://www.mfa.gov.cn/web/fyrbt_673021/202211/t20221104_10800749.shtml，2023 年 4 月 3 日浏览。

④ “As 2022 ASEAN Chair, Cambodia Will Face Major Regional Challenges and Increased U.S. Attention,” VOA Cambodia, July 23, 2021, https://www.voacambodia.com/a/as-2022-asean-chair-cambodia-will-face-major-regional-challenges-and-increased-u-s-attention/5975655.html, accessed: 2023-04-03.

值主席国期间，东盟与美国的关系取得更大进展，继续迈向实现双方在该地区的共同目标。”① 美国驻柬大使帕特里克·墨菲（Patrick Murphy）也以《柬埔寨的机会：2022 年担任东盟轮值主席国》为题在柬埔寨主流媒体发表文章表示，柬埔寨将有机会在朝核问题、南海问题、缅甸问题中塑造区域外交形象，促成有意义对话，推动“印太”国家在共同关心的核心领域取得进展，包括疫后经济复苏、气候变化和东帝汶申请加入东盟等。② 然而，美国智库对柬埔寨的任期颇有微词。2021 年 11 月，美国战略与国际问题研究中心（CSIS）发文称，“在面临新冠疫情、缅甸危机、南海问题、中美战略竞争等诸多挑战的情况下，柬埔寨担任东盟轮值主席国将无所作为，东盟可能会停滞不前，进而引发国际社会对东盟效能的质疑”。③

（三）日本的态度

由于 2023 年是柬日建交 70 周年、柬日战略伙伴关系 10 周年和东盟-日本建立友好合作关系 50 周年，日本希望通过支持柬埔寨担任轮值主席国，举办一系列双边活动，为进一步提升柬日和东盟-日本关系预热。日本首相岸田文雄就表示，2022 年对日柬双边关系而言是具有深远意义的一年。④ 而

① “President Biden Personally Confirms Invitation to PM Hun Sen to Go to USA for Special ASEAN summit,” *Khmer Times*, February 6, 2022, https://www.khmertimeskh.com/501019864/president-biden-personally-confirms-invitation-to-pm-hun-sen-to-go-to-usa-for-special-asean-summit/, accessed: 2023-04-03.

② W. Patrick Murphy, “Cambodia's Chance: Chairing ASEAN in 2022,” U.S. Embassy in Cambodia, May 13, 2021, https://kh.usembassy.gov/cambodias-chance-chairing-asean-in-2022/, accessed: 2023-04-03.

③ Charles Dunst, “What to Expect of Cambodia as ASEAN Chair,” Center for Strategic & International Studies, November 4, 2021, https://www.csis.org/analysis/what-expect-cambodia-asean-chair, accessed: 2023-04-03.

④《日本首相向柬埔寨人民宣布其访问柬埔寨有两个主要目标》，FRESH NEWS，2022 年 3 月 20 日，https://www.freshnewsasia.com/index.php/en/localnews/235163-2022-03-20-03-28-09.html，2023 年 4 月 5 日浏览。

"大力支持柬埔寨担任东盟轮值主席国"① 也被写入《柬埔寨王国和日本联合声明》。并且，日本支持柬埔寨斡旋缅甸问题。2022 年 1 月，在复杂的国际舆论声中，日本政府对洪森访缅计划表达了支持，也收获了洪森的公开感谢。② 日本外相林芳正与柬埔寨副首相兼外交与国际合作大臣布拉索昆通话时表示，日本支持柬埔寨为营造有利于缅甸问题谈判所做的努力和协调。③ 此外，日本也期望通过柬埔寨的协调，强化东盟成员国在俄乌问题上的反对之音。柬日联合声明虽未点名俄罗斯，却谴责对乌克兰的军事行动"严重违反了禁止使用武力的国际法和《联合国宪章》"，并强调"战争永远不会结束战争"，敦促立即停止使用武力，从乌克兰领土撤军。④

（四）印度的态度

2022 年是印柬建交 70 周年、印度与东盟建立对话关系 30 周年，印度多次表态支持柬埔寨担任东盟轮值主席国。为了有效实施其"东进政策"，印度在政治上高度关注缅甸问题发展，在经济上则主张将印缅泰高速公路项目连接到柬埔寨，加强印度与东盟国家的连通性。2022 年 1 月，印外长苏杰生与柬外长布拉索昆通话时表示，在柬埔寨担任东盟轮值主席国期间，印

---

① "Joint Statement between the Kingdom of Cambodia and Japan, on the Occasion of the Official Visit of His Excellency KISHIDA Fumio, Prime Minister of Japan, to the Kingdom of Cambodia, Ministry of Foreign Affairs and International Cooperation," Kingdom of Cambodia, March 20, 2022, https: //www. mfaic. gov. kh/Posts/2022-03-20-Press-Release-Joint-Statement-between-the-Kingdom-of-Cambodia-and-Japan--on-the-occasion-of-the-Official-Visit-of--20-42-54, accessed: 2023-04-04.

② 《洪森总理感谢日本支持其访问缅甸》，〔柬埔寨〕《柬华日报》，2022 年 2 月 6 日，https: //jianhuadaily. com/20220216/156543，2023 年 4 月 4 日浏览。

③ 《日本外务大臣表态支持柬埔寨为缅甸问题谈判营造有利环境》，〔柬埔寨〕《柬中时报》，2022 年 1 月 12 日，https: //cc-times. com/posts/16714，2023 年 4 月 5 日浏览。

④ 参见"Joint Statement between the Kingdom of Cambodia and Japan, on the Occasion of the Official Visit of His Excellency KISHIDA Fumio, Prime Minister of Japan, to the Kingdom of Cambodia, Ministry of Foreign Affairs and International Cooperation," Kingdom of Cambodia, March 20, 2022, https: //www. mfaic. gov. kh/Posts/2022-03-20-Press-Release-Joint-Statement-between-the-Kingdom-of-Cambodia-and-Japan--on-the-occasion-of-the-Official-Visit-of--20-42-54, 2023 年 4 月 5 日浏览。

柬要密切合作，进一步加强双边和多边关系，深化两国互利共赢，促进地区和平、稳定与繁荣，并希望与柬埔寨在缅甸问题上保持密切合作。①

（五）东盟国家的态度

由于成员国轮替担任主席国是东盟的基本制度，东盟国家普遍对柬埔寨担任轮值主席国表示了祝贺与支持。印尼、泰国、新加坡、越南、老挝等国政府首脑或外长都就此作出公开表态。马来西亚和文莱则将支持的话语写入柬马、柬文联合公报。②

（六）柬埔寨的优先工作事项

2021 年底，柬埔寨举办了"2022 年柬埔寨担任东盟轮值主席国优先事项"的吹风会，布拉索昆在会上陈述了东盟正面临的四大挑战，即摆脱新冠疫情阴霾、实现经济快速复苏的迫切亟需，地缘政治竞争带来的严重

① "Outcomes of the Telephone Conversation between His Excellency PRAK Sokhonn, Deputy Prime Minister, Minister of Foreign Affairs and International Cooperation of the Kingdom of Cambodia, with His Excellency Dr. Subrahmanyam Jaishankar," Minister of External Affairs of the Republic of India, Ministry of Foreign Affairs and International Cooperation, Kingdom of Cambodia, January 10, 2022, https://www.mfaic.gov.kh/Posts/2022-01-12-News-Outcomes-of-the-Telephone-Conversation-between-His-Excellency-PRAK-Sokhonn--Deputy-Prime-Minister--M-08-44-21, accessed: 2023-04-05; "India vows close cooperation with Kingdom as ASEAN Chair," *Khmer Times*, January 11, 2022, https://www.phnompenhpost.com/national-politics/india-vows-close-cooperation-kingdom-asean-chair, accessed: 2023-04-05.

② 参见"Joint Statement between the Kingdom of Cambodia and Malaysia, on the Occasion of the Official Visit of His Excellency Dato' Sri Ismail Sabri bin Yaakob, Prime Minister of Malaysia, to the Kingdom of Cambodia," Ministry of Foreign Affairs and International Cooperation, Kingdom of Cambodia, February 24, 2022, https://www.mfaic.gov.kh/Posts/2022-02-24-Press-Release-Joint-Statement-between-the-Kingdom-of-Cambodia-and-Malaysia--on-the-occasion-of-the-Official-Visit--13-13-48, 2023 年 4 月 5 日浏览；"Joint Statement between the Kingdom of Cambodia and Brunei Darussalam on the Occasion of the State Visit of His Majesty Sultan Haji Hassanal Bolkiah Mu'izzaddin Waddaulah, Sultan and Yang Di-Pertuan of Brunei Darussalam, to the Kingdom of Cambodia," Ministry of Foreign Affairs and International Cooperation, Kingdom of Cambodia, November 14, 2022, https://www.mfaic.gov.kh/Posts/2022-11-14-Press-Release-Joint-Statement-between-the-Kingdom-of-Cambodia-and-Brunei-Darussalam-on-the-Occasion-of-the-State-V-14-00-03, 2023 年 4 月 5 日浏览。

压力，现存传统与非传统安全挑战，以及来自东盟内部和制度性的挑战。① 基于此，柬埔寨从政治安全、经济、社会文化三个方面制定了其任期内的优先工作事项。

在政治安全方面，柬埔寨依据《东盟宪章》《东南亚友好合作条约》《东盟印太展望》的精神和原则，在主导地区机制和与外部伙伴合作的进程当中，增强东盟的中心地位和团结统一，重振和扩大外部伙伴关系，加强东盟共同体建设。《东盟共同体愿景（2025 年）》和可持续发展也是柬埔寨关注的重点。柬埔寨将领导东盟加强应对地缘政治竞争、跨国犯罪、恐怖主义、气候变化和传染病等非传统安全威胁的韧性和能力，确保东盟和平、安全和繁荣，同时为全球和平贡献区域力量。柬埔寨将带领东盟推动落实“妇女、和平与安全议程”，促进妇女在预防冲突、管理和解决冲突、冲突后和平建设以及实施《东盟全面复苏框架》中的地位和参与。为加快东帝汶加入东盟的进程，柬埔寨还期待带领东盟完成《东盟宪章》规定的接纳东帝汶的所有必要程序。

在经济方面，柬埔寨将优先促进《东盟全面复苏框架》和《区域全面经济伙伴关系协定》的有效实施，确保东盟共同体在后疫情时代具有包容性、可持续性和韧性，推动东盟向有竞争力的一体化区域转型。柬埔寨将领导东盟加强中小微企业能力建设，促进妇女和青年的创业，并采取其他旨在缩小发展差距、推进区域经济一体化和连通性的措施。

在社会文化方面，柬埔寨将引领东盟采取全社会参与的方式，通过开展教育、青年、妇女赋权、体育和文化等方面工作，增强东盟各国人民的东盟意识和身份认同。通过促进人力资本的增长和支持东盟青年、妇女的合作与赋权来支撑可持续理念，促进社会经济长远发展。柬埔寨将引领东盟建设包容性的社会保障体系，加强东盟人民的健康福祉和社会保护，维护移民工人

① “Briefing on Cambodia’s ASEAN Chairmanship in 2022 on 29 December 2021,” Ministry of Foreign Affairs and International Cooperation, Kingdom of Cambodia, December 31, 2021, https://www.mfaic.gov.kh/posts/2021-12-31-Press-Release-Briefing-on-Cambodia-s-ASEAN-Chairmanship-in-2022-on-29-December-2021--10-53-43, accessed: 2023-04-05.

等弱势群体权益。此外，柬埔寨将运用数字技术和创新手段，进一步加强东盟社会文化共同体的机构管理能力，促进人力资源发展。①

二　主席国角色与东盟共同体建设

2022 年，柬埔寨将其东盟轮值主席国任期的主题设定为“东盟行动：共同应对挑战”。这意味着，柬埔寨将更加注重维护东盟内部团结，激发成员国“集体协作”精神，推动东盟国家协同应对地区和全球挑战。根据东盟秘书处与柬埔寨外交与国际合作部公布的数据，在柬埔寨任期内举办的东盟各类会议（如表 1）中，以政治安全共同体与经济共同体建设为主题的会议占绝大多数。这表明，地区安全局势演进是东盟国家的核心关切。东盟国家冀望在后疫情时代尽快实现社会经济复苏。同时，美国、澳大利亚、印度、日本、韩国等国家以及联合国、欧盟等国际组织，都重视发展与东盟关系。其交流合作不再仅仅聚焦经济或安全的单一领域，而是遍布政治安全、经济和社会文化各个领域。东盟其他成员国与国际社会都对柬埔寨如何定位其轮值主席国角色拭目以待。

表 1　2022 年柬埔寨担任东盟轮值主席国期间东盟系列重要会议

序号	会议名称	会议时间	会议地点	会议主题
1	东盟高官会	1 月 5 日	柬埔寨/视频会议	综合
2	东盟“我们的眼睛”工作小组第 6 次会议	1 月 10 日至 1 月 13 日	柬埔寨暹粒	政治安全
3	东盟数字信息工作第 6 次高级官员会议	1 月 11 日	越南/视频会议	经济
4	高级经济官员非正式会议	1 月 11 日	视频会议	经济

① “Summary Cambodia’s Priorities for ASEAN in 2022,” Ministry of Foreign Affairs and International Cooperation, Kingdom of Cambodia, https://asean2022.mfaic.gov.kh/Page/2021-12-07-Page-SUMMARY-OF-CAMBODIA-S-PRIORITIES-FOR-ASEAN-IN-2022-10-59-09, accessed: 2023-04-06.

续表

序号	会议名称	会议时间	会议地点	会议主题
5	人员流动服务特别协调委员会第3次会议	1月12日至1月13日	视频会议	社会文化
6	加强东盟成员国集装箱流通支持海上运输网络研讨会	1月13日	视频会议	经济
7	2022年东盟旅游论坛、第25届东盟旅游部长会议及系列会议	1月17日至1月20日	柬埔寨西哈努克	经济
8	第2届东盟数字部长会议及相关会议	1月27日至1月28日	线上	经济
9	东盟外长非正式会议	2月15日至2月17日	柬埔寨金边	政治安全
10	第26届东盟财政部长会议、第8届东盟财长和央行行长会议	4月8日	线上	经济
11	第34届东盟-澳大利亚论坛	4月28日	线上	政治安全
12	东盟对缅甸人道主义援助协商会议（部长级）	5月6日	柬埔寨金边/视频会议	政治安全
13	第15届东盟卫生部长会议及系列会议（第9届东盟-中日韩会议、东盟-美国卫生部长特别会议、首届东盟-韩国卫生部长会议、第8届中国-东盟卫生部长会议）	5月11日至5月15日	印尼巴厘	社会文化
14	第25届东盟与中日韩财长和央行行长会议	5月12日	线上	经济
15	东盟-美国特别峰会	5月12日至5月13日	美国华盛顿	综合
16	2022年东盟经济部长特别会议	5月18日	印尼巴厘	经济
17	东盟高官会/中日韩高官会议/东亚峰会高官会/东盟地区论坛高官会和《东南亚无核武器区条约》执委会会议	6月7日至6月9日	视频会议	政治安全
18	第19届东盟科技创新部长级会议	6月16日	线上	经济
19	纪念东盟-印度建立对话关系30周年特别外长会	6月16日	印度新德里	政治安全
20	第16届东盟国防部长会议	6月22日	柬埔寨金边	政治安全
21	第55届东盟外长会议联合公报起草筹备会议	7月11日至7月28日	视频会议	政治安全

续表

序号	会议名称	会议时间	会议地点	会议主题
22	第55届东盟外长会议（中国-东盟外长会议、第23届东盟-中日韩外长会议、第12届东亚峰会外长会议和东盟地区论坛外长会议）	7月30日至8月6日	柬埔寨金边	政治安全
23	第29届东盟地区论坛	8月5日	柬埔寨金边	政治安全
24	第25届东盟移民局局长及外交部领事司司长会议及相关会议（第17届东盟-澳大利亚会议、首届东盟-中日韩会议）	8月23日至8月25日	新加坡	政治安全
25	第54届东盟经济部长会议及系列会议	9月14日至9月18日	柬埔寨暹粒	经济
26	第40届东盟能源部长会议及系列会议（第19届东盟与中日韩能源部长会议、第16届东亚峰会能源部长会议）	9月15日至9月16日	线上	经济
27	第16届东盟打击跨国犯罪部长级会议及系列会议（第12次东盟-中日韩打击跨国犯罪部长级磋商会议、第3次东盟-韩国打击跨国犯罪部长级磋商会议、第7次东盟-日本打击跨国犯罪部长级磋商会议、第9次中国-东盟打击跨国犯罪部长级磋商会议暨中国与东盟关于非传统安全领域合作联合宣言发表20周年纪念会议）	9月21日至9月22日	线上	政治安全
28	东盟-美国性别平等和妇女赋权部长级对话会议	9月29日	线上	社会文化
29	东盟高官会议、咨询会议及相关会议（高级官员）	9月30日至10月7日	金边	综合
30	第12届东盟教育部长会议（ASED）及系列会议（第6届东盟-中日韩教育部长会议、第6届东亚峰会教育部长会议）	10月11日至10月14日	越南河内	社会文化
31	第2届东盟女性领导人峰会	10月12日	视频会议	政治安全

续表

序号	会议名称	会议时间	会议地点	会议主题
32	第28届东盟交通运输部长会议及系列会议(第13届东盟与韩国交通部长会议、第20届东盟-日本交通部长会议、第21届中国-东盟交通部长会议)	10月16日至10月17日	印尼巴厘	政治安全
33	第10次东盟灾害管理部长级会议和第11次《东盟灾害管理和应急响应协定》缔约方会议、首届东盟-韩国灾害管理部长级会议	10月20日	泰国曼谷	社会文化
34	东盟跨界雾霾污染协定缔约方大会第17次会议	10月20日	新加坡	社会文化
35	第44届东盟农林部长级会议、第22届东盟-中日韩农林部长会议、第7届东盟-印度农林部长级会议	10月25日至10月26日	线上	经济
36	第10届东盟艺术文化部长会议及系列会议(第10届东盟-中韩日文化部长会议,第6届东盟-中国文化艺术部长级会议、第5届东盟-日本文化艺术部长级会议和第5届东盟-韩国文化艺术部长级会议)	10月27日	线上	社会文化
37	第27届东盟劳工部长会议、第12届东盟-中日韩劳工部长会议	10月28日至10月29日	菲律宾马尼拉	社会文化
38	第40届和第41届东盟峰会和相关会议(第25次中国-东盟领导人会议、第25次东盟-日本领导人会议、第23次东盟-韩国领导人会议、第25次东盟-中日韩领导人会议、庆祝建立对话关系30周年的东盟-印度领导人会议、第10次东盟-美国领导人会议、第2次东盟-澳大利亚领导人会议、东盟-加拿大领导人会议、东盟-联合国领导人会议和第17届东亚峰会)	11月10日至11月13日	柬埔寨金边	综合
39	2022年东盟经济共同体可持续发展议程部长级会议	11月9日	柬埔寨金边	经济

续表

序号	会议名称	会议时间	会议地点	会议主题
40	东盟共同体统计系统委员会第 12 次会议	11 月 21 日至 11 月 23 日	线上	经济
41	第 2 届东盟-英国经济部长会议	11 月 10 日	柬埔寨金边	经济
42	第 9 届东盟国防部长扩大会议	11 月 23 日	柬埔寨暹粒	政治安全
43	东盟-欧盟建立关系 45 周年纪念峰会	12 月 14 日	比利时布鲁塞尔	综合
44	纪念《南海各方行为宣言》签署 20 周年研讨会	12 月 20 日	柬埔寨暹粒	政治安全

资料来源：根据东盟秘书处网站（https：//asean. org/category/statements-meetings/）和柬埔寨外交与国际合作部网站（https：//asean2022. mfaic. gov. kh/）数据整理。

（一）斡旋缅甸问题，定位“主动作为”的主席国角色

柬埔寨担任东盟轮值主席国期间，坚持以“主动作为”的姿态斡旋缅甸问题。尽管柬埔寨政府的斡旋初衷是为了维护东盟内部团结，但在洪森出访缅甸的问题上，东盟内部曾流传出不同的声音。马来西亚外长赛夫丁不认为洪森访缅是启动调停的必要手段，反而公开批评洪森违背“五点共识”。他认为，洪森访问前未征求其他东盟成员国领导人意见。而柬埔寨的轮值主席国身份容易让外界产生东盟承认缅甸军政府合法性的错觉。[①] 对此，洪森坚持既定立场，态度强硬。在与印尼总统佐科通电话时，洪森指责赛夫丁“过于傲慢，缺乏礼貌。对东盟领导人发表不恰当言论，尤其是对东盟轮值主席”。[②] 从国际社会的反馈看，洪森此访并非不得人心，反而赢得了很多国家和国际组织的支持。中国、日本、老挝支持柬埔寨斡旋缅甸问题。新加

① “Malaysia Says Hun Sen's Myanmar Visit Did No Good,” Nikkei Asia, January 14, 2022, https：//asia. nikkei. com/Spotlight/Myanmar-Crisis/Malaysia-says-Hun-Sen-s-Myanmar-visit-did-no-good, accessed：2023-04-05.

② “Cambodia PM Chides ‘Arrogant’ Malaysia Minister for Questioning Junta Visit,” Reuters, January 21, 2022 https：//www. reuters. com/article/us-cambodia-asean-malaysia-idUSKBN2JV0KG, accessed：2023-04-05.

坡总理李显龙也高度评价洪森访缅取得的丰硕成果。他表示，新方真诚支持柬埔寨的努力，尤其是柬埔寨目前担任东盟轮值主席国。[①] 联合国新任缅甸问题特使诺琳·海泽（Noeleen Heyzer）也对洪森在缅甸问题上的努力表示感谢，并愿意与洪森共同推动与缅甸相关工作，尽快找到和平解决缅甸危机的方案。[②] 全球和平联盟（Universal Peace Federation）称赞洪森出访缅甸是一次“和平访问”，为东盟地区和平作出了重要贡献。[③] 实际上，2022 年 2 月，当马来西亚总理访问柬埔寨时，马方已经转变态度，认可柬埔寨在缅甸问题上的“主动担当”，表示将“全力支持东盟主席缅甸问题特使的工作，并期待特使首次访缅。”[④]

柬埔寨“主动作为”并非一味蛮干，而是基于“东盟方式”和东南亚文化内涵、考虑各方感受的主动调和。首先，柬埔寨面向国际社会主动维护东盟团结形象。2022 年东盟峰会未邀请缅甸军方领导人参会，但柬埔寨作为主办国，依然在会期中为缅甸留下一把“空椅子”，释放出缅甸依然是东盟一员、东盟从未抛弃缅甸的信号。其次，柬埔寨客观评估了斡旋缅甸问题的难度和长期性。2022 年 7 月，布拉索昆作为东盟缅甸问题特使在完成第二次访缅行程后表示：“柬埔寨清楚地认识到缅甸危机已深深根植于缅甸自身复杂的历史和政治问题中。和平谈判需要时间、耐心和各方的让步，柬埔寨曾花费长达 20 年时间才取得全面和平，解决缅甸危机没有捷径，也没有

① 《新加坡总理高度评价洪森出访缅甸》，〔柬埔寨〕《柬华日报》，2022 年 1 月 15 日，https：//jianhuadaily. com/20220115/153793，2023 年 4 月 5 日浏览。

② 《洪森总理与联合国缅甸问题特使举行视频会谈》，〔柬埔寨〕《柬华日报》，2022 年 1 月 13 日，https：//jianhuadaily. com/20220113/153588，2023 年 4 月 5 日浏览。

③ 《全球和平联盟赞赏洪森出访缅甸：这是一次和平访问》，〔柬埔寨〕《柬中时报》，2022 年 1 月 11 日，https：//cc-times. com/posts/16692，2023 年 4 月 9 日浏览。

④ “Joint Statement between the Kingdom of Cambodia and Malaysia, on the Occasion of the Official Visit of His Excellency Dato’ Sri Ismail Sabri bin Yaakob, Prime Minister of Malaysia, to the Kingdom of Cambodia,” Ministry of Foreign Affairs and International Cooperation, Kingdom of Cambodia, February 24, 2022, https：//www. mfaic. gov. kh/Posts/2022-02-24-Press-Release-Joint-Statement-between-the-Kingdom-of-Cambodia-and-Malaysia--on-the-occasion-of-the-Official-Visit--13-13-48, accessed：2023-04-09.

灵丹妙药。”① 在评估斡旋的进度、困难与挑战后，柬埔寨政府取消了布拉索昆第三次访缅行程。为此，洪森认为：“我预测解决缅甸问题至少还需要五年，我作为东盟轮值主席的任期即将结束，今年的东盟缅甸问题特使也不能再次访问缅甸。”② 2022 年末，布拉索昆在曼谷出席缅甸问题非正式部长级磋商会议时也表示，柬埔寨将全力支持印度尼西亚担任 2023 年东盟轮值主席国及缅甸问题特使，帮助缅甸寻求和平的政治解决方案、重返民主道路。③

（二）维护中心地位，定位“自主中立”的东盟主席国角色

第一，柬埔寨与印尼、泰国发布联合声明，展现自主维护“东盟中心地位”的决心。2022 年，全球迎来“亚洲时刻”，东南亚更在 11 月进入“峰会季”。不仅柬埔寨将主办东盟峰会和东亚合作领导人系列会议，印尼、泰国也将举办二十国集团领导人第 17 次峰会与亚太经合组织第 29 次领导人非正式会议。同时，为了孤立俄罗斯、遏制中国发展，美国高级官员也纷纷到访东南亚，意在说服东盟成员国选择美国一边站。柬埔寨就先后接待了美国国务卿布林肯、防长奥斯汀以及美国负责东亚和太平洋事务

① “Briefing Note by H. E. Deputy Prime Minister PRAK Sokhonn, Minister of Foreign Affairs and International Cooperation, on the Outcomes of the Second Visit of the Special Envoy of the ASEAN Chair 2022 to Myanmar, 30 June–2 July 2022 MFAIC, Phnom Penh, 6 July 2022,” Ministry of Foreign Affairs and International Cooperation of Cambodia, July 7, 2022, https://www.mfaic.gov.kh/Posts/2022-07-07-Speeches-Briefing-Note--By-H-E--Deputy-Prime-Minister-PRAK-Sokhonn---Minister-of-Foreign-Affairs-and-Internat-15-46-00, accessed: 2023-04-09.

② “Myanmar Crisis ‘Could Take Five More Years to Resolve,’” *Khmer Times*, December 14, 2022, https://www.khmertimeskh.com/501201869/myanmar-crisis-could-take-five-more-years-to-resolve/, accessed: 2023-04-09.

③ “His Excellency Deputy Prime Minister PRAK Sokhonn, Minister of Foreign Affairs and International Cooperation of Cambodia, Attended a Ministerial Informal Consultation on the Situation in Myanmar, on 22 December 2022,” Ministry of Foreign Affairs and International Cooperation of Cambodia, December 23, 2022, https://www.mfaic.gov.kh/posts/2022-12-23-Press-Release-His-Excellency-Deputy-Prime-Minister-PRAK-Sokhonn--Minister-of-Foreign-Affairs-and-International-Coo-12-38-36, accessed: 2023-04-09.

助理国务卿丹尼尔·克里滕布林克（Daniel Kritenbrink）、国会议员贝丝·范·杜恩（Beth van Duyne）等。为了维护“东盟中心地位”和全球多边主义，立稳东盟“自主中立”外交立场，柬埔寨联合印尼、泰国，以三场峰会的主办国身份发表了《柬埔寨、印度尼西亚、泰国外交部联合声明》。声明强调，在东盟三国举办的峰会将秉持多边主义原则，因为会议是“为所有成员国或经济体共同推进全球和地区议程提供独特机会，让和平、繁荣、可持续、包容的发展惠及世界各国人民”。声明还承诺，三国“将与所有伙伴和利益攸关方密切合作；作为东南亚国家，三国也将继续巩固‘东盟中心地位’，增强东盟在维护地区及全球和平稳定方面的可信度与实质性”。[①] 实际上，柬埔寨作为轮值主席国，已多次公开强调自主中立的外交立场。洪森在会见美国和欧盟高级官员时多次建议重新考虑对俄罗斯的制裁，因为制裁不仅影响俄罗斯，也影响柬埔寨在内的其他国家。[②] 印尼总统佐科早在 2022 年 4 月就表示，已经邀请俄罗斯总统普京和乌克兰总统泽连斯基出席二十国集团领导人峰会。[③]

第二，柬埔寨协调东盟-美国特别峰会，坚定东盟“自主中立”外交立场。东盟-美国特别峰会一度在组织协调上困难重重。该峰会原定 1 月举行，受新冠疫情影响延后。东盟国家领导人曾提议多个可供选择的日期，但美方反复进行单方面修改，并以“通知”的方式将峰会时间定于 3 月 28 日和 3 月 29 日，招致东盟多个国家领导人不满。由于东盟部分国家领导人不能在美方建议的时间出席此次峰会，经过协商，布拉索昆宣布峰会被

---

① 参见“Joint Press Release of the Foreign Ministries of the Kingdom of Cambodia, the Republic of Indonesia and the Kingdom of Thailand,” Ministry of Foreign Affairs and International Cooperation of Cambodia, May 4, 2022, https://www.mfaic.gov.kh/Posts/2022-05-04-Press-Release-Joint-Press-Release-of-the-Foreign-Ministries-of-the-Kingdom-of-Cambodia--the-Republic-of-Indonesia--10-00-20，2023 年 4 月 9 日浏览。

② 《洪森总理建议美国取消对俄制裁》，〔柬埔寨〕《柬华日报》，2022 年 8 月 4 日，https://jianhuadaily.com/20220804/171400，2023 年 4 月 10 日浏览。

③ 《印尼总统佐科：普京接受邀请将参加 G20 峰会》，中国新闻网，2022 年 4 月 29 日，http://www.chinanews.com.cn/shipin/cns-d/2022/04-29/news924793.shtml，2023 年 4 月 10 日浏览。

再度推迟。[①] 面对美国这种单方面的安排，柬埔寨与东盟其他国家并未妥协。最终，在原定峰会时间，美国只迎来新加坡总理李显龙的到访。东盟国家自主中立的立场，改变了美国傲慢的态度，美国的外交函件中开始强调“东盟中心地位”的重要性。根据柬外交与国际合作部发布的声明，无论是关于举行峰会的声明，还是《东盟-美国 2022 年特别峰会联合愿景声明》，都无一例外地将“美国支持‘东盟中心地位’”写入其中。[②] 与此同时，为减轻美国“主场”要求东盟各国“选边站”的压力，洪森在峰会前一天就公开表态，柬埔寨不会在美国和中国之间“选边站”，柬埔寨的政策是坚持和平并遵循东盟的中立立场。[③]

（三）扩容“朋友圈”，定位“开放包容”的东盟主席国角色

第一，柬埔寨力促东帝汶成为东盟第 11 个成员国。东帝汶最早于 2011 年提出加入东盟申请。2015 年，在第 27 届东盟峰会上，东帝汶成为东盟观察员国。面对东帝汶加入东盟的强烈意愿，柬埔寨给予了一贯支持。2011 年，东帝汶总统奥尔塔访问柬埔寨时，洪森表示，将尝试在 2012 年任期内，推动东盟接纳东帝汶。然而，东帝汶是全球最不发达国家之一，东盟部分成员国质疑东帝汶是否已经准备好接受作为东盟成员国的复杂挑战。[④] 但柬埔寨的态度更为包容。在 2020 年第 36 届东盟峰会上，洪森表示，东帝汶加入

① 《东盟-美国特别峰会再度被推迟》，〔柬埔寨〕《柬华日报》，2022 年 3 月 9 日，https://jianhuadaily.com/20220309/158473，2023 年 4 月 10 日浏览。

② 参见《东盟-美国特别峰会将于 5 月中旬召开》，〔柬埔寨〕《柬华日报》，2022 年 4 月 17 日，https://jianhuadaily.com/20220417/161966，2023 年 4 月 10 日浏览；“ASEAN-U.S. Special Summit, 2022 Joint Vision Statement,” Ministry of Foreign Affairs and International Cooperation of Cambodia, Kingdom of Cambodia, May 14, 2022, https://www.mfaic.gov.kh/Posts/2022-05-14-Press-Release-ASEAN-U-S--Special-Summit--2022-Joint-Vision-Statement--21-13-15，2023 年 4 月 10 日浏览。

③ 《洪森总理：柬埔寨不会在美国和中国之间选边站》，〔柬埔寨〕《柬华日报》，2022 年 5 月 12 日，https://jianhuadaily.com/20220512/164282，2023 年 4 月 12 日浏览。

④ President J. Ramos-Horta, Timor-Leste, “Why Timor-Leste Should Join ASEAN Now,” East Asia Forum, May 16, 2011, https://www.eastasiaforum.org/2011/05/16/why-timor-leste-should-join-asean-now/, accessed: 2023-04-12.

东盟不仅在大国地缘政治竞争的背景下具有重要战略意义，而且可以实现东盟创始者将东南亚所有国家团结起来的梦想。[①] 然而，十多年来，东盟除柬埔寨外的其他成员国始终未能实质性推动东帝汶加入东盟。直到柬埔寨开启第三个东盟轮值主席国任期，东帝汶入盟进程才开始提速。在 2022 年东盟峰会前，柬埔寨先后三次就东帝汶申请加入东盟一事主持召开东盟协调委员会工作组会议，敦促东盟成员国为东帝汶加入东盟提供便利。[②] 10 月，东帝汶总统奥尔塔访问柬埔寨，洪森重申支持东帝汶成为东盟第 11 个成员国的立场。在柬埔寨不懈努力下，东盟终于在第 40 届和第 41 届东盟峰会上宣布，原则上同意接纳东帝汶成为其成员国，允许其参加所有东盟会议，要求所有东盟成员国和合作伙伴为东帝汶正式加入东盟提供支持。[③]

第二，柬埔寨推动东盟扩大域外“朋友圈”。一是多国加入《东南亚友好合作条约》。在第 55 届东盟外长会上，丹麦、希腊、荷兰、阿曼、卡塔尔和阿联酋先后加入《东南亚友好合作条约》。2022 年 11 月，乌克兰也加

---

① PONG Pich, “Timor-Leste's Application for ASEAN Membership: Opportunities and Challenges,” Asian Vision Institute, August 18, 2022, https://www.asianvision.org/archives/publications/avi-commentary-issue-2022-no-10-timor-lestes-application-for-asean-membership-opportunities-and-challenges, accessed: 2023-04-12.

② “The 12th ASEAN Coordinating Council Working Group (ACCWG) on Timor-Leste's Application for ASEAN Membership,” MFAIC, April 26, 2022, https://www.mfaic.gov.kh/Posts/2022-04-27-News--The-12th-ASEAN-Coordinating-Council-Working-Group--ACCWG--on-Timor-Leste-s-Application-for-ASEAN-Me-10-36-09, accessed: 2023-04-12; “Her Excellency EAT Sophea, Secretary of State and ASEAN SOM Leader of Cambodia, Chaired the 13th Meeting of the ASEAN Coordinating Council Working Group (ACCWG) on Timor-Leste's Application for ASEAN Membership,” Cambodia ASEAN Secretariat, October 6, 2022, https://asean2022.mfaic.gov.kh/posts/2022-10-06-News-Her-Excellency-EAT-Sophea--Secretary-of-State-and-ASEAN-SOM-Leader-of-Cambodia--chaired-the-13th-Mee-14-17-52, accessed: 2023-04-12; “The 14th ASEAN Coordinating Council Working Group (ACCWG) on Timor-Leste's Application,” Cambodia ASEAN Secretariat, November 9, 2022, https://asean2022.mfaic.gov.kh/posts/2022-11-12-News-The-14th-ASEAN-Coordinating-Council-Working-Group--ACCWG--on-Timor-Leste-s-Application---09-November-08-42-28, accessed: 2023-04-12.

③ “ASEAN Leaders' Statement on the Application of Timor-Leste for ASEAN Membership,” The ASEAN Secretariat, November 11, 2022, https://asean.org/asean-leaders-statement-on-the-application-of-timor-leste-for-asean-membership/, accessed: 2023-04-12.

入《东南亚友好合作条约》。[①] 二是为“朋友圈”扩容做准备。外长会议上，柬埔寨不仅邀请东盟观察员国巴布亚新几内亚参加，还邀请摩洛哥、阿塞拜疆等参加。[②] 此举有助于更多国家了解东盟政策，为东盟“朋友圈”继续扩大打下基础。在柬埔寨的积极拓展下，《东南亚友好合作条约》缔约国已达50个之多。美国、印度也先后提升与东盟外交关系至“全面战略伙伴关系”。日本则有望成为下一个与东盟建立“全面战略伙伴关系”的国家。因为“日本正在与柬埔寨密切合作，希望在2023年日本主办的东盟-日本纪念峰会上，将日本东盟关系推向一个新高度”。[③]

（四）力争发展实绩，定位“经济复苏引领者”角色

2022年是东盟国家在后疫情时代实现全面经济恢复的起步之年。据东盟秘书处统计数据，东盟在疫情前，即2009~2019年保持着平均5.1%的年GDP增长率。然而，受疫情影响，2020年东盟GDP增长率降至-3.2%，2021年虽然实现了正增长，但其成员国文莱和缅甸依然处于负增长状态。东盟秘书处预计，自2022年起，东盟及其成员国GDP增长率将全部“转正”，推动东盟GDP增长率重回5.1%。[④] 作为东盟轮值主席国，柬埔寨面临如何在《东盟经济共同体蓝图（2025年）》框架下，带领成员国实现疫

---

① 《乌克兰签署加入〈东南亚友好合作条约〉（TAC）成员国》，FRESH NEWS，2022年11月10日，http://cn.freshnewsasia.com/index.php/en/18407-2022-11-10-08-16-42.html，2023年4月12日浏览。

② “Cambodia, as Chair of ASEAN, Will Host the 55th ASEAN Foreign Ministers' Meeting (55thAMM) and Related Meetings, from 29 July to 05 August 2022, in Phnom Penh,” Ministry of Foreign Affairs and International Cooperation of Cambodia, July 28, 2022, https://www.mfaic.gov.kh/Posts/2022-07-28-Press-Release-Cambodia--as-Chair-of-ASEAN--will-host-the-55th-ASEAN-Foreign-Ministers--Meeting--55thAMM--and-relat-17-42-22, accessed: 2023-04-12.

③ “Joint Statement between the Kingdom of Cambodia and Japan, on the Occasion of the Official Visit of His Excellency KISHIDA Fumio, Prime Minister of Japan, to the Kingdom of Cambodia,” Ministry of Foreign Affairs and International Cooperation, Kingdom of Cambodia, March 20, 2022, https://www.mfaic.gov.kh/Posts/2022-03-20-Press-Release-Joint-Statement-between-the-Kingdom-of-Cambodia-and-Japan--on-the-occasion-of-the-Official-Visit-of--20-42-54, accessed: 2023-04-12.

④ “ASEAN Economic Integration Brief,” The ASEAN Secretariat, No. 12, December 2022, p. 3.

后经济复苏、继续推动东盟经济一体化的难题。为此，柬埔寨为东盟制定了2022年经济发展的四大战略规划。一是增强东盟成员国之间的数字联通，提升数字科技。二是缩小成员国之间的发展差距。三是提升东盟内部融合、包容、韧性和整体竞争力。四是增强东盟在全球增长与发展中的作用。通过执行这四项战略规划，东盟在经济发展和经济共同体建设的布局与实绩方面都取得了进展。①

数字经济方面，东盟制定出系列框架性方案，如《东盟第四次工业革命全面战略实施计划》《斯里巴加湾路线图：加快东盟经济复苏与数字经济一体化的东盟数字转型议程》等，以此支撑数字经济生态系统发展。同时加快对数字经济框架协议的研究工作，为未来成员国数字经济框架协议谈判提供帮助。东盟通过制定《开发有关可互操作二维码准则》，实施东盟支付政策框架的跨境实时支付系统，提升在成员国之间支付的联通性。2022年8月，印尼和泰国为此启动了跨境二维码支付联动系统试点。同时，东盟持续整合各成员国之间的"单一窗口"系统，以及与对话伙伴国之间的"单一窗口"系统，推进东盟"单一窗口"整体建设，借助"单一窗口"实现大部分成员国之间、东盟与对话伙伴国之间的海关申报信息互换。同时，东盟还启动了"东盟中小微企业接入匹配计划"，改善东盟中小微企业学院，优先帮助东盟国家中小微企业提升数字技术能力，探索在线商机。

循环经济方面，东盟在金融、能源、矿产、农业、旅游等领域提出多项倡议，推动区域可持续发展进程。这些倡议主要包括：《东盟经济共同体循环经济框架实施计划》《支持落实循环经济框架的工作计划》《东盟可持续农业指南》《农用化学品使用盘点性文件》《东盟森林、裸地和沿海生态系统基于自然的解决方案研究》《东盟能源展望（第七版）》《东盟可再生能源展望（第二版）》《东盟可持续矿产开发原则》《后疫情时代可持续旅游发展框架》《东盟可持续发展相关债券标准》等。制定

① "ASEAN Economic Integration Brief," No. 12, The ASEAN Secretariat, December 2022, p. 5.

这些文件的目的是为了提高成员国对循环经济、可持续发展的认知水平，助力能力建设，尤其是面向越南、老挝、缅甸和柬埔寨这四个相对较晚加入东盟的国家。东盟还召开“东盟矿业、矿产、金属与可持续发展政府间论坛”和东盟经济共同体理事会部长会议、农业与林业部长会议、能源部长会议和交通部长会议等，深化成员国政府间可持续发展协调与合作，并制定《东盟-中日韩10+3 工作计划》《东盟碳中和战略概念说明》等，与外部伙伴在具体议题上达成合作。①

贸易全球化方面，东盟启动内外部自贸协议升级谈判，提高区域内以及东盟与现有合作伙伴之间的自贸水平，在全球经济下行压力增大的趋势下，确保东盟内外部供应链韧性。在区域内，东盟成员国之间的自贸区于2002年启动，支撑自贸区的自贸协定主要包括《东盟货物贸易协定》《东盟竞争框架协议》等。在区域外，与东盟签订自贸协定的伙伴国家主要包括中国、日本、韩国、澳大利亚、新西兰等。柬埔寨带领东盟国家对内启动了《东盟货物贸易协定》和《东盟竞争框架协议》的升级谈判，对外与中国启动《中国-东盟自由贸易协定》升级谈判和中国-东盟自由贸易区3.0版建设，并完成《东盟-澳大利亚—新西兰自由贸易协定》升级谈判。洪森还希望东盟与欧盟两大区域组织之间尽快签订自贸协议。②

三　柬埔寨东盟轮值主席国任期的国家发展成就

柬埔寨作为东盟轮值主席国的职责是推动东盟的共同体建设，为东盟的各项发展服务。但客观上，担任东盟轮值主席国的任期也为柬埔寨国家发展提供了契机。2022年，柬埔寨不仅在外交上迎来“高光时刻”，更在与世界主要经济体的合作中积蓄了经济发展的强劲动力。世界银行、

① 参见“ASEAN Economic Integration Brief,” No. 12, The ASEAN Secretariat, December 2022。

② 《洪森总理敦促东盟-欧盟尽快达成自贸协定》，〔柬埔寨〕《柬华日报》，2022年12月15日，https：//jianhuadaily. com/20221215/182871，2023年4月15日浏览。

亚洲开发银行等国际专业机构普遍看好柬埔寨经济复苏速度，认为柬埔寨在后疫情时代的商品出口将愈发强劲，外商直接投资将持续流入，经济增长率将显著提升。①

（一）柬埔寨外交“高光时刻”

柬埔寨担任东盟轮值主席国期间，其外交事业取得了突破性进展。在东盟域内，柬埔寨创造了政治解决缅甸问题的沟通渠道。在东盟域外，柬埔寨与世界主要国家首脑往来频仍。在南海问题上，柬埔寨协调部分域内外国家，关注“南海行为准则”取得的进展，推动其尽早达成“南海行为准则”。

第一，柬埔寨为政治解决缅甸问题开辟沟通渠道。在2021年初举行的东盟领导人缅甸问题特别会议上，各国明确将东盟轮值主席国特使确定为解决缅甸问题的协调人。文莱外长艾瑞万是第一任特使，也是文莱与缅甸军政府正式接触的唯一高级官员。在斡旋过程中，文莱政府十分注重“不干涉”原则，也坚持要求接触昂山素季，以至艾瑞万访缅行程一拖再拖，最终未能成行。与文莱的做法不同，柬埔寨首相参与斡旋，并与外相相互配合。柬埔寨不拘泥于“不干涉”原则，认为“要协助解决缅甸问题，就必须与缅甸当前的军政府进行对话”，② 要“创造建设性环境，开展包容性对话，促进各方政治信任”。③ 2022年1月，柬埔寨首相洪森首访缅甸，成

① 2022年4月，亚洲开发银行在《2022年亚洲发展展望报告》中预测，柬埔寨2022年经济增长率为5.3%，2023年为6.5%。2022年6月，世界银行在《全球经济前景》报告中预测，柬埔寨2022年经济增长率为4.5%，2023年达5.8%。参见《亚行预测2022年柬经济增长率为5.3%》，〔柬埔寨〕《柬华日报》，2022年4月6日，https://jianhuadaily.com/20220406/161148，2023年4月15日浏览；《世行预测2022年柬埔寨经济增长4.5%》，〔柬埔寨〕《柬华日报》，2022年6月9日，https://jianhuadaily.com/20220609/166613，2023年4月15日浏览。

② 《洪森总理与马来西亚总理举行视频会晤双方就缅甸问题交换意见》，〔柬埔寨〕《柬华日报》，2022年1月25日，https://jianhuadaily.com/20220125/154715，2023年4月15日浏览。

③ “Cambodia Defends Leader's Trip to Myanmar as ‘Positive Step’,” AP News, January 8, 2022, https://apnews.com/article/business-asia-myanmar-global-trade-southeast-asia-57ccda7666c13fd9bd81b584c05a93e3, accessed: 2023-04-15.

功促成敏昂莱同意延长缅甸国防军与少数民族武装之间的停火协议。除此之外，敏昂莱还表态支持东盟特使根据《东盟宪章》履行职责，落实“五点共识”。[①] 洪森此次访问在柬缅之间建立起较为顺畅的沟通渠道。洪森回国后，又曾两度就具体问题与敏昂莱举行视频会议。在洪森斡旋的基础上，布拉索昆两次出访缅甸，不仅就“减少和停止暴力”“提供人道主义援助”等议题与缅甸军方进行磋商，还与 7 个少数民族地方武装[②]和 7 个在 2020 年选举中赢得席位的缅甸政党[③]代表进行了交流。尽管缅军方始终拒绝柬方会见昂山素季的提议，但是能够建立沟通渠道，并与除缅军方外的利益攸关方取得接触，已经是柬埔寨和东盟在政治解决缅甸问题上取得的重要进展。

第二，柬埔寨与世界主要国家往来密切。

一是中柬继续保持高层密切互动。一方面，习近平主席与洪森首相以通电话的方式为中柬命运共同体建设把脉布局，柬埔寨西哈莫尼国王

① 《缅甸军政府宣布将停火期限延至年底》，〔柬埔寨〕《柬华日报》，2022 年 1 月 8 日，https://jianhuadaily.com/20220108/153041，2023 年 4 月 15 日浏览。

② 7 个少数民族地方武装力量分别为南掸军（RCSS）、勃欧民族解放组织（PNLO）、民主克伦佛教军（DKBA）、克伦民族联盟/克伦民族解放军和平委员会（KNU/KNLA-PC）、阿拉干自由党（ALP）、新孟邦党（NMSP）、拉祜族民主联盟（LDU）。参见“Briefing Note by H. E. Deputy Prime Minister PRAK Sokhonn, Minister of Foreign Affairs and International Cooperation, on the Outcomes of the Second Visit of the Special Envoy of the ASEAN Chair 2022 to Myanmar,” Ministry of Foreign Affairs and International Cooperation, Kingdom of Cambodia, July 7, 2022, https://www.mfaic.gov.kh/Posts/2022-07-07-Speeches-Briefing-Note--By-H-E--Deputy-Prime-Minister-PRAK-Sokhonn---Minister-of-Foreign-Affairs-and-Internat-15-46-00，2023 年 4 月 15 日浏览。

③ 7 个在 2020 年选举中赢得席位的政党分别为若开民族党（Arakan National Party）、德昂民族党（Ta'ang National Party）、勃欧民族联盟（Pa-O National Organization）、孟族团结党（Mon Unity Party）、若开阵线党（Arakan Front Party）、巩发党（Union Solidarity and Development Party）、佐米民主联盟（Zomi Congress for Democracy）。参见“Briefing Note by H. E. Deputy Prime Minister PRAK Sokhonn, Minister of Foreign Affairs and International Cooperation, on the Outcomes of the Second Visit of the Special Envoy of the ASEAN Chair 2022 to Myanmar,” Ministry of Foreign Affairs and International Cooperation, Kingdom of Cambodia, July 7, 2022, https://www.mfaic.gov.kh/Posts/2022-07-07-Speeches-Briefing-Note--By-H-E--Deputy-Prime-Minister-PRAK-Sokhonn---Minister-of-Foreign-Affairs-and-Internat-15-46-00，2023 年 4 月 15 日浏览。

出席北京冬奥会开幕式、李克强总理成功访柬为中柬关系发展注入新动能。另一方面，2022年正值西哈努克太皇诞辰100周年，两国隆重举行纪念仪式，缅怀柬埔寨人民的“独立之父”、中国人民的“西哈努克亲王”。此外，中柬两军合作进展迅速。柬副首相兼国防大臣迪班与中国国务委员兼国防部长魏凤和在2022年实现互访。中国援柬云壤海军基地升级改造项目开工。中国军队向柬援助宪兵部队武器装备、东盟防长会办会车辆等物资，援建的柬陆军学院综合教学大楼项目正式开工。双方还签署了《中国人民解放军陆军与柬埔寨王家军陆军合作谅解备忘录》，丰富两军关系内涵。①

二是柬日提升互动频次。在日本外相、防卫相先后访柬基础上，柬日在2022年实现首相互访。并且，洪森两度出访日本。不仅如此，柬埔寨“未来首相”洪玛奈也在柬埔寨担任东盟轮值主席国任期之初出访日本。为接待这位“未来首相”，日本不仅在外交上给予洪玛奈高规格待遇，还安排专机接送其往返柬日。日本在缅甸问题上也给予柬埔寨较多帮助。2022年初，洪森就表示有意聘请日本财团会长、缅甸民族和解特使笹川阳平作为顾问，协助调解缅甸问题。② 此后，笹川阳平还建议洪森允许缅甸学员前往柬埔寨学习假肢生产技术。③ 柬日还保持两军频繁交流。2022年，日本两度派遣海上自卫队舰船停靠西哈努克港，与柬埔寨皇家海军举行联合训练。

三是柬埔寨和美国实现了洪森与拜登之间的会晤。长期以来，美国以西方价值标准将柬埔寨视为“威权”国家，质疑柬埔寨在“民主”“人权”方面的现状，两国政治关系长期冷淡，柬埔寨一直有意促成“洪拜会”为

① 《2022年中柬关系十大新闻》，中华人民共和国驻柬埔寨王国大使馆网站，2022年12月31日，http://kh.china-embassy.gov.cn/zgjx/202212/t20221231_10999382.htm，2023年4月17日浏览。

② 《日本表态支持洪森出访缅甸洪森想聘请日本专家担任缅甸问题顾问》，〔柬埔寨〕《柬中时报》，2022年1月10日，https://cc-times.com/posts/16676，2023年4月17日浏览。

③ 《日本政府缅甸民族和解特使拜见洪森总理》，〔柬埔寨〕《柬华日报》，2022年3月8日，https://jianhuadaily.com/20220308/158435，2023年4月17日浏览。

柬美关系“破局”。在 2022 年 5 月，柬埔寨曾期望借助东盟轮值主席国身份，在东盟-美国特别峰会上促成洪森与拜登双边会谈，却因为拜登行程安排“太忙”，未能实现,① 直到 11 月，拜登抵柬出席东盟峰会后才最终达成。通过“洪拜会”，柬埔寨向国际社会展现出其具备在中美之间开展外交的能力，也传达出柬埔寨国力增强、国际影响力提升的信号。

第三，柬埔寨促使南海域内外国家支持达成“南海行为准则”。从柬埔寨外交与国际合作部发布的消息来看，2022 年，柬埔寨政府共与东盟域内外 6 国发布了双边联合声明，包括《柬埔寨王国政府和马来西亚政府联合声明》《柬埔寨王国和日本的联合声明》《柬埔寨王国外交大臣和俄罗斯联邦外交部长的联合声明》《柬埔寨王国和文莱达鲁萨兰国的联合声明》《柬埔寨王国政府和越南社会主义共和国政府的联合声明》《中华人民共和国和柬埔寨王国关于构建新时代中柬命运共同体的联合声明》。其中，柬马、柬日、柬越三份声明提及南海问题。马来西亚和越南是南海主权声索国，日本则是南海域外国家。在柬埔寨协调下，马来西亚、越南和日本均认可“南海行为准则”磋商取得的进展，也承认制定“南海行动准则”的重要性，为进一步推动制定“南海行为准则”凝聚了认同。在柬马联合声明中，两国领导人重申全面、有效落实《南海各方行为宣言》，尽早达成符合包括 1982 年《联合国海洋法公约》在内的国际法的、有效的、实质性的“南海行为准则”。② 在柬越联合声明中，双方表示，要确保《南海各方行为宣言》全面、有效、完整落实，推动早日达成符合包括 1982 年《联合国海洋法公约》在内的国际法的、有效

① 《东盟-美国峰会即将召开拜登“太忙”惹不满》，〔柬埔寨〕《柬华日报》，2022 年 5 月 8 日，https：//jianhuadaily. com/20220508/163835，2023 年 4 月 17 日浏览。

② “Joint Statement between the Kingdom of Cambodia and Malaysia, on the Occasion of the Official Visit of His Excellency Dato' Sri Ismail Sabri bin Yaakob, Prime Minister of Malaysia, to the Kingdom of Cambodia,” Ministry of Foreign Affairs and International Cooperation, Kingdom of Cambodia, February 24, 2022, https：//www. mfaic. gov. kh/Posts/2022-02-24-Press-Release-Joint-Statement-between-the-Kingdom-of-Cambodia-and-Malaysia--on-the-occasion-of-the-Official-Visit--13-13-48, accessed：2023-04-17.

的、实质性的“南海行为准则”。[①] 在柬日联合声明中，两国首相强调要全面有效落实《南海各方行为宣言》，注意到“南海行为准则”谈判取得进展，强调要制定一个有效和实质性的、符合包括 1982 年《联合国海洋法公约》在内的国际法的“南海行为准则”。[②]

（二）柬埔寨经济“蓄势待发”

2021 年，柬埔寨的经济增长由负转正。为加快经济恢复速度，柬埔寨在 2022 年重点开展基础设施建设，打通经济运行的重要通道，构筑社会发展基础。柬埔寨还多方拓展对外经贸关系，寻求更多本国产品的海外销售市场。同时，柬埔寨借助外力，重点规划建设西哈努克省、暹粒省等重要经济省份，为经济复苏蓄力。

第一，柬埔寨基础设施建设取得重要成果。在来自中国、日本、韩国等国家的援助支持下，柬埔寨 3 号国家公路改扩建项目、5 号国家公路改扩建项目、146B 和 148 号公路改扩建工程项目、21 号国家公路、51 号公路、41 号公路升级改造项目等多条公路建设项目顺利通车，极大便利了各省份之间运输，改善了柬现有公路网结构。2022 年 10 月，由中国路桥工程有限责任公司投资、建设和运营的“金边—西哈努克港”高速公路通车试运行，开启了柬埔寨的“高速时代”。这条高速公路连通着柬埔寨经济最繁忙的两个省市，即柬埔寨首都，政治、经济、文化中心金边市和最大深水港、对外贸

① “Joint Statement between the Kingdom of Cambodia and the Socialist Republic of Viet Nam on the Occasion of the Official Visit of H. E. Pham Minh Chinh, Prime Minister of the Socialist Republic of Viet Nam, to the Kingdom of Cambodia,” Ministry of Foreign Affairs and International Cooperation, Kingdom of Cambodia, November 10, 2022, https://www.mfaic.gov.kh/Posts/2022-11-10-Press-Release-Joint-Statement-between-the-Kingdom-of-Cambodia-and-the-Socialist-Republic-of-Viet-Nam-on-the-Occasi-14-44-38, accessed: 2023-04-17.

② “Joint Statement between the Kingdom of Cambodia and Japan, on the Occasion of the Official Visit of His Excellency KISHIDA Fumio, Prime Minister of Japan, to the Kingdom of Cambodia,” Ministry of Foreign Affairs and International Cooperation, Kingdom of Cambodia, March 20, 2022, https://www.mfaic.gov.kh/Posts/2022-03-20-Press-Release-Joint-Statement-between-the-Kingdom-of-Cambodia-and-Japan--on-the-occasion-of-the-Official-Visit-of--20-42-54, accessed: 2023-04-17.

易中心西哈努克省，将两地车程从原来的 5 个多小时缩短至 2 个小时，大大提升了通勤的效率和安全性。不仅如此，金港高速所连通的柬埔寨五个人口稠密省市，金边、干丹省、磅士卑省、国公省和西哈努克省，也因为通勤效率的提升和物流条件的改善，迎来了经济发展的更多可能。在金港高速项目成功落地基础上，柬埔寨开始探索修建更多高速公路的可能，如连接金边至柬越边境的柴桢省巴域市“金边—巴域”高速公路等。目前，中国交通建设集团有限公司已与柬政府签署《柬埔寨金边—巴域高速公路项目投资框架协议》。[①] 此外，更多公路建设和改扩建项目还在进行中。中国是柬埔寨基础设施建设的最大援助国。2022 年底，洪森曾公开表示：“迄今为止中国已累计援柬兴建了 30 条公路和 9 座跨河大桥。30 条公路全长超过 3000 公里，耗资 20 亿美元。此外，中国援建耗资约 5 亿美元的多条公路正在建设当中。”[②] 除公路外，中国援建的考斯玛中柬友谊医院、特本克蒙省医院也于 2022 年交付启用，暹粒新机场项目将于 2023 年竣工。

第二，柬埔寨拓宽本国产品国际销售市场。2022 年正值中柬自贸协定与《区域全面经济伙伴关系协定》同时生效。依托中柬自贸协定，柬埔寨继续推动更多农产品输华。2022 年，柬埔寨龙眼实现成功输华，受到中国消费者青睐。在阿里巴巴电商平台上架后，柬埔寨龙眼三天内销售约 18 吨。[③] 中柬还完成了柬埔寨巴沙鱼输华的全部程序，柬埔寨巴沙鱼已具备出口中国的条件。除龙眼、巴沙鱼外，中柬还在稳步推进柬埔寨胡椒、燕窝、椰子、野生水产品、食用水生动物等的输华工作。中柬签署的自贸协定为柬埔寨寻求与更多国家签署自贸协定提供了模板和示范。2022 年，柬埔寨与韩国签署自贸协定，并于当年 12 月 1 日生效。柬埔寨还向瑞士、印度、阿联酋、俄罗斯、哈萨克斯坦、欧亚经济联

① 《中交集团与柬埔寨签署金巴高速投资框架协议》，中国交通建设集团有限公司官网，2022 年 11 月 13 日，https：//www.ccccltd.cn/news/gsyw/202211/t20221123_203388.html，2023 年 4 月 18 日浏览。

② 《中国援柬兴建 30 多条公路总耗资 25 亿美元》，〔柬埔寨〕《柬华日报》，2022 年 12 月 26 日，https：//jianhuadaily.com/20221226/183919，2023 年 4 月 18 日浏览。

③ 《柬埔寨龙眼上架中国电商三天卖出 18 吨》，〔柬埔寨〕《柬华日报》，2023 年 2 月 15 日，https：//jianhuadaily.com/20230215/188136，2023 年 4 月 18 日浏览。

盟等国家和组织提议组建联合工作组，开展签订自贸协议的可行性研究。

美欧曾是柬埔寨最主要的出口市场。然而，自欧盟 2020 年部分取消柬埔寨“除武器外一切免税”关税优惠后，美国又于 2021 年以所谓民主和人权等政治议题为由，启动了对柬埔寨的“普惠制”审查，[①] 并将柬埔寨排除在“印太经济框架”之外，柬埔寨出口产品，尤其是服装、鞋类等商品的出口受到严重影响。为打破西方经济制裁和“长臂管辖”钳制，柬政府将其对拓展多元市场的期待投向《区域全面经济伙伴关系协定》。洪森在线上出席日本经济新闻社主办的第 27 届“亚洲的未来”国际交流会议时就表示：“是否邀请柬埔寨加入‘印太经济框架’，并不是什么问题……柬埔寨最关注的是《区域全面经济伙伴关系协定》。”[②] 据柬商务部统计，2022 年柬埔寨对外贸易总额为 524 亿美元，其中与《区域全面经济伙伴关系协定》贸易额为 310 亿美元。柬埔寨与协定成员国间的贸易额约占其总体量的 60%。[③]

第三，柬埔寨规划重点省份“智慧城市”建设。西哈努克省和暹粒省都是柬埔寨重要经济省份。西哈努克省的经济重心以港口贸易和经济特区建设为主，暹粒省则以旅游收入为主。2021 年 6 月，柬埔寨政府发布《柬埔寨数字经济和数字社会政策框架（2021～2035 年）》，希望在 2035 年实现国家数字化转型。届时，柬埔寨数字经济规模将占国内生产总值的 5%～10%。[④] 为此，西哈努克省与暹粒省率先规划“智慧城市”建设。目前，西哈努克省政府已与澳大利亚政府合作，共同开展相关数字经济建设信息收集

---

① 参见“Business Advisory and GSP Assessment for Cambodia,” U. S. Department of States, November 10, 2021, https：//www. state. gov/business-advisory-and-gsp-assessment-for-cambodia/，2023 年 4 月 18 日浏览。

② 《洪森在第 27 届“亚洲的未来”国际交流会议上的致辞》，柬埔寨内阁办公厅新闻发布 Youtube 官方账号，2022 年 5 月 28 日，https：//www. youtube. com/watch？ v = lYFvbpjfETI，2023 年 4 月 18 日浏览。

③ 《RCEP 推升柬埔寨对外贸易》，〔柬埔寨〕《柬华日报》，2023 年 2 月 8 日，https：//jianhuadaily. com/20230208/187593，2023 年 4 月 18 日浏览。

④ 《柬埔寨提出 2035 年实现数字化转型》，中国新闻网，2022 年 3 月 1 日，http：//www. chinanews. com. cn/gj/2022/03-01/9689191. shtml，2023 年 4 月 18 日浏览。

工作。柬政府希望通过“智慧城市”建设，为将西哈努克省打造成为多功能经济特区、国际门户、国家增长中心、与东盟和全球市场相连的国家物流中心和现代化工业生产中心提供条件。[①] 事实上，由于西哈努克省的区位优势和资源禀赋与中国深圳市较为相似，所以西哈努克省的城市建设规划也参考了深圳的城市建设经验。早在2021年10月，柬经济与财政部就与深圳城市规划设计研究院签署了关于制定西哈努克省示范型多功能经济特区总体规划的协议，希望以深圳发展经验为参考，助力建设西哈努克省成为现代化都市。暹粒省则与日本合作开展“智慧城市”建设。日本国际协力机构设计为期三年（2022~2025年）的项目，帮助暹粒省进行“智慧城市”建设。该项目将制定智慧城市规划及建立相关单位之间的合作，寻找解决城市问题的措施，并建立监测评估体系，探索暹粒省的“智慧城市”建设路径。[②]

结　语

2022年，柬埔寨作为东盟轮值主席国在东盟域内外都面临复杂的局势和环境，但也迎来推动东盟共同体建设、提升国际影响力、扩展国际市场的机遇。通过对内斡旋缅甸问题，引领东盟经济社会复苏，对外维护“东盟中心地位”，扩容东盟“朋友圈”，柬埔寨在第三任轮值主席国任期内树立起“主动作为”“自主中立”“开放包容”“经济引领”的主席国形象。柬埔寨的积极作为收获了大部分东盟成员国与国际社会的认可，柬埔寨也迎来其外交事业的“高光时刻”。一是在文莱斡旋基础上，柬埔寨坚持与缅甸军政府进行面对面的谈判，为政治解决缅甸问题建立了较为顺畅的沟通渠道，也为后续斡旋工作创造了条件。二是柬埔寨与中国、日本等世界重要国家保持密切往来。柬埔寨成功协调东盟国家出席东盟-美国峰会，促成洪森与拜

① 《西港政府部署数字战略计划致力打造“智慧城市”》，〔柬埔寨〕《柬华日报》，2022年4月30日，https://jianhuadaily.com/20220430/163080，2023年4月18日浏览。

② 《日本政府助力暹粒实现智慧城市目标》，〔柬埔寨〕《柬华日报》，2022年7月22日，https://jianhuadaily.com/20220722/170238，2023年4月18日浏览。

登的双边会谈，提升了柬埔寨的国际形象。三是柬埔寨推动马来西亚、越南、日本等南海域内外国家支持达成“南海行为准则”的共识。与此同时，柬埔寨布局国内经济建设，为后疫情时代经济恢复积蓄力量。首先，柬埔寨注重基础设施建设。在中国、日本、韩国等国家的帮助下，柬埔寨改善了本国道路、桥梁、机场、医院等硬件设施，为吸引投资和发展经济创造了条件。其次，柬埔寨为本国产品拓宽销售市场。在欧美先后对柬实施经济制裁的现状下，柬埔寨将开拓国际销售市场的希望寄托于《区域全面经济伙伴关系协定》，并向多个国家和组织提出签订双边自贸协定的意愿。最后，柬埔寨基于数字经济建设战略，在重要省份启动“智慧城市”规划。西哈努克省、暹粒省分别与澳大利亚、日本合作，探索“智慧城市”建设路径。在第 40 届和第 41 届东盟峰会闭幕式上，柬埔寨首相洪森向印度尼西亚总统佐科移交了象征东盟轮值主席国的木槌。但是，这并不意味着柬埔寨的轮值主席国的任务就此结束。随着柬埔寨派出新一任东盟秘书长高金洪，柬埔寨将继续在东盟重要岗位为东盟共同体建设作出贡献。

Y.6

东帝汶入盟：东盟再扩员的历程、缘由和前景

马早明 常 甜*

摘 要： 2023年印度尼西亚担任东盟轮值主席国，也正值东帝汶能否成为东盟正式成员国的关键一年，东帝汶入盟的发展历程值得我们给予全面探讨与总结。本文拟从东盟扩员的历程与条件、东帝汶入盟的历史过程以及加入东盟的利弊因素、东帝汶与东盟未来发展关系等方面，对东帝汶与东盟建立关系的发展历程作一个比较全面的梳理，力求剖析东帝汶未来在东盟中的地位或影响，以及东盟接纳东帝汶所面临的潜在机遇和挑战。

关键词： 东帝汶 东盟 东盟扩员

2022年11月，在柬埔寨首都金边举行的第40届和第41届东盟峰会上，东盟领导人集体通过了《关于东帝汶申请加入东盟的声明》，审议了东盟政治安全、经济、社会文化共同体等东盟三大支柱代表团在东帝汶进行实地考察的结果，原则上接收东帝汶为东盟的第11个成员国，给予东帝汶观察员身份，允许东帝汶列席所有东盟会议，并承诺协助东帝汶制定基于客观标准的成为东盟正式成员国的路线图。所有成员国需对东帝汶成为正式成员国提

* 马早明，教育部国别与区域研究基地华南师范大学东帝汶研究中心主任，国家民委东南亚文化教育研究中心主任，华南师范大学教育科学学院国际与比较教育研究所教授，博士生导师；常甜，华南师范大学教育科学学院国际与比较教育研究所特聘副研究员，华南师范大学东帝汶研究中心/国家民委华南师范大学东南亚文化教育研究中心研究员。

供必要的支持。

至此，东盟将包括东南亚所有国家，意味着不久的将来“东盟十一国”的表述将代替“东盟十国”。自 1967 年成立以来，东盟作为新区域主义的成功典范，在复杂的国际地缘政治背景下，区域合作水平不断深化与提升，已成为目前亚太地区乃至全球具有重要影响力的一个区域性国际组织，是发展中国家团结合作的一面旗帜。

一 东帝汶入盟之路回顾

二战之后，世界掀起民族独立的浪潮，亚非会议以及不结盟运动的兴起，促使东南亚新兴民族的区域联系增强，东南亚国家纷纷开启了它们的区域合作进程。1961 年 7 月，菲律宾、马来亚联合邦（今马来西亚）、泰国组建东南亚联盟（ASA），马来亚联合邦总理是这一组织的积极推动者，希望推进东南亚地区国家间的合作，同时拒绝加入美国组建的东南亚条约组织。1963 年 6 月，马来西亚、印度尼西亚与菲律宾三国在马尼拉举行会晤，宣布为了进一步促进经济与文化合作，提出组建“马非印联盟”(Maphilindo)。但这种地区合作不但没有有效地实现小国的利益，反而将其拽入了大国之间的地缘政治斗争，不仅危害了地区国家之间的关系，还加剧了地区的不稳定。因此，由上述国家发起的“东南亚联盟”与“马非印联盟”均遭到失败。尽管上述两个组织存在时间不长，但却被看作东盟组织的前身，其合作行为和运行方式为东南亚的区域合作积累了一定的教训和经验。

1965 年东南亚地区合作再次出现新的机遇。印度尼西亚与菲律宾的领导人更替，苏哈托对印度尼西亚的内政与外交进行了大幅度的调整，菲律宾新总统马科斯上任后也试图减少对美国的过度依赖。此时，印菲两国都与马来西亚建立了外交关系，而英国海外战线的收缩使得马来西亚不可能再完全依赖英国的保护，必须通过与周边国家的合作来实现自身的安全。在这样的背景下，1967 年 8 月 8 日，印度尼西亚、马来西亚、菲律宾、新加坡和泰国在曼谷举行会晤，宣布成立东南亚国家联盟（ASEAN，东盟），五国发表《曼谷宣言》，提出东盟的宗旨、原则和目标："通过共同努力，加速本地区的经济增长、社会进步和文化发展，促进东南亚和平稳定。"同时还强调，"东盟对遵守以上宗旨、原则和目标的所有东南亚国家加入持开放态度"。这是东盟历史上的第一个里程碑，揭开了东南亚地区国际关系新的一页。此后，为了进一步加强在国际竞争中的实力，增强在世界经济中的重要性，东盟经历了两次大的扩员。第一次是在 1984 年接纳了文莱，且文莱在独立五天后就宣布加入东盟，尤其受到新马两国的支持。文莱和创始五国被称为老东盟成员。第二次是随着地区合作的扩展，苏联撤出东南亚，柬埔寨问题解决，越南、老挝等国纷纷走上市场经济改革的道路。东盟六国意识到越南、老挝、柬埔寨的重要战略地位，国际局势和地区形式的改变对东盟的发展也进一步有利。1992 年东盟允许越南、老挝两国加入《东南亚友好合作条约》，并接纳它们成为东盟的观察员。1995 年 7 月，越南正式加入东盟。在越南加入东盟后，东盟的扩展进一步加快。1997 年 7 月，老挝、缅甸分别加入东盟，柬埔寨最终也在 1999 年 4 月成为东盟成员。由此，东盟完成了从"五国"发展到"十国"的大东盟地区组织建制，而随着 2022 年柬埔寨东盟峰会的召开，东帝汶有望成为继 1999 年柬埔寨之后，东盟 20 多年来接纳的第一个新成员，这也意味着所有东南亚国家都加入了东盟。东盟一体化进程正在从"东盟十国"迈向"东盟十一国"的进程。

（一）东盟扩员的基本条件和程序

将东盟扩大到整个东南亚地区是东盟创始国一直就有的想法。这可从东盟两份重要的政治文件中看出，1967 年，东盟颁布的《曼谷宣言》第四条明确表明了东盟的开放姿态，表示欢迎所有东南亚国家赞成宣言的目的、原则和宗旨。随后的 1976 年，《东南亚友好合作条约》第 18 条也明确指出，该条约对其他东南亚国家开放。然而，直到 1994 年 5 月，东盟六国、印支的三国（越南、老挝、柬埔寨）以及缅甸的 19 位学者和高级官员在马尼拉举行了历史性的会议，讨论了推进东南亚一体化进程的问题。这次会议标志着东盟国家对于加强地区合作和一体化迈出了重要的一步，会议的成果体现在《建立东南亚 10 国共同体设想的声明》中。该声明明确提出了实现“东南亚一体化”的远大目标。继而在 2007 年 11 月，东盟首脑会议正式签署了《东盟宪章》，该宪章的第六条规定了新成员国加入东盟的条件，内容如下：位于东南亚公认的地理区域内；被所有东盟成员国承认；接受东盟宪章约束的协议；具有履行成员国义务的能力和意愿。加入东盟的申请须经过东盟协调理事会的推荐，由东盟峰会达成共识后作出批准决定。这一规定标志着东盟在成员国扩展方面的法律框架进一步完善，为东盟共同体的构建提供了法律保障。

申请和加入东盟的程序由东盟协调理事会规定，涉及原则性与技术性两方面。原则性方面包括：非成员国递交入盟申请；承诺参加所有东盟会议，申请国以观察员身份出席东盟会议与首脑会议；同意并遵守东盟的所有条约和约定；参与不同部门的区域合作项目；东盟峰会正式批准申请国加入。技术性方面包括：建立与东盟机构相对应的分支机构，在所有东盟成员国设立大使馆；东盟派调查团到申请国进行“正式成员国路线图”的指导；东盟为申请国举办入盟项目培训；东盟向申请国普及东盟以及自贸区的相关事宜，针对建立数字联系进行技术指导。①

（二）东帝汶的入盟之路

东帝汶，全称东帝汶民主共和国，首都帝力，东帝汶人口约 130 万，面积约 1.5 万平方公里，官方语言为葡萄牙语和德顿语。从地理位置看，东帝汶位于东南亚努沙登加拉群岛最东端，西部与印度尼西亚西帝汶相接，南隔帝汶岛与澳大利亚相望，是太平洋上的一个岛国。东帝汶自独立以来，为谋求成为东盟的正式成员，进行了多年的积极努力，在不同阶段不同年份出现的一系列重要事件，在推进东帝汶与东盟关系的过程中，发挥了一定的影响

---

① J. A. Siapno, “Timor Leste’s Preparation for Accession into ASEAN: Public Participation, Production of Knowledge, Comparative Histories, and Perspectives from Below,” *Asian Studies*, Vol. 50, No. 2, 2014, pp. 108-118.

与作用。

1. 推进独立合法化阶段：1975~1998年

由于特殊的被殖民历史背景，东帝汶在政治、经济方面面临着一些严峻的内部挑战。1975 年结束葡萄牙殖民统治，2002 年脱离印度尼西亚的这一段时间，东帝汶已经开始逐渐意识到加入全世界最大区域共同体之一——东盟的潜在好处。这些好处一定程度上会促进本国在人力资源、人民福祉以及经济方面的发展，同时也会提升本国在国际贸易市场的有效伙伴地位。

1975 年，东帝汶脱离葡萄牙的殖民统治并宣布独立。在葡萄牙殖民统治者离开后，东帝汶的国家领导人通过单方面宣布独立，并表达了希望加入东盟的决心。但之后，随着印度尼西亚出兵东帝汶，东帝汶关于入盟的愿望很快失去了关注度。这个时期，东盟也未关注东帝汶的独立事宜。①

1998 年，东帝汶全国抵抗运动大会在葡萄牙的佩尼谢（Peniche）召开。该国代表在会议上再次强调了加入东盟的愿景。这次会议被视为恢复独立前与东盟建立联系的第一个重要标志。此次会议通过了一份名为《大宪章》（*Magna Carta*）的文件，明确表达了东帝汶恢复独立的决心，该文件概述了未来作为独立国家的宪法方向，达成了民族团结的协议。同时，东帝汶在未来的一个重要目标是建立和加强自身与全球领域的联系，这也为东帝汶与东盟关系的建立打开了新的窗口。②

2. 多重伙伴战略阶段：2001~2005年

东帝汶自独立以来，一直十分注意发展各种各样的伙伴。在其看来，作为 21 世纪亚洲最新的国家之一，必须加强其在全球范围内的多边与双边关系。

2001 年，东帝汶抵抗运动代表人物何赛·拉莫斯-奥塔尔（José Ramos-

① K. Hooi，"What Will It Take to Admit Timor-Leste to ASEAN？" The Diplomat，August 1，2019，https：//thediplomat.com/2019/08/what-will-it-take-to-admit-timor-leste-into-asean/. 2023 年 2 月 12 日浏览。

② G. Neves，"Timor's Accession to ASEAN. Heinrich Boell Stiftung，" *SOUTHEAST ASIA*，30 June 2017，https：//th.boell.org/en/2017/06/30/timors-accession-asean，2023 年 2 月 23 日浏览。

Horta）首次表达了东帝汶成为东盟第十一个成员国的愿望。自此，东帝汶申请加入东盟正式启动，东帝汶与东盟的关系开始正式推进。

2002 年，东帝汶加入葡萄牙语国家共同体（CPLP）。尽管 1975 年，葡萄牙殖民统治者退出东帝汶，但东帝汶在语言、文化、政治、宗教等方面仍保留着前殖民宗主国的模式，尤其是葡萄牙语及葡萄牙文化对东帝汶的社会文化影响较大。在东帝汶，葡萄牙通常被视为朋友而不是敌人，加入葡语国家组织也是为了加强其与葡萄牙的双边关系。

2005 年，东帝汶正式加入东盟地区论坛（ARF），旨在为其成为东盟正式会员铺平道路。接收东帝汶作为东盟地区论坛的成员，显示了东盟已经开始逐渐接纳这个小国，愿意与之分享自己的结构或制度框架，这也是东盟开始将东帝汶纳入到其组织联盟内部的第一项正式举措。

3. 自我冲突阶段：2006~2010年

东帝汶在恢复独立早期，由于其国家内部的各种争议以及领导人之间的争端尚未解决，导致发生了一系列不利于国家和平与稳定的事件，严重影响了东帝汶在国际上的声誉，进而也成为东帝汶加入东盟的重要障碍因素之一。

自 2002 年 5 月 20 日独立以来，东帝汶就一直处于周期性的骚乱之中，由于政府领导人执政经验不足、军队作风强硬、政治矛盾加剧，在建国不到 6 年的时间，东帝汶政府先后三次宣布国家进入紧急状态。而 2006 年在首都帝力发生的冲突则引发了全国严重的政治危机，直接导致了 2007~2012 年东帝汶出现的三角权力冲突。即分别以何赛·拉莫斯-奥塔尔（前总统）、夏纳纳·古斯芒（Xanana Gusmão）（前总理）和扎卡利亚斯·达·科斯塔（Zacarias da Costa）（前外交部部长）为代表的三大不同政治立场的争斗。在申请东盟成员国身份的问题上，三位领导人并未达成一致见解与战略，未将其成员资格视作共同利益。在 2010 年，前总理古斯芒公开称，东帝汶尚未做好加入东盟的准备，需要数年后再考虑加入东盟。因此，东帝汶内部的不团结以及政治分歧成为之后东盟迟迟不同意东帝汶加入的重要考虑因素。

4. 入盟申请与准备阶段：2011~2019年

2011 年，东帝汶总统奥塔尔向时任东盟主席国的印度尼西亚提交入盟申请，这是东帝汶自恢复独立以来，第一次以国家官方身份正式向东盟提出申请，但由于当时未能满足加入成员国的相关原则与要求，申请未被批准。

2014 年，针对东帝汶入盟申请，东盟从政治和安全、经济、社会与文化三大方面对东帝汶提出要求，以评估是否具备入盟资格。同时，2014 年也是东帝汶为加入东盟成员国作出积极努力的一年。如东帝汶在东盟的 10 个成员国分别设立了大使馆。作为东南亚区域内的国家，东帝汶向东盟承诺有能力、意愿和义务遵守《东盟宪章》的约束，以观察员身份出席并参加东盟部长会议以及首脑会议等，严格遵守东盟的所有相关条约和协议，并向东盟发展基金捐赠 100 万美金作为“会员费”等。[①]

2016 年，考虑到东盟轮值主席国老挝国家内部局势严重的不稳定与冲突，东盟峰会改在东帝汶的首都帝力召开，标志着东帝汶在赢得国际关注尤其是东盟关注方面取得了相当不错的成绩，也表明东帝汶决心显示了其作为一个主权国家的能力。

在 2017 年雅加达举行的东盟协调理事会工作组第六次会议上，建议针对东盟安全支柱领域成立实况调查团。根据此项建议，东帝汶外交事务部编制了一份问卷，以协助实况调查团评估东帝汶是否具备成为东盟成员国的条件。该问卷主要分为五部分，分别是政治合作要求、安全合作活动、对外关系问题、人权倡议以及法律合作。在前一年，东帝汶部长理事会针对加入东盟专门成立了技术工作组，包括在外交事务与合作部设立东盟事务总局以及负责协调和领导推进入盟进程的“协调中心”。该技术工作组针对“入盟”，启动了“东帝汶-东盟动员计划”（Timor-Leste ASEAN Mobilization Plan），内容主要涉及东帝汶加入东盟的具体协议指南以及执行过程中的一些关键入盟协议。

① B. Strating，“Timor Sea Dispute：Progress and Prospects as a Deal Emerges，” *The Interpreter*，November 22，2017，https：//www. lowyinstitute. org/the - interpreter/timor - sea - dispute - progress-prospects-deal-emerges，2023 年 3 月 3 日浏览。

针对东帝汶安全支柱领域的调查于 2019 年 9 月 2 日至 4 日举行。同年，在曼谷举行的东盟峰会上，东帝汶驻泰大使提到并赞扬了东盟轮值主席国泰国关于东帝汶第一次评估的情况。与此同时，负责调查的总干事宣布，针对东帝汶经济与社会文化支柱的调查会于 2020 年进行。在 2020 年 3 月 5 日由越南外交部副部长主持的东盟协调理事会工作会议上，越南表示将继续支持东帝汶为加入东盟做准备并分享其经验。考虑到东帝汶的经济与社会文化支柱尚未完成评估，加之新冠疫情，至 2022 年前，东帝汶入盟的计划暂时被搁置。

5. 入盟新突破阶段：2022~2023年

2022 年 11 月 11 日的柬埔寨金边东盟峰会上，东盟原则上接受了东帝汶的成员国身份，在东盟三大共同体支柱考察团对东帝汶进行实地考察的报告基础上，制定了该国成为东盟正式成员国的路线图。这标志着东帝汶经过 11 年的入盟之路，终于即将成为东盟一员。2023 年，对于东帝汶加入东盟持积极态度的印度尼西亚将担任东盟轮值主席国，这意味着印度尼西亚将在各项会议中发挥关键的作用，推动东帝汶加入并成为东盟的正式成员。

二　东帝汶加入东盟的缘由与阻力

（一）东帝汶入盟的有利因素与条件

1. 为经济发展创造新机遇

加入东盟，将为东帝汶发展国内市场经济，提供 6.5 亿潜在客户，有利于促进该国的经济增长。东盟成员国的身份将不仅会为其提供融入东盟市场的重要机遇，同时也有望借《区域全面经济伙伴关系协定》及韩国“新南方政策”等区域经贸合作项目为其国内经济发展助力。目前，尽管东帝汶不是东盟的成员国，但它与东盟成员国内的一些国家如印度尼西亚、新加坡、越南、马来西亚和泰国等，发展了较为密切的商业关系。根据该国官方统计局数据显示，2016~2019 年，东帝汶的进口总额达 20.5 亿美元，其中逾半流向上述国家。而出口仅有价值 9500 万美元的产品或服务，这显示了该国巨大的贸易逆差。① 因此，东帝汶加入东盟将迎来一系列重大机遇，这对于该国的经济和合作关系具有深远意义。首先，东帝汶将获得进入一个巨大而充满活力的市场的机会，这对于促进其贸易和旅游业等产业的发展将是十分有利的。这一加入东盟的举措也有望在一定程度上缩小其贸易逆差，从而实现更加平衡的贸易关系。新加坡和泰国作为东帝汶的主要投资方，将为东帝汶带来更多的投资机会和技术支持。此外，东盟内富有的国家如文莱也将成为潜在的合作伙伴，特别是在食品生产领域。东帝汶正积极邀请文莱的公司来投资食品生产项目，这将有助于提高食品供应链的可持续性，并推动东帝汶的农业和食品产业发展。然而，东帝汶经济过度依赖油气出口，导致其经济结构相对单一。加入东盟后，东帝汶将有机会获得上述成员国的支持和经验，从而加速其经济发展的多元化进程。通过与其他成员国进行经济合作和交流，东帝汶可以积累更多的知识和技能，推动本国产业的多元化和创新。

2. 国家层面的建设与发展成果

首先，因其透明的选举以及联合政府执政等，东帝汶在本国的治理领域建立了良好的声誉。在东南亚自由之家（Freedom House）的民主测评中，东帝汶相比其他邻国排名较为靠前。在 2016 年，东帝汶主办了东盟人民论坛（ASEAN People's Forum），也被称为东盟公民社会会议（ASEAN Civil Society Conference）。② 其次，自 2012 年东帝汶第五届政府上台以来，该国已采取更积极和务实的经济发展战略，国家建设步伐逐渐加速。然而，值得注意的是，在 2015 年，当第六届政府掌权时，他们承诺将继续贯彻前

① 参见东帝汶民主共和国-经济，世界数据图库，https：//cn.knoema.com/atlas/%E4%B8%9C%E5%B8%9D%E6%B1%B6%E6%B0%91%E4%B8%BB%E5%85%B1%E5%92%8C%E5%9B%BD，2023 年 4 月 3 日浏览。

② Claire Carter，"East Timor's Accession to ASEAN，" ASEAN Today，August 31，2017，https：//www.aseantoday.com/2017/08/east-timors-accession-to-asean/？undefined，2023 年 3 月 15 日浏览。

一届政府的战略规划，同时还制定了本届政府的工作计划，以全面推动国家建设。这一政策连续性的强调表明了东帝汶政府在实现国家发展目标方面的坚定决心。这包括经济领域的改革和增长，以及社会基础设施的发展。政府的承诺为国家建设提供了稳定性和可预测性，这对于吸引国内外投资、推动经济多元化以及改善公共服务和基础设施都至关重要。2022年5月，东帝汶新任总统奥尔塔就职后，更是强调要将全部精力投入到经济发展与民族团结中，大力推动国内粮食安全，消除营养不良问题和降低贫困，提高母婴卫生服务水平。协助推动区域和全球和平，加强同邻国的关系，努力推进东帝汶入盟进程。目前，根据东帝汶国家2011～2030年中长期发展战略规划，东帝汶在基础设施建设、全国电网建设以及国家级公路的陆续开工建设，港口、码头、机场等的新建等已经取得了一定的阶段性成果。这对一个“年轻”的国家来说，是“非凡的进步”，为东帝汶顺利入盟奠定了有利条件。

在外交关系方面，东帝汶已经成功加入了一系列国际性、区域性以及跨区域性的组织和机构，彰显了其积极的国际合作态度。这包括联合国、世界银行、国际货币基金组织、亚洲开发银行、葡语国家共同体、太平洋共同体等知名组织。同时，东帝汶已经与100多个国家建立了外交关系，广泛展开国际外交活动。东帝汶在国际事务中展现出了务实、友好和积极的外交姿态。该国积极参与各种地区和国际性会议，通过积极争取国际支持来推动国家的发展和稳定。东帝汶还充分发挥自身在国际舞台上的作用，以维护国家利益和促进国际合作。这一外交政策的取向表明，东帝汶注重与世界各国和地区的友好关系，以促进国家的繁荣和在国际事务中的积极参与。这种积极的外交努力将为东帝汶在国际社会中树立良好的声誉和地位的提升提供有力支持。

3. 域内外国家的助力与支持

东帝汶与区域内外大国保持着积极互动与合作。在东盟范围内，印度尼西亚是支持东帝汶入盟的主要国家之一。尽管两国之间曾经有过创伤性的历史，但目前东帝汶与印尼的关系总体来说是积极的，两国有着强大的经济联系和解决彼此之间政治争端的能力。2019 年的数据显示，印尼对东帝汶的投资额约为 5.95 亿美元，而 2018 年的双边贸易额约为 1.93 亿美元。此外，印尼还积极鼓励东帝汶参加东盟区域内的各种经济论坛，并对其提供了约占 30%的对外援助资金。[①] 基于政治因素的考虑，印尼驳回了新加坡的反对理由，并认为东帝汶已经做好了加入东盟的准备。印尼的许多建设项目以及多年的外交都和东帝汶有着十分紧密的联系。同时，考虑到地缘政治因素，由于两国接壤，一个弱小的东帝汶可能会影响印尼的安全，而一个强大的邻国则会增加两国之间能源投资以及伙伴关系的机会。此外，柬埔寨赞成东帝汶成为东盟成员国。2022 年，柬埔寨总理洪森在给东帝汶国家总理的一封信中重申“柬埔寨将坚定不移地支持”东帝汶加入东盟。

在国际范围内，与印尼类似，澳大利亚在东帝汶的历史上发挥了关键作用，领导了为东帝汶独立铺平道路的国际维和以及人道主义帮助。在印度洋-太平洋地区，澳大利亚是东帝汶最大的盟友之一。数据显示，在 2019~2020 年，澳大利亚为东帝汶贡献了 1.07 亿美元的官方发展援助。同时澳大利亚在对东帝汶进行援助时，往往强调是为了东帝汶加入东盟作准备，旨在帮助东帝汶缩小与成员国之间在公共卫生、性别、收入、教育和社会治理方面的差距。尽管两国曾因间谍丑闻和海上边界争端关系动荡，但在东帝汶入盟的问题上，澳大利亚仍然积极倡导，并有澳大利亚官员承诺游说新加坡支持东帝汶的申请。

与澳大利亚一样，美国也支持东帝汶申请加入东盟，并每年向其提供 2 亿多美元的援助。与地区盟友类似，美国的战略性援助旨在提升东帝汶本地区的能力建设。如扩大东帝汶的经济作物产业、促进旅游业、改善基础设施、提升政府治理能力、鼓励东帝汶的经济多样化发展，这些也是新加坡的主要关切。通过美国强调对东帝汶的潜在经济贡献，美国似乎也在一定程度

① Hanna Foreman, “Timor-Leste’s ASEAN Membership Prospects in a Time of Geopolitcal Ambiguity,” *ASIA PEACE BULLETIN*, No. 545, 2021.

上推动并支持东帝汶加入东盟。

自东帝汶建国以来，日本也对其提供了大量的援助支持。2002 年东帝汶恢复独立，日本随之与其建立外交关系。2004 年 7 月，日本政府决定向东帝汶政府提供高达 5.28 亿日元的赠款援助，用于东帝汶首都帝力恢复电力供应的项目。2006 年东帝汶发生骚乱，日本外务省表示关注并呼吁国际社会进行人道主义干预。2016 年，日本首相安倍晋三在访问东帝汶期间宣布了一项重要政策举措，承诺向东帝汶提供 5 亿日元的政府开发援助。这一援助计划旨在支持东帝汶国内大学新校舍的建设，以及基础设施的完善。在安倍执政期间，多次重申将助推东帝汶入盟。2022 年日本政府向东帝汶提供了 2981 万美元的援助，用于东帝汶国内基础设施建设、农业和农村开发以及卫生安全等方面。

中国作为东帝汶最亲密的伙伴国之一，在东帝汶入盟的问题上，也提供了战略支持。中国与东帝汶的关系可以追溯到 20 世纪 70 年代，在当时我国就密切关注东帝汶问题，并坚定支持“东帝汶独立革命阵线”。2002 年 5 月 20 日，东帝汶宣告独立，中国在当日与东帝汶建立了外交关系，这标志着两国之间建立了牢固的外交纽带。自此，中国与东帝汶两国之间的关系一直保持着健康、稳定的发展态势，彰显了相互尊重、相互支持、睦邻友好的特点。

特别值得一提的是，从 2014 年中国与东帝汶两国确定彼此为全面发展伙伴以来，两国政治互信逐渐增强，经贸合作不断深化，双边关系进入了全新的发展阶段。政府间合作方面，中东两国签署了一系列重要文件，包括双边贸易协定和多项经济技术合作协议，以促进双方的经济合作和技术交流。此外，两国还成立了中国和东帝汶经贸联委会，以加强双方在经济领域的合作与协调。2017 年，东帝汶迈出了重要一步，正式成为亚洲基础设施投资银行的成员国，这标志着该国在国际金融和基础设施领域的参与。同时，两国政府还签署了关于“一带一路”合作的谅解备忘录，为未来的合作奠定了坚实基础。随着 21 世纪海上丝绸之路的建设开启，在基础设施建设方面，中国对东帝汶提供了大量的帮助，如中国援助了总统府、外交部大楼及国防办公室、提巴尔港、国家电网以及政府大楼的建设等。近年来，中国的直接投资进一步扩大了东帝汶的外汇储备，为其创造了大量的就业机会，两国在多个关键领域的合作逐渐加强，这为双方的互利合作提供了坚实的基础。这些领域包括农业、渔业、金融、经贸、教育、医疗卫生以及安全等，各自在合作中发挥着重要的作用。

中华人民共和国商务部数据显示，2021 年，中国与东帝汶双边贸易额增长 94.1%，中国首次成为东帝汶第一大贸易伙伴，中国对东帝汶投资额为 1444 万美元，在东帝汶新签工程承包合同额增长 576.3%。[①] 这在一定程度上也是为了缩小东帝汶与东盟其他成员国在基础设施等人类发展方面的差距，中国为东帝汶的经济发展与国家建设所提供的一系列支持为东帝汶加入东盟起到了积极作用。

（二）东帝汶入盟的阻力因素

1. 经济基础薄弱，社会发展落后

东帝汶曾是葡萄牙的殖民地，还曾被印度尼西亚占领数十年，正式取得独立二十年后，东帝汶仍面临严重的经济与社会发展问题。目前，东帝汶经济基础仍十分薄弱，社会发展较为落后。粮食不能自给，制造业和工业体系不完善，主要依靠石油和天然气发展经济。在东帝汶 2011~2030 年的国家发展规划中，在其提出的基础设施、扶贫以及电信设施联通等关键领域仍面临严峻挑战。

《联合国人类发展报告（2018 年）》数据显示，东帝汶是世界上最贫穷的国家之一，在医疗保健、教育以及人力资源方面的指标较差，在 151 个国家中排名第 132 位。相关统计数据显示，在东帝汶 5 岁以下儿童营养不良的比例约 50%，60%的妇女遭受过家庭暴力。50%的人口处于失业状态。文

① 《2021 年中国-东帝汶经贸合作简况》，中华人民共和国商务部网站，2023 年 9 月 19 日，http://file.mofcom.gov.cn/article/bnjg/202203/20220303287301.shtml，2024 年 3 月 13 日浏览。

盲占成年人口的50%，近37%的人生活在国际贫困线以下。[①] 2023年3月14日，东帝汶外交部长表示，由于新冠疫情、洪灾、全球经济衰退等客观条件，加上东帝汶外交部在国际市场合作方面的努力，联合国拟对是否将东帝汶移出最不发达国家行列进行重新评估。

数据显示，2016~2019年，东帝汶20.5亿美元进口支出中有一半以上用于五个东盟经济体，而同期东帝汶对东盟的商品和服务出口仅为9500万美元。在东盟内部，国家联盟试图与欧洲市场相竞争。东帝汶的经济困境与东盟经济共同体所追求的建立单一市场和生产基地、打造高度竞争力的经济区域之间存在显著差距。东盟在2012年未接纳东帝汶的入盟请求，主要出于对东帝汶经济状况可能对整个地区经济一体化进程产生拖累的担忧。虽然如今东盟已经建立了以经济共同体为核心的一体化架构，但这仍然处于相对低层次的整合水平。2015年东盟峰会承诺在未来10年内继续完善东盟经济共同体的建设。然而，考虑到东帝汶目前的经济状况，其加入东盟可能会对实现地区经济一体化的目标构成一定挑战。东帝汶的入盟可能会引发一系列问题，其中之一是如何使东帝汶适应并融入东盟的现有机制。鉴于东帝汶相对薄弱的经济基础，与东盟其他成员国共同达到一体化目标可能需要更多的时间和资源。此外，东帝汶的加入还可能对东盟内部的政策制定和资源分配产生一定的影响，可能需要重新考虑现有的发展战略和政策。

2. 政治斗争与社会动荡时有发生

东帝汶国内利益集团斗争复杂，国家虽小但却政党林立，仅正式注册的政党就有16个，党派之间或党派内部斗争激烈，尤其表现在东西部之间的对立。最早在对待是否独立的问题上，东帝汶的政党与群众就分为统、独两派。一派是支持印度尼西亚统治的亲印尼势力，主要力量集中在西部。而另一派主张独立的力量主要集中在东部。两派长期分歧与积怨一

① United Nations, "Human Development Reports," UNDP, January 1, 2018, http://hdr.undp.org/en/2018-update，2023年3月17日浏览。

定程度上也造成了东西部之间的对立。除此之外，在 2006 年，来自西部地区的 600 名东帝汶国防军，因不满在服役条件上东西部的差异，尤其是东部将领对来自西部地区军队的歧视，在帝力发动骚乱，导致全国的大暴乱，最后由联合国以及澳大利亚、葡萄牙等国出面才使暴乱平息。在 2008 年 2 月，东帝汶发生了两起重大事件，分别是总统奥尔塔和总理夏纳纳的官邸遭到叛军袭击。这些袭击导致东帝汶全国进入紧急状态，引起了国际社会的广泛关注。此后，东帝汶在一段时间内面临严重的社会动荡和政治不稳定。2015 年，东帝汶再次受到非法组织的干扰，发生了一系列暴力和违法事件。这些事件严重威胁了东帝汶的社会安定和政治秩序，对该国的发展和稳定产生了负面影响。

尽管自 2009 年以来，东帝汶的政治局势逐渐恢复平稳，但其国内的政见分歧以及利益分配矛盾依然存在，社会不稳定因素仍然没有消除。一定意义上，国内突出的政治分歧以及社会安定因素也是东帝汶加入东盟的一大障碍。加入东盟后，对于东帝汶最直接的义务就是要担任轮值主席国，而轮值期间要承担包括联合安全演习在内的 1300 多次东盟会议，这对东帝汶国家的组织接待能力以及社会安定形势将是极大的考验。老挝、柬埔寨、缅甸在担任东盟轮值主席国期间完成任务时的吃力表现，使得东盟不得不考虑经济不发达、社会不稳定的东帝汶是否能在短期具备这样的能力。贫困是东帝汶政治与社会不稳定的根源，东帝汶严重依赖国际援助，生活在乡村的民众生活十分困难，容易被不法分子利用或煽动。因此，东帝汶要想消除东西部之间的对立，就要努力发展经济，逐步提高人民的生活水平，加强国家机构管理以及治安部门和军队的改革，建立强有力的政府威权，这也是能够成为东盟正式一员的基础。

3. 东盟内部存在分歧，意见不一

新加坡作为东盟核心力量国家之一，认为东盟的主要利益和优先事项在于贸易与市场方面的经济增长。因此，对于东帝汶薄弱的经济基础和匮乏的人力资源，新加坡较为担忧，认为东帝汶的加入一定程度上会阻碍东盟经济一体化进程。

缅甸的态度也是阻碍东帝汶入盟的因素之一。在缅甸军政府时期，时任东帝汶总统、诺贝尔和平奖得主奥尔塔（2022 年再度当选总统）曾多次批评军政府的“独裁统治”以及对同为诺贝尔和平奖得主的昂山素季的软禁。此外，在缅甸实行民主选举，昂山素季成为实质上的领导人后，奥尔塔又因为缅甸若开邦的冲突多次批评昂山素季，使得东帝汶与缅甸的关系一度恶化。缅甸担心东帝汶入盟后会在若开邦问题上向其施压，因而一直对东帝汶入盟持保留意见。

另外，在东盟内部，存在一种观点，即认为东帝汶不够“亚洲”。新加坡政府对东帝汶将葡萄牙语作为官方语言，也一直持不赞成态度，认为这是对东盟缺乏承诺，只是加强了与葡语国家组织的联系，而不是与东盟联系在一起。由于受前殖民地葡萄牙的巨大影响，东帝汶的社会结构一定程度上具有欧洲导向的特点，与新加坡、马来西亚、印度尼西亚、泰国等国家相比，其内部结构或社会价值观方面存在巨大差距。①

三　东盟接纳新成员的前景

东帝汶在 2002 年宣布独立，2011 年正式向东盟提出入盟申请，其入盟之路漫长，除了东盟的制度变化外，同时也有东盟各成员国的不同考量。2023 年 2 月 4 日，东盟外长非正式会议在印度尼西亚首都雅加达举行。此次会议是 2023 年印度尼西亚担任轮值主席国期间的首次重要会议，东盟成员国缅甸没有参会。对于东帝汶来说，则是首次以东盟成员国的身份参加。外界大部分观点认为，东盟同意东帝汶入盟主要是为了应对大国之间的博弈。近些年来，美国挑起的对华竞争的日益激烈，使得东盟在地区部分事务上面临严峻挑战。缅甸态度在一定程度上损害了东盟的统一性。在东盟一些国家看来，接纳东帝汶将加强东盟在世界的

① M. Pandiyan, “Time to Admit “SEAN's 11th Member: The Star Columnist,” *Straits Times*, May 15, 2019, https://www.straitstimes.com/asia/se-asia/time-to-admit-aseans-11th-member-the-star-columnist, 2023 年 3 月 30 日浏览。

影响力，对外展示同盟的统一性，在2022年印度尼西亚担任G20集团轮值主席国期间，佐科政府就积极开展全方位外交，平衡各方诉求，协调大国关系，成功举办了巴厘岛峰会。如果能在2023年担任轮值主席国期间完成东帝汶入盟这一历史任务，将会展示印尼作为东盟实际领导者的作用，关乎东盟在全球的外交影响力。

外部力量的拉拢也是东盟想尽快解决东帝汶入盟的因素之一。东帝汶地处南太平洋与印度洋的交汇处，是各国开辟航线，建立军事基地的重要场所，周边国家以及世界大国都对其十分关注。澳大利亚、日本、葡萄牙、欧盟、美国和中国是东帝汶的主要援助来源方。例如，美国国际开发署（USAID）数据显示，在2000~2008年，美国向东帝汶提供了2.72亿美元的援助。① 亚洲开发银行与世界银行也是向东帝汶提供援助最多的组织。东帝汶长期依靠外部援助来处理国内问题，游离于东盟组织之外，而随着大国竞争在东南亚、南太平洋地区的加剧，东帝汶具有十分重要的地缘战略价值。部分观点指出，如果东盟再不同意东帝汶入盟，则可能会出现东帝汶被美、澳等西方国家彻底拉拢的风险。鉴于东帝汶有着太平洋岛屿观察员的身份，接纳东帝汶则有益于增强东盟与南太平洋国家的联系。

对于东盟来说，接纳东帝汶意味着可能会开启新的经济发展机遇。东帝汶是葡语国家共同体的一员，同时还担任葡语国家共同体轮值主席国和葡语国家共同体工商联合会主席，这使得加强与葡语国家共同体及其他成员之间的关系成为东帝汶外交政策的重要议题。东盟成员国可以通过东帝汶这一特殊桥梁，进入拥有2.75亿人口和2.09万亿美元GDP总量的潜在市场，从而开拓新的商业机会。然而，东帝汶的加入也可能为东盟带来一些潜在的挑战和矛盾。正如在20世纪90年代东盟扩员时所面临的情况一样，新成员的加入可能会引发一些问题。尽管东帝汶的国家发展状况和体量与东盟的其他

① PONG Pich, "Timor-Leste's Application for ASEAN Membership: Opportunities and Challenges," *Khmer Times*, September 8, 2022, https://www.khmertimeskh.com/501147534/timor-lestes-application-for-asean-membership-opportunities-and-challenges/，2023年4月3日浏览。

成员国有所不同，但随着成员国数量的增加，东盟可能会面临一系列挑战，例如跨国犯罪、环境污染、人口流动以及传染病预防等方面的合作和协调需求增加。此外，扩员后东盟将面临更多的成员国，这可能会对东盟决策机制产生影响。特别是东盟一贯秉持的“全体一致”决策原则可能会变得更加困难，因为需要更多的协商和妥协。这可能对东盟的经济一体化进程产生一定的影响。

目前面对波谲云诡的国际形势以及复杂敏感的周边环境，东帝汶申请加入东盟也是其战略性外交的一个突出目标。尽管在一些方面，东帝汶已经证明具备“履行成员国义务的意愿”，但对外国的严重援助依赖和糟糕的经济指标，使得东盟对其“履行义务的能力”存在疑问，导致在接纳东帝汶成为其第 11 个成员国方面陷入僵局。东盟传统惯例支持成员国共识和不干预，接纳东帝汶在一定程度上可以促进东南亚区域内的民主合法性和地区团结，但也存在加剧分裂的风险，因此，东帝汶入盟的不确定性依然存在。即使成功加入，东帝汶也需要较长时间去适应与调整。一方面东盟应积极帮助东帝汶制定入盟计划与策略，同时也应对现有的制度或法律作出相应调整；另一方面鉴于东帝汶经济发展的特殊性，东盟也应对东帝汶作出特殊关照，以帮助东帝汶更好地融入东盟组织内部。

东盟接纳东帝汶的过程一方面体现了东盟强烈的地区自治观念和对外部力量干涉的条件反射，东盟国家不断向世界其他国家宣示：“这是我们的地区、我们的事务，我们知道该怎么做。”另一方面，面对全球化和区域化不断加强的趋势，东盟秉承开放包容、团结合作的理念，坚持发展导向，采取了一系列措施，以灵活的手段完成了一次次扩员，从五国到十一国，东盟正以其独有的方式加强东南亚的区域一体化，为世界其他地区提供了区域治理的成功经验。随着东盟综合能力以及治理水平的提升，未来东盟扩员可能不会止于东帝汶的加入，自 1976 年就享有东盟观察员身份的巴布亚新几内亚，2009 年就曾申请加入东盟。因此，如何在东盟内协调各成员国的发展战略分歧，进一步推动东南亚地区整体的发展、繁荣、安全与稳定，体现了东盟在维护其作为自身区域合作中心的地位方面所需展现的效率和凝聚力。这对于东盟来说具有极为重要的意义，因为东盟需要在数量不断增加的成员国内继续发挥其协调和引领作用，以确保整个地区能够实现共同的利益和目标。在面对各种挑战和机遇时，东盟必须保持团结，通过合作和协商找到解决方案，以确保东南亚地区的和平与繁荣。这也将有助于巩固东盟作为一个在国际事务中具有影响力的区域组织的地位。

Y.7

2022年东盟处理缅甸问题的举措与制约因素*

李 枫 杨大为**

摘 要： 为落实2021年东盟“五点共识”，2022年1月东盟轮值主席国柬埔寨首相洪森访问缅甸，随后一年间布拉索昆、康富等柬方外交人员也先后赴缅斡旋。“美国、俄罗斯等大国强化涉缅地缘博弈”，“东盟各国对待缅甸问题的意见存在分歧”，“缅军方与民盟在短期内政治互信困难”等，是当前可能也是今后一个时期，东盟处理缅甸问题面临的主要制约因素。

关键词： 东盟 缅甸问题 “五点共识”

缅甸问题是2021年以来东盟舆论场中一大热点问题。2021年2月1日，缅甸军方扣押昂山素季（Aung San Suu Kyi）、温敏（Win Myint）等缅甸全国民主联盟（National League for Democracy，NLD，以下简称“民盟”）成员，并宣布接管国家权力，缅甸社会稳定态势随即几度出现波折。4月24日东盟领导人特别会议就缅甸局势达成“五点共识”（Five-Point Consensus，5PC），为推进相关目标达成，2022年1月东盟轮值主席国柬埔寨首相洪森

---

* 本报告是国家社会科学基金一般项目“从未刊地方档案文献看20世纪以来滇缅陆路云南人的跨界移民研究”（项目编号：22BZS113）的阶段性成果。

** 李枫，博士，广西民族大学东盟学院/中国-东盟区域国别研究院副教授、硕士生导师，研究方向为缅甸研究、华侨华人研究和国家安全研究；杨大为，广西民族大学东盟学院硕士研究生，研究方向为缅甸研究。

(Hun Sen) 访问缅甸，一年间东盟缅甸问题特使布拉索昆（Prak Sokhonn）、东盟缅甸问题特使办公室主任康富（Kung Phoak）等柬方外交人员也先后赴缅开展外交斡旋。

从国内外研究现状看，一些项目较重视东盟处理缅甸问题的大国博弈背景，即为保持自身中心性和自主性，东盟涉缅决策面临的外部环境和地缘风险。一些项目由缅甸个案切入，就东盟“全体一致原则”“不干涉成员国内政原则”等的“局限”，或“成员国不当行为惩戒机制”“缺失”等发起讨论。另有部分项目，则以所谓西方“民主”价值观为依归，把 2021 年 2 月以来缅甸国内社会动荡的原因主要归咎于缅甸军方，① 认为东盟应当对缅甸国家管理委员会（State Administration Council，SAC，以下简称“国管委”）采取“关闭所有接触通道”“公开承认民盟主导的缅甸民族团结政府（National Unity Government，NUG）”，甚至“将缅甸踢出联盟框架”等更强硬举措。2022 年，是 2021 年缅甸军方接管国家权力后，各方博弈及缅甸事态发展的重要过渡期。本报告拟重点讨论以下两个问题，其一，2022 年东盟处理缅甸问题的主要举措有哪些，体现了怎样的特征？其二，当前及今后一个时期，东盟涉缅协调主要面临哪些制约因素？以适度前推相关研究。

在研究方法上，本报告对第一个问题的讨论将主要采取质性研究法，以研究者自身为工具，综合筛选多渠道来源的新闻类文献，所选用缅甸报道的媒体，有《缅甸环球新光报》（*Global New Light of Myanmar*）、《缅甸数字新闻》（*Myanmar Digital News*）、《金凤凰报》等缅甸官方或政府备案媒体，

① 对此，缅甸国管委提供了另一种阐释文本：“由于 2020 年多党大选中存在投票舞弊，国管委根据由全民公投产生的 2008 年宪法履行国家职责，（随后）抗议演变为由政治异议引发的暴行，无理由诛戮事件，以及对政府大楼和学校的地雷袭击。” 参见“State Administration Council Chairman Prime Minister Senior General Min Aung Hlaing Receives ASEAN Special Envoy to Myanmar, Deputy Prime Minister, Minister of Foreign Affairs and International Cooperation of Cambodia Mr Prak Sokhonn, ASEAN Secretary-General Dato Lim Jock Hoi,” Global New Light of Myanmar, March 22, 2022, https://www.gnlm.com.mm/state-administration-council-chairman-prime-minister-senior-general-min-aung-hlaing-receives-asean-special-envoy-to-myanmar-deputy-prime-minister-minister-of-foreign-affairs-and-international-cooper/amp/#article-title, 2023 年 4 月 17 日浏览。

以及米兹玛（Mizzima）等“独立媒体”，以期综合分析不同信源在价值立场、话题偏好、话语惯习等维度的异同，并将其与中国外交部、美国国务院，及联合国、东盟等国家政府或国际组织官网的资料文献相互验证，务求客观还原事态；对第二个问题的讨论，则拟借鉴布迪厄（Pierre Bourdieu）的场域（field）概念，以缅甸事态为中心，建构“全球”“区域”“国别”三层级场域研究框架，以阐释东盟涉缅协调的内外部政策环境及制约因素。

一　2022年东盟处理缅甸问题的举措

2021 年底，国际社会涉缅协调逐渐陷入僵局。缅甸事态变化后，由于各方在一系列问题上分歧明显，2021 年东盟缅甸问题特使艾瑞万（Erywan Yusof）、联合国秘书长缅甸问题特使伯格纳（Christine Schraner Burgener）等，都未能如愿访缅并会见昂山素季等民盟成员，10 月东盟峰会限制缅方代表参会资格，12 月 20 日缅甸则关闭了在内比都（Naypyidaw）设立的联合国缅甸问题特使办公室。① 包括东盟在内，国际社会涉缅协调逐渐陷入僵局。

为打破这一僵局，即便相关条件仍未完全成熟，柬埔寨首相洪森还是顶住压力访问缅甸，为东盟涉缅协调开辟了道路。同时，综合考虑“缅甸连续无视东盟相关建议”及“东盟内外要求对缅采取更强硬举措呼声高涨”等情况，继 2021 年之后，2022 年的东盟峰会再一次限制缅方代表参会资格。由此，东盟涉缅协调体现出较明显的“策略性变通”与“折衷性平衡”并存特征。

（一）洪森访缅，并与敏昂莱保持接触

2022 年 1 月 7 日，柬埔寨接任东盟轮值主席国一周后，洪森首相访

① 《缅甸当局关闭前联合国缅甸问题特使内比都办公室》，〔缅甸〕《金凤凰报》，2021 年 12 月 23 日，https://www.mmgpmedia.com/static/content/YW/2021-12-23/923650386865565696.html，2023 年 5 月 10 日浏览。

问缅甸并与敏昂莱（Min Aung Hlaing）将军会面。美国战略与国际问题研究中心东南亚项目兼职研究员邓斯特（Charles Dunst）认为，洪森访问缅甸是“注定失败的策略”，“只会增加缅军的自大幻想，特别是军政府相信它可以控制国家并获得在国外代表缅甸所需的合法性”，“也将继续分裂曾经脆弱的东盟对缅甸的共识”，并“可能会降低东盟相对于美国的战略地位”。① 在东盟框架内，马来西亚、新加坡等国的领导人，也对洪森行前没有广泛交换意见的做法提出质疑，认为作为东盟轮值主席国首相，洪森不管以何种身份访问缅甸，都有可能被外界解读为这是“东盟在为缅甸国管委的合法性背书”。由此，洪森访缅所承受的内外压力可见一斑。

洪森访缅，中国、日本、法国等国也第一时间表态。中国外交部发言人汪文斌谈道：“中方将全力支持东盟轮值主席国柬埔寨发挥积极作用，为缅各方通过政治对话妥处分歧、尽快恢复稳定和发展作出重要贡献。”② 日本外相林芳正（Hayashi Yoshimasa）称其赞赏洪森访缅“所取得的积极成果”及“寻找去年缅甸军事政变后政治动荡突破口”的努力。③ 法国驻柬埔寨大使也称，法国“将支持柬埔寨及其特使根据东盟‘五点共识’，为解决这一困境所作的一切努力，这必须成为国际社会和缅甸的行动计划”。④ 此外，

① Charles Dunst, “The Costs of Hun Sen's Doomed Myanmar Policy,” Center for Strategic & International Studies, February 3, 2022, https://www.csis.org/analysis/costs-hun-sens-doomed-myanmar-policy, 2023年4月23日浏览。

② 《2022年1月10日外交部发言人汪文斌主持例行记者会》，中华人民共和国外交部网站，2022年1月10日，https://www.mfa.gov.cn/web/fyrbt_673021/jzhsl_673025/202201/t20220110_10480649.shtml，2023年5月6日浏览。

③ “Japan Foreign Minister Praises Cambodian PM's Myanmar Trip Outcome,” Kyodo News, January 11, 2022, https://english.kyodonews.net/news/2022/01/3aa71d871535-japan-foreign-minister-praises-cambodian-pms-myanmar-trip-outcome.html, 2023年4月16日浏览。

④ Ben Sokhean, “Support Increasing: More Countries Back Cambodia's Efforts to Resolve Myanmar's Crisis,” *Khmer Times*, January 17, 2022, https://www.khmertimeskh.com/501007941/support-increasing-more-countries-back-cambodias-efforts-to-resolve-myanmars-crisis/, 2023年4月25日浏览。

柬埔寨国内，布拉索昆谈道，此行是落实“五点共识”的“良好进展”，[①]“一些国家支持洪森首相访问缅甸和柬埔寨的做法，但考虑到当前的动荡局势和情绪化的舆论氛围，担心可能引发舆论攻击，因此他们不适合公开表达立场”。[②]

事实上，对于洪森此行，在一些声音主要围绕“洪森该不该访缅”展开激烈论争的同时，另一些声音则更关注“双方的会谈设置了哪些主要议题”“缅方如何表态”等务实性问题。从1月8日缅甸主流媒体《缅甸环球新光报》的报道看，敏昂莱与洪森会谈的议题涉及面较广，包括两国间“新冠疫情防控”“宗教交流”“关税协定”“教育规划”“友好城市缔结”“防务合作”“湄公河流域国家团结”等方方面面，此外，还提到敏昂莱将军对“以两国和地区问题为重点的会谈感到满意”，对“柬埔寨在国际和东盟舞台上以积极态度对缅甸的支持”，以及洪森首相“为恢复缅甸国内和平进行的不懈努力”表示感谢，并表示缅方“正在努力确保地区发展与国内和平稳定”，以及“更多的囚犯将在适当的时候获得赦免”。[③]

因为这次会谈是在柬、缅两国“高层”间展开的，所以下文将援引柬方主流媒体同一天对同一事件的报道内容，多角度还原会谈相关情况。1月8日《高棉时报》（*Khmer Times*）报道要点如下。第一，洪森访缅的“直接亮点”，是“缅甸政府已宣布与所有民族武装组织（Ethnic

① “PM Defends Results of Myanmar Trip,” *Phnom Penh Post*, January 8, 2022, https://www.phnompenhpost.com/national-politics/pm-defends-results-myanmar-trip, 2023年4月25日浏览。

② “Cambodia, Myanmar and ASEAN Twisted Media, Twisted Facts,” *Khmer Times*, January 10, 2022, https://www.khmertimeskh.com/501003772/cambodia-myanmar-and-asean-twisted-media-twisted-facts/, 2023年4月25日浏览。

③ “Arrangements Will Be Made for Signing the Agreement to Reduce the Double Taxation with Cooperation in the Trade Sector of Both Countries, Says Senior General,” Global New Light of Myanmar, January 8, 2022, https://www.gnlm.com.mm/arrangements-will-be-made-for-signing-the-agreement-to-reduce-the-double-taxation-with-cooperation-in-the-trade-sector-of-both-countries-says-senior-general/amp/#article-title, 2023年4月17日浏览。

Armed Organizations, EAO）停火五周到2022年2月底，并决定进一步延长到2022年底”。第二，“两位领导人支持召开”相关会议，以“提高向缅甸人民，特别是最需要帮助的人民提供人道主义援助的效率”。第三，敏昂莱将军承诺支持“根据《东盟宪章》落实‘五点共识’”，同时强调“落实‘五点共识’要与落实（缅甸）国管委‘五点路线图’（Five-Point Roadmap, 5PR）相辅相成”。第四，他们“还就双边合作交换了意见，以进一步增进两国人民之间现有的友好关系”等。① 当天的《金边邮报》（*Phnom Penh Post*）也重点报道了缅甸国内各方停火期限延长，缅方表示支持东盟“对缅人道主义援助”和“与缅国内各方会谈”等内容。②

对比两国主流媒体同一天对同一事件的报道策略。缅方报道的重点，主要放在“宾主双方就各类议题充分交换意见”上，仅仅在报道的后半部分提到“正在努力确保地区发展与国内和平稳定”等内容。柬方媒体则更关注与落实“五点共识”密切关联的会谈内容，如“停止暴力”“人道主义援助”等，而对缅方报道给予较大篇幅的“宗教交流”“教育规划”“友好城市缔结”等内容，则仅模糊化处理为“还就双边合作交换了意见”。可见，缅方更倾向于将洪森访缅报道为一次“正常”的外国领导人来访事件，这样的报道策略或许与缅甸国管委的“生存外交”诉求有关，柬方则似乎更希望通过强化报道“五点共识”落实情况，最大程度消除外界对洪森此行的成见或非议。

此外，一年间洪森还通过视频通话、私人书信等方式与敏昂莱保持“高层”接触。1月26日在与敏昂莱的视频通话中，洪森表示“对缅甸持续的暴力事件深表关切”，敦促缅甸国管委“允许东盟特使访问并支持人道主

① “Prime Minister Hun Sen’s Visit to Myanmar Coincides with Junta Ceasefire Against All Ethnic Armed Organizations (EAOs),” *Khmer Times*, January 8, 2022, https: //www.khmertimeskh.com/501003101/prime-minister-hun-sens-visit-to-myanmar-coincides-with-junta-ceasefire-against-all-ethnic-armed-organizations-eaos/, 2023年4月25日浏览。

② “PM Defends Results of Myanmar Trip,” *Phnom Penh Post*, January 8, 2022, https: //www.phnompenhpost.com/national-politics/pm-defends-results-myanmar-trip, 2023年4月25日浏览。

义援助准入”,[①]“呼吁包括缅甸政府在内的各方停止暴力，并在不久的将来实现停火”。[②] 5月2日双方再度视频通话，洪森感谢敏昂莱“促成东盟主席特使于3月21日至22日首次访问缅甸”，对缅方提出了包括“停止暴力”“向所有最需要帮助的人不受阻碍地提供人道主义援助”，以及“建立信任和信心，开展包容性政治对话”等在内，落实“五点共识”的“三大优先事项”，还对4月“缅甸在传统新年庆祝活动期间，释放1600多名囚犯表示欢迎”。[③] 6月初缅方宣布对觉敏友（Kyaw Min Yu）、漂泽亚多（Phyo Zayar Thaw）等的死刑判决执行在即，6月10日洪森致信敏昂莱称，“这一计划中的处决如果真的执行，将引发国际社会非常强烈和广泛的负面反应”，并将对东盟“通过包容性对话进程，和平解决当前危机的努力产生破坏性影响”，因此，“恳请您和国管委重新考虑这些判决，不要执行对那些反对派人士的死刑判决”。[④] 但7月下旬缅方还是执行了相关判决，8月中旬洪森再度致信敏昂莱，“敦促他与东盟和东盟特使合作，让缅甸回归常态”，但没有获得回应。[⑤]

综上，2022年1月洪森访缅，打破了2021年以来国际社会涉缅协调的僵局。陈思诚（Tan See Seng）认为，“洪森在内比都的明显成功受到一些分析人士的欢迎，认为这是打破与缅甸执政军政府僵局的大胆举措”，“虽然明显违反了东盟由共识驱动的（处理问题）路径，但却是朝着正确

① Sebastian Strangio, “Cambodian PM Calls on Myanmar Junta to Implement ASEAN Peace Plan,” The Diplomat, January 27, 2022, https://thediplomat.com/2022/01/cambodian-pm-calls-on-myanmar-junta-to-implement-asean-peace-plan/, 2023年4月29日浏览。

② 《柬埔寨就东盟特使访缅等问题举行视频会谈》，〔缅甸〕缅华网，2022年1月28日，https://www.mhwmm.com/miandianxinwen/58879.html，2023年3月27日浏览。

③ “Cambodia Reiterates Commitment to Assist Myanmar to Return to Democracy,” Khmer Times, May 3, 2022, https://www.khmertimeskh.com/501068048/cambodia-reiterates-commitment-to-assist-myanmar-to-return-to-democracy/, 2023年4月26日浏览。

④ Soth Koemsoeun, “PM Worries over Myanmar Move,” *Khmer Times*, June 13, 2022, https://www.khmertimeskh.com/501092777/pm-worries-over-myanmar-moves/, 2023年4月27日浏览。

⑤ Kavi Chongkittavorn, “Asean and Myanmar when Push Comes to Shove,” *Khmer Times*, October 12, 2022, https://www.khmertimeskh.com/501166861/asean-and-myanmar-when-push-comes-to-shove/, 2023年4月27日浏览。

方向迈出的一步”。[①] 本报告赞同这一观点，洪森访问缅甸并与缅方保持“高层”接触的种种努力，体现出僵局之下，作为东盟轮值主席国首相可贵的担当精神，也为布拉索昆、康富等柬方外交人员的外交斡旋拉开了序幕。

（二）布拉索昆、康富等展开外交斡旋

2022 年 3 月 21 日布拉索昆第一次访问缅甸。布拉索昆为柬埔寨副首相兼外交大臣，2022 年担任东盟缅甸问题特使，洪森访缅时他就是柬方主要陪同人员之一。尽管行前缅方仍未应允其会见昂山素季等人，[②] 但布拉索昆还是坚定地展开了这次行程。其间除与缅甸国管委接触外，还会见了缅甸国内其他政治力量（non-SAC actors），以及在缅外交使团和联合国专门机构代表等。[③] 就布拉索昆访缅目的、收获和感受，有媒体评论，“他对缅甸的首次工作访问，不是为了使军政府合法化，而是为了结束暴力和（为）各方保持最大克制创造有利条件”，“分发人道主义援助”，并“鼓励有关各方进行政治磋商和对话”。[④] 同时，“在为期两天的任务中，他获得了很多知识，这些知识对结束暴力，弥合有关各方之间的分歧，以及消除向有需要者提供人道主义援助障碍非常重要”。[⑤] 但媒体也提到，“（缅

---

① Tan See Seng, “ASEAN & Myanmar: Litmus Test or Existential Challenge?” *RSIS Commentaries*, No. 3, 2022, p. 2.

② 《缅甸国管委发言人：不会允许东盟特使会见杜昂山素季》，〔缅甸〕《金凤凰报》，2022 年 3 月 12 日，http://www.mmgpmedia.com/static/content/YW/2022-03-12/952273136454340608.html，2022 年 5 月 12 日浏览。

③ “DPM Prak Sokhonn Briefs UN Security Council on Developments in Myanmar,” *Khmer Times*, May 29, 2022, https://www.khmertimeskh.com/501083932/dpm-prak-sokhonn-briefs-un-security-council-on-developments-in-myanmar/, 2023 年 4 月 27 日浏览。

④ “Consultative Meeting on Humanitarian Assistance Distribution in Myanmar Scheduled for Late April,” *Khmer Times*, March 24, 2022, https://www.khmertimeskh.com/501046596/consultative-meeting-on-humanitarian-assistance-distribution-in-myanmar-scheduled-for-late-april/, 2023 年 4 月 26 日浏览。

⑤ Sar Socheath, “Cambodia Optimistic on Myanmar,” *Khmer Times*, March 31, 2022, https://www.khmertimeskh.com/501050096/cambodia-optimistic-on-myanmar/, 2023 年 4 月 26 日浏览。

甸）各方显然‘尚未为这些谈判做好准备’，并重申了洪森的观点，即柬埔寨轮值期间（缅甸）危机可能不会（得到彻底）解决”。[①] 外界对布拉索昆此行的评价同样褒贬不一，美国国务卿安东尼·布林肯（Antony Blinken）对其“所做工作”表示“赞赏”，称布拉索昆的“个人经历，以及他的国家遭受种族灭绝经历，为（审视缅甸）当前的问题提供了重要视角”。[②] 此外，也有观点批评布拉索昆此行“没有取得任何有意义的突破”。[③]

6月30日布拉索昆第二次访问缅甸。前述6月10日洪森曾致信敏昂莱，恳请缅方赦免对觉敏友、漂泽亚多等的死刑判决，有观点认为，布拉索昆第二次访缅的日程安排或许也和该事件有一定关联。[④] 布拉索昆则表示，他第二次访缅的目的，“是为了树立寻求和平解决方案的意愿”，“我们的职责是要求与冲突各方举行会谈，以便我们能够传达东盟成员的信息、国际社会成员的信息及其关切，能够听取他们的解释，并成为所有利益相关者的沟通桥梁”。[⑤] 布拉索昆第二次访缅的一个鲜明亮点，是在内比都会见已经签署缅甸全国停火协议的，包括南掸军（Shan State Army-South，SSA-S）、勃欧民族解放组织（Pa-O National Liberation Army，PNLA）、拉祜民主联盟

① “Why Hun Sen is Failing on Myanmar,” The ASEAN Post, March 31, 2022, https://theaseanpost.com/geopolitics/2022/mar/31/why-hun-sen-failing-myanmar, 2023年4月3日浏览。

② “Secretary Antony J. Blinken on the Genocide and Crimes Against Humanity in Burma,” U.S. Department of State, March 21, 2022, https://www.state.gov/secretary-antony-j-blinken-at-the-united-states-holocaust-memorial-museum/, 2023年3月26日浏览。

③ Andrew Nachemson, “Why Hun Sen Is Failing on Myanmar,” The ASEAN Post, March 31, 2022, https://theaseanpost.com/geopolitics/2022/mar/31/why-hun-sen-failing-myanmar, 2023年4月3日浏览。

④ 参见 Soth Koemsoeun, “PM Worries over Myanmar Moves,” *Khmer Times*, June 13, 2022, https://www.khmertimeskh.com/501092777/pm-worries-over-myanmar-moves/, 2023年4月27日浏览。此外，本报告认为，顺道参加7月4日在缅甸蒲甘（Bagan）举行的“澜沧江-湄公河合作第七次外长会”，或许也是布拉索昆第二次访缅日程安排的考量因素之一。

⑤ Phoung Vanth, “Sokhonn Sees Hope in Myanmar Talks,” Cambodianess, June 30, 2022, https://cambodianess.com/article/sokhonn-sees-hope-in-myanmar-talks, 2023年4月21日浏览。

(Lahu Democratic Union，LDU）等在内的七支缅甸民族武装组织代表。[①]

布拉索昆原计划2022年9月第三次访问缅甸，但该行程一再搁置，直到12月被正式取消。关于自己的第三次访缅计划，8月初布拉索昆谈道，“不会放弃协助缅甸恢复正常的任何机会”，但“如果缅甸继续执行死刑，他将重新考虑对缅甸的行程”。[②] 11月东盟峰会虽然限制了缅方代表参会资格，但在会后发布的主席声明中，还是提到了“布拉索昆将第三次访缅”相关信息。[③] 但随后布拉索昆此访一再搁置，直到12月6日《高棉时报》报道“因为时间太仓促”，这次出访计划被最终取消，并称柬埔寨“将把这个机会留给明年作为东盟轮值主席国的印度尼西亚，继续（开展）这项工作”。有观点猜测布拉索昆第三次访缅计划之所以被取消，是因为缅甸国管委在执行东盟“五点共识”方面没有取得实质进展，并且又判处七名因反政府活动被捕的大学生死刑。[④]

康富为柬埔寨外交部与国际合作部国务秘书，兼东盟缅甸问题特使办公室主任，2022年他也是东盟涉缅协调的骨干外交人员之一，主要负责协调“对缅人道主义援助”相关事宜，如4月20日他在内比都会见缅甸民族团结与和平谈判委员会（National Solidarity and Peacemaking Negotiation Committee）秘书长敏瑙（Min Naung），双方讨论了“建立和平进程”、“与

① 王悦舟：《东盟缅甸问题特使会见缅甸七支民族武装代表》，国际在线，2022年7月1日，https：//news. cri. cn/20220701/412625fb-44a1-3ee4-cf83-31f56d26da88. html，2023年5月11日浏览。

② 《缅甸问题何去何从？东盟各方看法不一》，〔缅甸〕《金凤凰报》，2022年8月9日，http：//www. mmgpmedia. com/static/content/ZH/2022-08-09/1006647842158284800. html，2023年3月26日浏览。

③ 即“东盟轮值主席国缅甸问题特使第三次访缅，将为落实‘五点共识’，特别是提供人道主义援助取得积极进展，扩大缅甸政治对话的机会窗口”。参见“Chairman's Statement of the 40th and 41st ASEAN Summits,” The ASEAN Secretariat, November 11, 2022, https：//asean. org/chairmans-statement-of-the-40th-and-41st-asean-summits/，2023年4月26日浏览。

④ Soth Koemsoeun，“It's a No Go：ASEAN Special Envoy Sokhonn Can't Make Third Visit to Myanmar,” *Khmer Times*, December 6, 2022, https：//www. khmertimeskh. com/501196851/its-a-no-go-asean-special-envoy-sokhonn-cant-make-third-visit-to-myanmar/，2023年5月11日浏览。

民族武装组织对话”和“人道主义援助”等议题。①

综上，在洪森首相之外，2022年布拉索昆、康富等柬方外交人员也为东盟涉缅协调贡献了力量，即便年内缅方并没有完全依照东盟建议行事，“五点共识”目标达成还存在诸多遗憾，但本报告认为，对其中取得的“对缅人道主义援助得以务实推进”等一系列合作成就，仍应给予充分肯定。

（三）务实推动对缅甸的人道主义援助

一些声音对2022年东盟“五点共识”落实取得的成绩“避而不谈”，或者因为其中仍然存在诸多遗憾而“苛责求全”，本报告认为此类观点既不客观也缺乏建设性。事实上，在各方共同努力下，2022年缅方在与东盟目标相向而行方面也进行了相应政策调整，如“延长了与所有民族武装组织的停火期限”“外界人道主义援助准入”“安排特使会见国内其他政治力量代表”等。下文将重点讨论其中“人道主义援助得以务实推动”相关情况，因为有观点也将其视为2022年东盟“唯一的成功”。②

2021年以来缅甸对外界人道主义援助的需求极大增长。1948年独立后，缅甸在探索本国发展道路进程中遭遇诸多挫折，连续多年被列入联合国“最不发达国家”名单，2021年军方接管国家权力后，一些国家对缅甸实施经济制裁，缅甸国内多个地区连续出现暴力对抗事件，再加上受新冠疫情冲击，缅甸国民经济发展的压力越发沉重，对外界人道主义援助的需求极大增长。2022年1月世界粮食计划署（World Food Programme，WFP）认为，2022年的缅甸，面临2008年特强气旋风暴纳尔吉斯（Very Severe Tropical

① “NSPNC Secretary Receives Cambodian Foreign Affairs and International Cooperation Secretary of State, Head of Special Envoy Office of ASEAN Chairmanship,” Global New Light of Myanmar, April 21, 2022, https://www.gnlm.com.mm/nspnc-secretary-receives-cambodian-foreign-affairs-and-international-cooperation-secretary-of-state-head-of-special-envoy-office-of-asean-chairmanship/amp/#article-title，2023年4月17日浏览。

② Martin Petty, “Explainer: Why Is ASEAN Holding a Special Meeting on Myanmar?” Reuters, October 27, 2022, https://www.reuters.com/world/asia-pacific/why-is-asean-holding-special-meeting-myanmar-2022-10-27/，2023年3月29日浏览。

Storm Nargis）灾害之后“最严重的人道主义危机”。[①] 7 月世界银行（World Bank）《缅甸经济监测报告》称，“2022 年，约 40%（缅甸）人口生活在国家贫困线以下，导致近十年来在减贫方面取得的进展付之东流”。[②] 8 月联合国秘书长发言人杜加里克（Stéphane Dujarric）也提到，缅甸全国有超过 120 万人流离失所。[③]

“人道主义救援”是东盟“五点共识”的重要组成部分，也是 2022 年柬埔寨牵头处理缅甸问题一大重点方向。1 月 7 日洪森访缅当天，就同时宣布“柬埔寨将向缅甸政府提供超过 320 万个口罩和一些急需的医疗设备”，这也是 2020 年 11 月，2021 年 8 月以来，柬埔寨第三次向缅甸提供疫情防控物资援助。[④] 访问结束后，洪森还公开表示“柬埔寨从东盟灾害管理人道主义援助协调中心（ASEAN Coordinating Centre for Humanitarian Assistance on Disaster Management，AHA）获得的新冠疫苗援助，将全部转赠缅甸”；[⑤] 2022 年布拉索昆在履行东盟缅甸问题特使职责过程中，也做了大量人道主义援助相关工作，如 2022 年 3 月第一次访缅期间，布拉索昆专门“就第一阶段向缅甸提供人道主义援助的执行情况，以及第二阶段的准备工作和其他共同关心的问题（与缅方）交换意见”。[⑥] 6~7 月第二次访缅期间，又将中国政府捐赠

---

① 《粮食计划署计划到 2022 年援助 400 万缅甸人》，联合国新闻，2022 年 1 月 7 日，https://news.un.org/zh/story/2022/01/1097172，2023 年 4 月 29 日浏览。

② “Myanmar Economy Remains Fragile, with Reform Reversals Weakening the Outlook,” The World Bank, July 21, 2022, https://www.worldbank.org/en/news/press-release/2022/07/21/myanmar-economy-remains-fragile-with-reform-reversals-further-weakening-the-outlook, 2023 年 4 月 23 日浏览。

③ 《缅甸人道局势加剧，就业状况恶化》，联合国新闻，2022 年 8 月 1 日，https://news.un.org/zh/story/2022/08/1107072，2023 年 4 月 29 日浏览。

④ Tith Kongnov, “Kingdom Donates 3.2 Million Masks, Medical Equipment to Myanmar,” *Khmer Times*, January 7, 2022, https://www.khmertimeskh.com/501002325/kingdom-donates-3-2-million-masks-medical-equipment-to-myanmar/, 2023 年 4 月 25 日浏览。

⑤ 《柬埔寨从 AHA 中心获得的新冠疫苗将全部转赠缅甸》，〔柬埔寨〕《柬华日报》，2022 年 1 月 10 日，https://jianhuadaily.com/20220110/153191，2023 年 4 月 22 日浏览。

⑥ “Union Minister U Ko Ko Hlaing Receives Special Envoy of the ASEAN Chair,” Global New Light of Myanmar, March 22, 2022, https://www.gnlm.com.mm/union-minister-u-ko-ko-hlaing-receives-special-envoy-of-the-asean-chair/amp/#article-title, 2023 年 4 月 17 日浏览。

(柬埔寨) 的 200 万剂新冠疫苗全部转赠缅方。[①] 此外, 5 月 6 日他还和东盟秘书长林玉辉 (Lim Jock Hoi) 一起, 在金边联合主持了 "东盟对缅人道主义援助磋商会议", 在东盟国家代表之外, 邀请联合国专门机构、东盟外部伙伴和驻缅相关国际组织代表参会,[②] 主要讨论对缅 "人道主义援助交付安排框架, 人道主义援助实施, 以及 (缅甸) 国内疫苗管理框架" 等方面议题。[③]

综上, 正如洪森所言, "虽然 '五点共识' 没有按照每个人的意愿推进, 但已经取得了一些进展, 包括在提供人道主义援助方面",[④] 2022 年柬埔寨推动落实东盟 "五点共识" 的努力, 并不像一些观点所认为的那样 "一事无成"。此外, 下文将给予讨论的 "东盟峰会限制缅方代表参会资格", 则是东盟另一种类型的态度表达。

(四) 东盟峰会限制缅方代表参会资格

2022 年 11 月东盟峰会限制缅方代表参会资格, 原因何在? 缅甸未完全依照东盟建议行事, 可能是其关键原因所在。2022 年东盟涉缅协调虽然取得诸多成绩, 但其中的遗憾也不容忽视, 如 2022 年缅甸国内暴力冲突仍未完全停止, 昂山素季等民盟成员仍然处于外界 "不可接触" 状态, 进而缅甸有关各方 "建设性对话" 也就无从谈起等。2022 年东盟峰会召开当天, 柬埔寨外交与国际合作部网站公布《东盟领导人关于落实 "五点共识" 的回顾和决议》, 明确提到 2022 年 "'五点共识' 的实施进展甚微 (with little

---

① Soth Koemsoeun, "ASEAN Delivers Chinese Covid-19 Vaccines to Myanmar," Khmer Times, July 1, 2022, https: //www. khmertimeskh. com/501104568/asean - delivers - chinese - covid - 19 - vaccines-to-myanmar/, 2023 年 4 月 27 日浏览。

② "On the Outcomes of the Consultative Meeting on ASEAN Humanitarian Assistance to Myanmar," The ASEAN Secretariat, May 6, 2022, https: //asean. org/wp-content/uploads/2022/05/ENG-Post-Event-PR-for-CM-Final. pdf, 2023 年 4 月 18 日浏览。

③ Kavi Chongkittavorn, "Cambodia as ASEAN Chair: A Mid-Term Assessment on Myanmar," The Irrawaddy, June 6, 2022, https: //www. irrawaddy. com/opinion/guest - column/cambodia - as - asean-chair-a-mid-term-assessment-on-myanmar. html, 2023 年 3 月 29 日浏览。

④ " 'Dramatically Changed': ASEAN Considers Myanmar Crisis Response," Al Jazeera, August 3, 2022, https: //www. aljazeera. com/news/2022/8/3/dramatically - changed - asean - considers - myanmar-crisis-response, 2023 年 4 月 1 日浏览。

progress achieved）”。[①] 一些观点认为，出现这样的局面与缅方“不听劝的态度”直接相关，敦促东盟应当采取更强硬举措来处理缅甸问题。

事实上，缅甸并未讳言对“五点共识”的保留意见。2021 年 4 月，缅方代表出席了达成“五点共识”的东盟领导人缅甸问题特别会议，但并未明确表态，几个月后，缅甸国管委也公布了其推动事态发展的“五点路线图”主张。对比“五点路线图”与“五点共识”有以下几个方面的异同。第一，二者都强调“和平”，但对“达成和平路径”的建构各不相同，“五点共识”倡导的“和平”，建立在“停止暴力”和“各方建设性对话”的基础之上，“五点路线图”愿景中的“和平”，则分别以“重组联邦选举委员会”和“举行自由公正的多党民主大选，移交国家权力”为起点和落点。第二，从出台时间上看，“五点共识”的公布早于“五点路线图”，可见缅方似有借后者抵消前者影响之意，但缅方从未公开反对“五点共识”，也从未将“五点路线图”明确为“五点共识”的竞争性方案。此外，缅方在不同场合的表态也值得关注，如 1 月洪森访缅时，敏昂莱承诺支持落实“五点共识”，但强调落实“五点共识”要与落实“五点路线图”相辅相成。又如布拉索昆第一次访缅时，缅甸外交部长吴温纳貌伦（U Wunna Maung Lwin）也谈道：“‘五点共识’的落实必须是一个缅方自主、缅方主导的进程（a Myanmar-owned and Myanmar-led process）。”[②] 可见，缅甸国管委一方面表态“支持”东盟“五点共识”，另一方面也对相关共识持保留意见，进而在实践上并未完全依照东盟建议行事。

此外，2022 年下半年，缅甸事态近乎“断线”式的发展情况，可能

① “Asean Leaders' Review and Decision on the Implementation of the Five-Point Consensus,” Ministry of Foreign Affairs & International Cooperation of the Kingdom of Cambodia, November 11, 2022, https：//www. mfaic. gov. kh/posts/2022 - 11 - 11 - Press - Release - ASEAN - LEADERS - - REVIEW - AND - DECISION - ON - THE - IMPLEMENTATION - OF - THE - FIVE - POINT - CONSENSUS--15-26-46，2023 年 5 月 12 日浏览。

② “Union Minister U Wunna Maung Lwin Receives the Special Envoy of the ASEAN Chair,” Global New Light of Myanmar, March 22, 2022, https：//www. gnlm. com. mm/union - minister - u - wunna-maung-lwin-receives-the-special-envoy-of-the-asean-chair/amp/#article-title，2023 年 4 月 17 日浏览。

进一步强化了东盟对缅采取更强硬举措的决心。如前述，6 月 10 日洪森致信敏昂莱恳请“刀下留人”，但 7 月下旬缅方还是执行了相关判决。8 月中旬，洪森再度致信敏昂莱，“敦促他与东盟和东盟特使合作，让缅甸回归常态”，但没有获得回应，随后，布拉索昆第三次访缅行程也一再搁置。10 月 27 日，东盟外长缅甸问题特别会议在雅加达（Jakarta）召开，即便此前两天，即 10 月 25 日，缅方释放了该国前联邦选举委员会主席腊登（Hla Thein）等人，[①] 此举被视为是在表达某种“诚意”，但最终东盟还是决定限制缅方代表参会资格。对此，钟吉塔翁（Kavi Chongkittavorn）认为，“在军政府未能听取东盟轮值主席国的善意和建议后，柬埔寨不得不作出这一艰难决定”。[②]

综上，缅甸并未完全依照东盟建议行事，2022 年下半年，缅甸事态更是近乎“断线”式地发展，以致年底东盟最终对缅甸采取了限制性政策。此外，本报告认为，东盟之所以表现出“更强硬”姿态，也是因为在各方错综复杂的博弈和诉求之间，勉力达成了某种“折衷性平衡”。

二　当前东盟涉缅协调主要制约因素

本节将借鉴布迪厄场域（field）概念，建构以缅甸事态为中心的“全球”“区域”“国别”三层级场域研究框架，用以阐释 2022 年东盟涉缅协调的内外部政策环境及制约因素。

场域的概念，是一个来自物理学的隐喻，是围绕物体的扩散“力”并

① “Myanmar's Military Commutes Jail Terms of Election Officials,” AP News, November 9, 2022, https://apnews.com/article/myanmar-general-elections-government-and-politics-24c6c6123e3f00da74a51b912b025535，2023 年 3 月 28 日浏览。

② Kavi Chongkittavorn, “Asean and Myanmar When Push Comes to Shove,” *Khmer Times*, October 12, 2022, https://www.khmertimeskh.com/501166861/asean-and-myanmar-when-push-comes-to-shove/，2023 年 4 月 27 日浏览。

具有改变该物体的能力。[①] 迈斯纳（Marlen Meissner）认为，经布迪厄改造后的“场域”概念，“被定义为以特定权力关系为特征的社会情境”。[②] 事实上，“自缅甸于1997年加入东盟以来，该组织一直试图使其社会化，相信该国将稳步符合该集团维护东南亚和平与稳定的共同目标”，但是从实践效果看，“东盟使缅甸社会化的努力既不一致也未能得到充分贯彻”。[③] 在一系列制约因素综合影响下，2022年柬埔寨牵头东盟处理缅甸问题的过程，似乎正反映了这样的国际政治现实。

（一）美国、俄罗斯等大国强化涉缅地缘博弈

在全球场域中，缅甸位于印度洋-太平洋两洋间，是各大国积极争取的“边缘地带”战略要地国家之一。2021年以来，美国高调推出对缅甸的各类“经济制裁”并发起“舆论攻击”和“外交施压”，俄罗斯则增进了与缅甸外交互动的强度，两国都试图通过对缅甸事态的战略塑造，加强对欧亚大陆局势的综合性影响。东盟不想成为大国博弈的棋子或战场，难免在处理缅甸问题方面权衡再三。

2022年美国的缅甸政策，基本延续了2021年以来的政策逻辑，但也出现了一些新变化。第一，在“经济制裁”层面，2022年美国对缅制裁更强调所谓“校准性”特征，即在对缅甸军方实施制裁的同时，谋求最大程度降低对该国平民的“误伤”。1月国务卿布林肯宣布，对缅甸商业大亨岱扎（Tay Za）、觉栋（Jonathan Myo Kyaw Thaung），以及最高法院首席大法官吞吞乌（Tun Tun Oo）、联邦司法部长蒂达乌（Thida Oo）、反腐败委员会主席

① Richard M. Simon, “Habitus and Utopia in Science: Bourdieu, Mannheim, and the Role of Specialties in the Scientific Field,” *Studies in Sociology of Science*, Vol. 2, No. 1, 2011, p. 24.

② Marlen Meissner, “Pierre Bourdieu's ‘Theory of Practice’,” in *Intangible Cultural Heritage and Sustainable Development*, Cham: Springer, 2021, p. 66.

③ Gibran Mahesa Drajat, “ASEAN's Socialization of Myanmar,” *Contemporary Southeast Asia*, Vol. 44, No. 3, 2022, p. 453.

丁乌（Tin Oo）等实施制裁。[①] 3月又称，“对包括（缅甸）军事高级指挥官、高级官员及其家属在内的65人，实施了定向制裁”，“对26个涉及侵犯人权或为（缅甸）军方及其领导人创收的实体，实施了制裁或出口管制”。[②] 10月美国国务院指认缅甸前内政部副部长兼警察总长丹莱（Than Hlaing）“参与严重侵犯人权”，并对其发起制裁。[③] 第二，在“舆论攻击”方面，7月23日觉敏友、漂泽亚多等被执行死刑后，25日布林肯批评缅方“完全无视人权和法治”，就此提出“最强烈措辞的谴责”（condemns in the strongest terms）。[④] 7月28日，包括美国在内的G7外长发表联合声明，“强烈谴责（strongly condemn）缅甸军政府实施的四次处决”。[⑤] 第三，在“外交施压”层面，美国注重依托各类“多边”平台对缅施压，如5月“四方安全对话”（Quadrilateral Security Dialogue，QSD）领导人峰会的联合声明，称“对缅甸危机深感关切”。[⑥] 在双边关系层面，2022年12月，美国驻缅甸大使瓦伊达（Thomas Laszlo Vajda）任期结束后，美国宣布降低对缅外交关系层级，由林恩（Deb Lynn）出任美国驻缅甸大使馆临时代办。[⑦] 此外，美国还在多个时机和场合表示“支持”民盟及其主导的缅甸民族团结政府，

① “Increasing Pressure on the Burmese Military Regime and Its Supporters,” U. S. Department of State, January 31, 2022, https://www.state.gov/increasing-pressure-on-the-burmese-military-regime-and-its-supporters/, 2023年3月25日浏览。

② “Secretary Antony J. Blinken on the Genocide and Crimes Against Humanity in Burma,” U. S. Department of State, March 21, 2022, https://www.state.gov/secretary-antony-j-blinken-at-the-united-states-holocaust-memorial-museum/, 2023年3月26日浏览。

③ “Designations of Burmese Targets to Promote Justice and Accountability,” U. S. Department of State, October 6, 2022, https://www.state.gov/designations-of-burmese-targets-to-promote-justice-and-accountability/, 2023年3月26日浏览。

④ “Execution of Burma's Pro-Democracy Leaders,” U. S. Department of State, July 25, 2022, https://www.state.gov/execution-of-burmas-pro-democracy-leaders/, 2023年3月26日浏览。

⑤ “G7 Foreign Ministers' Statement on the Myanmar Military Junta's Executions,” U. S. Department of State, July 28, 2022, https://www.state.gov/g7-foreign-ministers-statement-on-the-myanmar-military-juntas-executions/, 2023年3月26日浏览。

⑥ The White House, “Quad Joint Leaders' Statement,” May 24, 2022, https://www.whitehouse.gov/briefing-room/statements-releases/2022/05/24/quad-joint-leaders-statement/, 2023年5月13日浏览。

⑦ 1990~2012年，美对缅外交关系曾长期处于“代办”（Chargés d'Affaires）层级。

如2022年1月国务院顾问乔莱特（Derek Chollet）会见该政府代理总统杜瓦拉希拉（Duwa Lashi La）、总理曼温凯丹（Mahn Win Khaing Than）、外长辛玛昂（Zin Mar Aung）等，并对他们“在应对一年前军事政变造成的危机方面发挥的领导作用深表赞赏”。①

2021年2月缅甸军方接管国家权力后，俄罗斯则随即增加了与缅甸外交互动的强度。在3月国防部副部长福明（Alexander Fomin）访缅之后，6月国防部部长绍伊古也访问了缅甸，并称“缅甸是我们在东南亚和亚太地区久经考验的战略伙伴和可靠盟友”。② 2022年2月乌克兰危机爆发后，缅甸也“投桃报李”，表示“力挺”俄罗斯，如缅方发言人佐敏吞（Zaw Min Tun）表示，“缅甸政府支持俄罗斯在乌克兰局势中采取的行动”，“莫斯科应该捍卫自己的国家利益”。③ 9月，第七届东方经济论坛（Eastern Economic Forum，EEF）在俄罗斯符拉迪沃斯托克（Vladivostok，海参崴）举行期间，普京（Vladimir Putin）总统与敏昂莱将军进行了2021年以来首次会晤。④ 本报告认为，俄罗斯本轮强化对缅关系的发展，可视为是俄2016年以来“大欧亚伙伴关系”战略的延伸，借以宣示其作为欧亚大陆传统强国，仍然对地区局势发展保有稳定影响力。

美国、俄罗斯等大国强化涉缅的地缘博弈，是东盟处理缅甸问题不得不面对的一大外部政策环境因素。“权力游戏对东盟及其成员国来说并不陌生，毕竟，东南亚几个世纪以来一直处于大国利益和互动的交汇点”，⑤ 从其成立之初开始，东盟就十分重视保持与各大国关系的微妙平衡，并高

① “Counselor Chollet's Meeting with NUG Representatives,” U.S. Department of State, January 27, 2022, https://www.state.gov/counselor-chollets-meeting-with-nug-representatives/，2023年3月25日浏览。

② “Military Cooperation Plays Important Role in Relations between Russia, Myanmar-Shoigu,” Tass, June 23, 2021, https://tass.com/defense/1305899，2023年5月13日浏览。

③ 《缅甸政府支持俄罗斯在乌克兰局势中采取的行动》，〔俄罗斯〕俄罗斯卫星通讯社，2022年2月28日，https://sputniknews.cn/20220228/1039608539.html，2023年5月13日浏览。

④ 《敏昂莱访俄：首晤普京、力挺卢布人民币、扩大军购、联合开发核电》，〔缅甸〕《金凤凰报》，2022年9月8日，https://www.mmgpmedia.com/static/content/YW/2022-09-08/1017506269395173376.html，2023年5月13日浏览。

⑤ Julio S. Amador III, “The Continuing Erosion of ASEAN Centrality,” in *ASEAN Focus 36*, Singapore: ISEAS-Yusof Ishak Institute, 2021, pp. 2-3.

度警惕成员国间关系的裂痕“可能会破坏地区的稳定”，以免重演“本地区在冷战期间因相互竞争的集团交战而发生的严重流血事件”。[①] 2021 年缅甸军方接管国家权力后，东盟各国对待缅甸问题的意见存在明显分歧，如何有效避免内部分歧扩大，防止在大国强化渗透影响力的情境下，缅甸事态衍生出更严重的地缘后果，是东盟各国必须共同面对的一大现实问题。正如 2022 年 11 月，在印度尼西亚即将接任 2023 年度东盟轮值主席国之际，佐科（Joko Widodo）总统明确表态的那样，“东盟必须成为地区和平与全球稳定的支柱，始终如一地维护国际法，而不是任何大国的代理人”，“东盟不应该让当前的地缘政治态势，在我们地区演变成一场新的冷战”。[②]

（二）东盟内部对待缅甸问题的意见存在分歧

针对缅甸事态是不是“缅甸内政”、东盟是否应该“干涉”、东盟已经展开的协调是否已经构成“干涉”、未来此类协调是否应该继续，或者说，应该如何推动此类协调发展等问题，东盟各国的意见并不一致。这也是在“全体一致原则”规制下，东盟难有“大刀阔斧”作为的主要制约因素之一。

2021 年以来，不同地理区位类型的东盟成员国，在对待缅甸问题上意见分歧明显。

一方面，泰国、柬埔寨、老挝等中南半岛国家较倾向于缅甸事态的发展是“内政”，应当坚决贯彻“不干涉原则”。“不干涉原则”是“东盟方式”的重要支柱，在该原则指引下，东盟强调以和平方式解决“成员国国内”或“成员国之间”的分歧或争端，尤其注重对“成员国国

① “Cambodian and Thai Diplomats Agree Myanmar Crisis Cannot Be Resolved Immediately,” *Khmer Times*, January 20, 2022, https://www.khmertimeskh.com/501010384/cambodian-and-thai-diplomats-agree-myanmar-crisis-cannot-be-resolved-immediately/，2023 年 4 月 25 日浏览。

② David Rising and Sopheng Cheang, “Southeast Asian Leaders: Region No Proxy for Any Powers,” AP News, November 13, 2022, https://apnews.com/article/business-china-asia-united-states-europe-e9875e1c5a6502339acf2caafa26f774，2023 年 3 月 28 日浏览。

内”事务保持距离。以泰国为例，在美西方一些国家纷纷对缅外交降级的情况下，2022 年 12 月新任泰国大使蒙空（Mongkol Visitstump）向缅甸国管委主席敏昂莱大将递交全权任命书，正式就任自 3 月以来“一直缺位”的泰国驻缅大使，[①] 表明泰国的缅甸政策并未受到外界政治气候变化的显著影响。同时，泰国也在为推进缅甸国内和平而积极斡旋，如在 2022 年 12 月，泰国主持召开“关于缅甸政治危机”的非正式会议，邀请柬埔寨、老挝、越南等中南半岛国家代表及缅甸国管委三名内阁部长与会。[②]

另一方面，印度尼西亚、新加坡、马来西亚等海岛国家则更倾向于“还政于民论”，认为在处理缅甸问题时，应超越“不干涉原则”，充分践行《东盟宪章》中“尊重基本自由，促进和保护人权，促进社会正义”的承诺。一些学者的观点与此相呼应，例如，“在其发展过程中，不干涉原则变得如此僵化，以致破坏了东盟国家维护人权的集体努力”；[③] 又如，“不干涉原则已经不再适用，而且似乎成为当前东盟参与式民主发展和保护东盟人民基本权利的一大障碍”；[④] 等等。在持“还政于民”立场的各国中，马来西亚的话语表达和外交实践较具代表性，该国一直暗示将与缅甸民族团结政府接触，并“呼吁东盟对成员国缅甸的影子政府开放非正式接触渠道”。[⑤] 2022 年 5 月东盟-美国特别峰会期间，马来西亚外长赛夫丁（Saifuddin

① 《美国对缅外交关系降级？东盟内部态度并不统一》，〔缅甸〕《金凤凰报》，2022 年 12 月 9 日，https：//www.mmgpmedia.com/static/content/RD/2022-12-09/1050853697040551936.html，2023 年 4 月 26 日浏览。

② Grant Peck，“Thailand Hosts Informal Meeting on Myanmar Political Crisis，” AP News，December 23，2022，https：//apnews.com/article/politics-violence-myanmar-073dbf3861884112b7c33f77dfabf6b0，2023 年 3 月 28 日浏览。

③ Munadia Ikhsani，“Diplomasi Kemanusiaan Indonesia Terhadap Myanmar di Bawah Prinsip Non Intervensi ASEAN，” *Jurnal Demokrasi & Otonomi Daerah*，Vol. 17，No. 2，2019，p. 124.

④ Yusa Djuyandi，Arfin Sudirman Sudirman & Wawan Budi Darmawan，“Myanmar and the Dilemma of ASEAN Interventions That Do Not Find the Bright Spot，” *Baltic Journal of Law & Politics*，Vol. 15，No. 1，2022，p. 630.

⑤ Zsombor Peter，“Malaysia Suggests ASEAN Engage Myanmar's Shadow Government，” VOA News，May 8，2022，https：//www.voanews.com/a/malaysia-suggests-asean-engage-myanmar-s-shadow-government/6562525.html，2023 年 3 月 28 日浏览。

Abdullah）在华盛顿会见缅甸民族团结政府外长辛玛昂，他也由此成为首位亲自并公开会见相关人员的东盟成员国部长。① 此外，马来西亚还明确表示将允许缅甸民族团结政府在吉隆坡开设代表处。②

（三）缅甸军方与民盟间缺乏政治互信

目前来看，缅甸军方与民盟间在短期内难以建立政治互信，未来一个时期，一旦双方矛盾激化，缅甸事态发展“伊拉克化”“叙利亚化”，势必对地区和平稳定态势构成严重冲击，由此，如何有效规避相关情况发生，引导缅甸事态良性发展，也对东盟处理缅甸问题的政治智慧提出了更高要求。

2021 年以来，缅甸军方与民盟之间的不信任感不断表面化。近年来民盟推动修改 2008 年《缅甸宪法》（Constitution of the Republic of the Union of Myanmar，2008）的进程加快，军方判断这或将极大冲击本群体在国家政治生活中的主导地位，由此，双方之间的不信任感不断蔓延，并在 2021 年缅甸军方接管国家权力事件中达到戏剧化高潮。2021 年 5 月 8 日，缅甸军方主导的中央反恐委员会，将民族团结政府和人民防卫军（People's Defense Force，PDF）认定为“恐怖组织”，坚决反对外界与其发生任何接触，如 2022 年 11 月东盟峰会期间，缅甸国管委在一份声明中表示，“缅甸强烈反对并谴责东盟成员国企图以任何方式和形式，与这些非法和恐怖组织发生接触”；③ 在民盟一方，民族团结政府和人民防卫军被认定为“恐怖组织”后，民盟也反向指认与军方有关的政府架构和组织为

① Khin Nadi，“ASEAN's Failed Consensus on Myanmar：A Year of Broken Promises，” The Irrawaddy，May 17，2022，https：//www.irrawaddy.com/opinion/analysis/aseans-failed-consensus-on-myanmar-a-year-of-broken-promises.html，2023 年 4 月 29 日浏览。

② “ASEAN Foreign Ministers Must Not Lose Their Way，” Thai PBS World，October 30，2022，https：//www.thaipbsworld.com/asean-foreign-ministers-must-not-lose-their-way/，2023 年 4 月 24 日浏览。

③ Sai Wansai，“ASEAN Urged to Deal Decisively with the Myanmar Military Junta，” Mizzima，November 21，2022，https：//mizzima.com/article/asean-urged-deal-decisively-myanmar-military-junta，2023 年 4 月 29 日浏览。

"恐怖组织"，并在与军方的舆论战中表现出强硬姿态，如2022年11月东盟峰会召开当日，杜瓦拉希拉"呼吁东南亚领导人拒绝军政府计划于明年举行的虚假选举，并与他的民族团结政府接触，以结束（国管委）政权的暴行"。①

布拉索昆、海泽（Noeleen Heyzer）等各方缅甸问题特使，也从"第三人的视角"多次表达对上述局面的担忧。布拉索昆在第一次访缅结束后提到，"让（观点）各异的各方坐到谈判桌前是一项艰巨的任务，尤其是在他们都不愿意和解的时刻"。② 7月参加"东盟在缅甸的最新努力"研讨会时，布拉索昆介绍了柬埔寨推动落实东盟"五点共识"的"三大优先事项"，即"结束或减少暴力"、"促进人道主义援助的提供"和"为有关各方之间的政治对话营造有利环境"，并强调"最难解决的问题"是第三个事项。③ 7月下旬缅方对觉敏友、漂泽亚多等执行死刑后，布拉索昆评论称"在短期内，不能指望（情况）会有突出改善。目前没有（各方）组织愿意停止战斗的迹象，（他们）由于缺乏信任而继续战斗"。④ 10月东盟外长缅甸问题特别会议期间，他再次表示，"（缅甸）各方缺乏政治意愿，缺乏信任（将）阻止任何人来到谈判桌前"。⑤ 2021年10月，海泽被任命为新一任联合国秘书长缅甸问题特使，她对缅甸军方与民盟之间的紧张关系也有类似观感或担忧，"人们对由军方任命的联盟选举委员会管理的程序缺乏信心"，"如果没

① "Myanmar's Civilian Government Demands ASEAN Invite," The Irrawaddy, November 11, 2022, https://www.irrawaddy.com/news/burma/myanmars-civilian-government-demands-asean-invite.html, 2023年3月30日浏览。

② Sar Socheath, "Cambodia Optimistic on Myanmar," *Khmer Times*, March 31, 2022, https://www.khmertimeskh.com/501050096/cambodia-optimistic-on-myanmar/, 2023年4月26日浏览。

③ Kheav Moro Kort, "I'll Keep Up Pressure for Myanmar Peace: Envoy," Cambodianess, July 22, 2022, https://cambodianess.com/article/ill-keep-up-pressure-for-myanmar-peace-envoy, 2023年4月21日浏览。

④《缅甸问题何去何从？东盟各方看法不一》，〔缅甸〕《金凤凰报》，2022年8月9日，http://www.mmgpmedia.com/static/content/ZH/2022-08-09/1006647842158284800.html, 2023年3月26日浏览。

⑤ Martin Petty, "Explainer: Why Is ASEAN Holding a Special Meeting on Myanmar?" Reuters, October 27, 2022, https://www.reuters.com/world/asia-pacific/why-is-asean-holding-special-meeting-myanmar-2022-10-27/, 2023年3月29日浏览。

有包容性的政治对话和允许公民在没有恐惧或恐吓的情况下自由行使政治权利的条件，将进一步加剧暴力和不稳定”。①

结　语

2022年东盟处理缅甸问题的各项举措，体现出较明显的“策略性变通”与“折衷性平衡”并存特征。第一，在“策略性变通”方面，在缅甸国内暴力事件仍然没有完全停止、缅甸军方仍然拒绝与其国内各主要政治力量对话、东盟缅甸问题特使仍然未获准与昂山素季等民盟成员会面的情况下，1月洪森访问缅甸，打破了2021年底国际社会涉缅协调的僵局，随后布拉索昆、康富等柬方外交人员先后展开外交斡旋，缅方也推出了与东盟目标相向而行的一系列政策调整，如“延长了与所有民族武装组织的停火期限”、“外界人道主义援助准入”和“安排特使会见国内其他政治力量代表”等，一些声音对2022年东盟“五点共识”落实取得的成绩“避而不谈”，或者因为其中仍然存在诸多遗憾而“苛责求全”，本报告认为此类观点既不客观也缺乏建设性。第二，在“折衷性平衡”方面，受“美国、俄罗斯等大国强化涉缅地缘博弈”“东盟各国对待缅甸问题的意见存在分歧”“缅军方与民盟间在短期内政治互信困难”等三层级“场域”因素制约，并综合考虑“缅甸连续无视东盟相关建议”及“东盟场域内外要求对缅采取更强硬举措呼声高涨”等情况，继2021年之后，2022年的东盟峰会再一次限制了缅方代表的参会资格。

当前和今后，缅甸事态发展方向、东盟涉缅协调前景如何？本报告认为，缅甸军方可能仍将继续主导缅甸局势发展，即缅甸国管委“五点路线图”可能仍是该国事态发展的主要方向，诚然该路线图与东盟“五点共识”之间，也可能出现一定程度上的目标置换或路径融合。此外，2023年印度尼西亚履

① Tan Hui Yee, “Asean Special Envoy Visits Myanmar Again as Part of Efforts to Resolve Turmoil,” The Straits Times, June 29, 2022, https://www.straitstimes.com/asia/se-asia/asean-special-envoy-visits-myanmar-again-as-part-of-efforts-to-resolve-turmoil, 2023年4月1日浏览。

新东盟轮值主席国以来开展的“安静外交”（quiet diplomacy），及国际社会涉缅协调的一些新举措，如 2023 年 4 月联合国前秘书长潘基文（Ban Ki-moon）率“长老会”（The Elders）团队突访缅甸等，可能会相辅相成合力推动未来缅甸事态良性发展。

Y.8
RCEP 全面生效的主要成效与挑战

刘晓伟　翟 崑*

摘　要： RCEP 自 2022 年 1 月 1 日起正式生效，至今已满一年。作为亚太区域经济一体化新的里程碑，RCEP 显著推动了区域贸易投资和产能合作。RCEP 在建立高标准经贸规则的同时兼顾了包容性，为区域经济发展提供了新动能。但 RCEP 的功能发挥和体制升级面临着多重挑战，如何弥合分歧并凝聚合力成为影响 RCEP 未来发展前景的重要课题。

关键词： 东盟　RCEP　亚太区域经济一体化　经贸规则

2023 年 1 月 1 日，《区域全面经济伙伴关系协定》（RCEP）正式实施满一年。在世界经济下行风险不断累积，全球化遭遇逆流的背景下，RCEP 全面生效并不断释放制度红利，持续深化成员国间产业合作，发出坚持经济全球化正确方向的区域强音，成为区域产业链、供应链、价值链的稳定器，有效促进区域经济一体化发展。RCEP 是以东盟为主导的高标准高质量自贸区，在东盟的外向型经济中有着不可替代的地位。① 2022 年，RCEP 的正式生效恰逢中国与东盟建立全面战略伙伴关系之际，有力地拉动了中国-东盟经贸投资的快速增长和互联互通的持续推进，成为亚太区域经济一体化进程的重要里程碑。

---

* 刘晓伟，博士，中国国际问题研究院世界经济与发展研究所助理研究员，研究方向为亚太区域合作、中美经贸研究；翟崑，博士，北京大学国际关系学院教授、区域与国别研究院副院长，研究方向为东南亚、“一带一路”研究。

① 王勤、金师波：《RCEP 对东盟经济发展和区域整合的影响》，《亚太经济》2022 年第 2 期，第 2 页。

一 RCEP 全面生效成效显著

RCEP 于 2022 年 1 月 1 日正式生效，文莱、柬埔寨、老挝、新加坡、泰国、越南等 6 个东盟成员国和中国、日本、澳大利亚、新西兰等 4 个非东盟成员国正式开始实施协定。此后，韩国、马来西亚、缅甸、印度尼西亚先后宣布实施协定。6 月 2 日，RCEP 对菲律宾正式生效，标志着 RCEP 在 15 个成员国中全面生效，意味着全球最大的自贸区步入全面实施的新阶段。作为以发展中经济体为主体的区域贸易协定，RCEP 既涵盖货物贸易、服务贸易和投资等传统领域，也有原产地规则、海关程序、贸易救济、电子商务、中小企业等新议题。RCEP 生效是东亚区域经济一体化新的重大进展，显著推动区域贸易投资增长，进一步密切成员国间经济合作，同时也为地方省份的经济发展带来更大动力。

（一）中国与 RCEP 其他成员国贸易额大幅增长

RCEP 其他成员国是中国重要的贸易合作伙伴，双边贸易规模总体呈持续上升趋势。中国与 RCEP 其他成员国之间的进出口贸易规模从 2000 年的 1667 亿美元增至 2021 年的 1.87 万亿美元，增长约 11.2 倍，年均增速 12.9%。[①] RCEP 全面生效后，中国与 RCEP 其他成员国的贸易频度和深度进一步提升。据中国海关数据，2022 年，中国与 RCEP 其他成员国的进出口贸易总额达到 12.95 万亿元，同比增长 7.5%，占我国外贸进出口总额的 30.8%。其中，中国对马来西亚（19.3%）、新加坡（27.4%）、印度尼西亚（23.8%）、菲律宾（10.6%）、老挝（35.7%）、柬埔寨（21.0%）、文莱（11.1%）、缅甸（40.1%）8 个成员伙伴的进出口增速超过两位数（见表 1）。

① 北大汇丰商学院：《国际专题报告：RCEP 对中国贸易增长的机遇与挑战》，https://thinktank.phbs.pku.edu.cn/2022/zhuantibaogao_0121/59.html，2024 年 1 月 23 日浏览。

表1　2022年中国与RCEP其他成员国贸易额

单位：亿元，%

	进出口	出口	进口	进出口增长	出口增长	进口增长
总值	420678.2	239654.0	181024.2	7.7	10.5	4.3
东盟	65153.2	37906.5	27246.7	15.0	21.7	6.8
其中:越南	15697.9	9812.0	5885.9	5.6	10.3	-1.4
马来西亚	13600.6	6263.7	7336.9	19.3	23.9	15.6
泰国	8994.2	5233.4	3760.8	6.2	17.0	-5.9
新加坡	7715.4	5458.1	2257.2	27.4	53.7	-9.9
印度尼西亚	9956.9	4755.7	5201.2	23.8	21.6	26.0
菲律宾	5852.9	4319.3	1533.5	10.6	17.0	-4.1
老挝	3804.4	1568.6	2235.8	35.7	46.1	29.3
柬埔寨	1066.3	943.8	122.5	21.0	26.6	-9.7
文莱	2054.8	558.4	1496.4	11.1	35.7	4.1
缅甸	1683.2	907.8	775.4	40.1	34.0	47.9
日本	23831.1	11536.6	12294.5	-0.7	7.7	-7.5
韩国	24120.7	10843.0	13277.7	3.2	13.0	-3.7
澳大利亚	14722.5	5266.1	9456.5	-0.9	23.0	-10.6
新西兰	1671.8	611.4	1060.4	4.7	10.7	1.5

资料来源：海关总署，http：//www.customs.gov.cn/customs/302249/zfxxgk/2799825/302274/302277/302276/4806965/index.html，2023年2月3日浏览。

中国与东盟的贸易增速遥遥领先。中国与东盟建立对话关系31年来，双边经贸关系实现跨越式发展。2009年以来，中国连续14年保持东盟第一大贸易伙伴地位。中国-东盟自由贸易区也于2010年1月1日正式全面启动，并于2019年推出中国-东盟自贸区2.0版。2020年，东盟超越欧盟，历史性地成为中国第一大贸易伙伴，首次形成中国与东盟互为第一大贸易伙伴的良好发展格局。2022年是RCEP全面生效第一年，也是中国-东盟全面战略伙伴关系的开局之年，双方在设施互联互通建设方面持续推进，经贸互动更加紧密。中国与东盟贸易规模达到6.52万亿元，占中国对RCEP其他成员国进出口规模的50.3%。其中，中国对东盟出口额为

3.79 万亿元，增长 21.7%，进口额为 2.73 万亿元，增长 6.8%。东盟占我国外贸比重达到 15.5%。东盟作为中国最大贸易伙伴的地位进一步巩固。①

中韩贸易规模位居中国与 RCEP 其他成员国首位。RCEP 生效后再度拉近中韩经贸关系，两国享惠进出口均大幅提升，促使中韩双边贸易取得历史性突破。2022 年，中韩贸易进出口总额为 2.41 万亿元，同比增长 3.2%，其中，中国对韩国出口额为 1.08 万亿元，同比增长 13%。双边贸易额创历史最好水平，韩国超过日本成为中国第二大贸易伙伴国，中国继续维持韩国第一大贸易伙伴国的地位。②

RCEP 对中国对日本出口的拉动效应明显。RCEP 是中国和日本之间首次达成的自贸安排，是中国实施自由贸易区战略以来取得的新的重大突破。RCEP 规定日本出口至中国的 86%产品和中国出口至日本的 88%产品享受零关税待遇。从中国贸促系统签发的 RCEP 证书出口目的国看，2022 年 1~6 月，日本均排名首位，月签证金额占比均超过 90%。2022 年，中国对日本出口额为 1.15 万亿元，增长 7.7%。中日贸易总额为 2.38 万亿元，同比下降了 3.7%，日本是中国的第三大贸易伙伴国，中国是日本的最大贸易伙伴。③

（二）中国与 RCEP 其他成员国投资合作取得积极进展

RCEP 投资规则主要涵盖投资保护、自由化、促进和便利化这四个方面的条款，是在原东盟“10+1”自由贸易协定投资规则的基础上进行的整合

① 国新办：《国务院新闻办就 2022 年全年进出口情况举行发布会》，中华人民共和国国务院新闻办公室网站，https：//www. gov. cn/xinwen/2023-01/13/content_ 5736993. htm，2024 年 1 月 23 日浏览。

② 国新办：《国务院新闻办就 2022 年全年进出口情况举行发布会》，中华人民共和国国务院新闻办公室网站，https：//www. gov. cn/xinwen/2023-01/13/content_ 5736993. htm，2024 年 1 月 23 日浏览。

③ 国新办：《2022 年 1~12 月我国与亚洲国家贸易情况》，中华人民共和国国务院新闻办公室网站，https：//www. ndrc. gov. cn/fgsj/tjsj/jjmy/dwjmjztfx/202301/t20230131 _ 1348028. html，2024 年 1 月 23 日浏览。

和升级。RCEP 投资章节在考虑到投资者和东道国利益平衡的前提下，着力实现高水平的投资保护与投资自由化，对活跃 RCEP 区域内投资和促进 RCEP 区域吸引外商直接投资起到积极作用。

提升中国与 RCEP 其他成员国的投资合作水平。RCEP 生效后，中国企业对 RCEP 其他成员国的投资意愿进一步增强。中国贸促会发布的《2022 年中国企业对外投资现状及意向调查报告》显示，90%的受访企业看好 RCEP 国家投资机遇。[①] 根据中国商务部统计，2022 年中国对 RCEP 其他成员国的非金融类直接投资 179.6 亿美元，同比增长 18.9%，吸收它们的直接投资 235.3 亿美元，同比增长 23.1%。韩国、日本、东盟国家对华投资分别增长 64.2%、16.1%和 8.2%，双向投资的增速均高于总体水平。[②]

增加 RCEP 区域对外商直接投资的吸引力。RCEP 投资负面清单与棘轮模式的结合将稳定并优化投资环境，显著提高 RCEP 成员国市场准入的确定性。2022 年，多数 RCEP 成员国利用外商直接投资呈现显著上升态势。其中，越南、印度尼西亚、泰国等东盟成员国利用外资增速较快。据越南计划投资部统计，截至 2022 年 12 月 20 日，越南实际利用外资额 224 亿美元，同比增长 13.5%。[③] 2022 年，印度尼西亚吸引外商直接投资到位总额达 456 亿美元，为历史最高水平，同比增长 44.2%。[④] 泰国投资促进委员会（BOI）称，2022 年累计外商直接投资项目申请额为 4339.71 亿泰铢，较上年增长 36%。[⑤] RCEP 其他成员国中，澳大利亚、日本和韩国吸引外商直接投资的

---

① 中国贸促会：《中国贸促会举行 2023 年 2 月例行新闻发布会》，https://www.ccpit.org/a/20230222/20230222bkkm.html，2023 年 3 月 2 日浏览。

② 国新办：《国新办举行 2022 年商务工作及运行情况新闻发布会》，中华人民共和国国务院新闻办公室网站，http://www.scio.gov.cn/xwfbh/xwbfbh/wqfbh/49421/49554/index.htm，2023 年 3 月 2 日浏览。

③ 中华人民共和国商务部网站，http://hochiminh.mofcom.gov.cn/article/jmxw/? 16，2023 年 9 月 22 日浏览。

④ ASPN, "Indonesia Reports Highest FDI in History, Jakarta Globe," January 25, 2023, https://www.asia-pacific-solidarity.net/news/2023-01-25/indonesia-reports-highest-fdi-history.html, 2023 年 9 月 22 日浏览。

⑤ 中国国际贸易促进委员会网站，https://www.ccpit.org/thailand/a/20230118/20230118gqms.html，2023 年 9 月 22 日浏览。

数据同样亮眼。据澳大利亚数据统计局（ABS），2022 年澳大利亚外商直接投资流量为 4329 亿澳元，同比增长 10.4%。[①] 日本贸易振兴机构（JETRO）统计显示，2022 年日本吸引外商直接投资 475.65 亿美元，同比增长 37.2%。[②] 据韩国产业通商资源部公布的数据，2022 年，韩国吸引外商直接投资首次突破 300 亿美元，达到 304.5 亿美元，创历史新高。[③]

（三）提升区域产业合作水平

RCEP 成员国之间贸易和投资数据增长的背后是区域产能合作水平的不断提升。RCEP 成员国优势产业各异，日韩的优势集中在机械及设备制造、电气和光学设备制造业、运输设备制造业等资本和技术密集型行业。东盟经济体优势在于食品、饮料及烟草制造业等资源和劳动密集型行业。新西兰和澳大利亚优势集中于资源型行业。中国则在纺织行业及电气和光学设备制造业比较优势明显。中国与澳、新在农业和资源型产品方面具有高度互补性，与东盟、日、韩在电气设备制造等中等科技行业具有较高互补性。RCEP 通过降税安排充分激发成员国间进行产业合作的热情，显著推动区域内经济要素自由流动，进一步密切 RCEP 成员国之间的产业合作。

中间产品贸易的活跃程度与国际分工的深化、生产要素的重新配置息息相关，代表着不同国家间产业分工的密切程度。2022 年，中国对 RCEP 其他成员国的进出口中间产品贸易额为 8.7 万亿元，增长了 8.5%，占同期中国对其他成员国进出口总值的 67.2%。从主要商品看，中国对 RCEP 其他成员国出口机电产品、劳动密集型产品分别增长 13.2%和 20.7%，其中电子元件、蓄电池、汽车分别增长 15.0%、50.3%和 71.6%。中国自

① ABS, "International Investment Position, Australia: Supplementary Statistics," May 3, 2023, https://www.abs.gov.au/statistics/economy/international-trade/international-investment-position-australia-supplementary-statistics/latest-release，2023 年 9 月 22 日浏览。

② JETRO, "Japanese Trade and Investment Statistics," July 2023, https://www.jetro.go.jp/en/reports/statistics/，2023 年 9 月 22 日浏览。

③ 财联社：《韩国 2022 年吸引外商直接投资创新高》，2023 年 1 月 3 日，https://baijiahao.baidu.com/s?id=1753977773362649956&wfr=spider&for=pc，2023 年 9 月 22 日浏览。

RCEP 其他成员国进口机电产品、金属矿及矿砂、消费品也分别占 46.2%、10.4%和 10.2%；原油、天然气等能源产品的进口值增长较快。[①] 中国对东盟进出口的中间产品贸易额为 4.36 万亿元，同比增长了 16.2%，占中国与东盟进出口总值的 67%。[②]

二 RCEP 的全面生效是亚太区域经济一体化的重要里程碑

自 1989 年亚太经合组织（APEC）成立以来，亚太区域经济合作已经走过了三十多年的发展历程，形成多层次、多形式、多领域的合作机制。[③] 但由于亚太地区成员在经济、政治和文化上的多样性，以及中国、美国、日本、东盟、印度等几大力量的战略利益存在显著差异，亚太经济合作长期处于多机制并存、竞争性合作的状态。2018 年底，日本主导的《全面与进步跨太平洋伙伴关系协定》（CPTPP）正式生效，显示了各成员对开放市场、反对贸易保护主义，促进区域经济合作的坚定决心。[④] 但 CPTPP 主要迎合发达成员经济体对协定高标准的要求，成员中没有涵盖中国、印度、印尼等亚太地区重要经济体。2022 年初，整合了东盟与中国、日本、韩国、澳大利亚、新西兰之间的多个“10+1”自由贸易协定以及中国、日本、韩国、澳大利亚和新西兰 5 国之间已有的多对双边自由贸易协定的 RCEP 正式生效，成为全球目前规模最大和最具发展潜力的区域自由贸易协定，也是亚太区域最大的区域性合作安排。

① 国新办：《国新办举行 2022 年全年进出口情况新闻发布会》，中华人民共和国国务院新闻办公室网站，http：//www.scio.gov.cn/xwfbh/xwbfbh/wqfbh/49421/49446/wz49449/Document/1735262/1735262.htm，2023 年 3 月 5 日浏览。

② 国新办：《国务院新闻办就 2022 年全年进出口情况举行发布会》，中华人民共和国国务院新闻办公室网站，https：//www.gov.cn/xinwen/2023-01/13/content_5736993.htm，2024 年 1 月 23 日浏览。

③ 张国军：《亚太区域经济合作机制变迁、战略博弈与对策》，光明日报出版社，2020，第 58 页。

④ MTI，“Trans-Pacific Partnership Ministerial Statement，” November 11，2017，https：//www.mti.gov.sg/Trade/Free-Trade-Agreements/CPTPP，2023 年 3 月 5 日浏览。

（一）区域经济合作规则日臻完善统一

区域经贸规则的统一是区域一体化的重要表现。[①] RCEP 拓展原有“10+1”自贸协定的涵盖领域，旨在通过削减关税及非关税壁垒等方式建立高标准自贸区。RCEP 在区域原有自贸规则的基础上，纳入知识产权、电子商务、竞争政策、政府采购等重要议题，并强调在中小企业、经济技术合作等领域加强合作，在制定高标准经贸规则的同时兼顾了包容性和舒适度，成为 RCEP 作为全面、现代、高质量、互惠的贸易协定的重要体现。

首先，区域货物贸易自由化和便利化水平大幅提高。RCEP 成员国采取双边两两出价的方式对货物贸易自由化做出安排，区域内 90%以上的货物贸易将最终实现零关税。各方承诺给予其他成员国货物国民待遇，并按照协商确定的关税承诺表逐渐削免原产货物关税。RCEP 关税承诺附件中共有 37 组降税承诺表，关税承诺方式主要分为“统一减让”和“国别减让”两类（见表 2）。“统一减让”，即所有成员国均适用统一的降税承诺表，如新加坡、澳大利亚、新西兰等经济开放程度较高的成员国和柬埔寨、老挝等经济体量较小的成员国。“国别减让”，即对不同成员国适用不同的关税承诺表，包括中国、韩国、印度尼西亚和越南，其中日本、泰国和菲律宾较为特殊，主要是在统一降税表的基础上对部分成员国采取特殊安排。RCEP 规定了四种降税模式，分别是协定生效立即降为零、过渡期降为零、部分降税及例外产品。其中，新加坡承诺采取协定生效后立即取消全部商品关税，其他成员国分别承诺 10 年、15 年和 20 年不等的过渡期后降为零。RCEP 规定，在成员国内达成共识的情况下，可就货物贸易关税承诺表中的承诺关税进行加速减让或改进。成员国可以在任意时间单方面加速或改进其在关税承诺表中作出的承诺，并在该承诺生效前尽早通

① 孙忆：《CPTPP、RCEP 与亚太区域经济一体化的前景》，《东北亚论坛》2022 年第 4 期，第 100 页。

知其他成员国。两个或以上成员国也可以基于共识对关税承诺进行加速或改进。

表 2　RCEP 降税承诺方式和时间安排

单位：%

<table>
<tr><th>国家</th><th>最终实现的自由化水平</th><th>降税承诺方式</th></tr>
<tr><td>新加坡</td><td>100.0</td><td rowspan="8">采用“统一减让”，对区域成员适用统一的关税承诺</td></tr>
<tr><td>澳大利亚</td><td>98.3</td></tr>
<tr><td>新西兰</td><td>91.8</td></tr>
<tr><td>马来西亚</td><td>90.2</td></tr>
<tr><td>柬埔寨</td><td>87.1</td></tr>
<tr><td>老　挝</td><td>86.0</td></tr>
<tr><td>缅　甸</td><td>86.0</td></tr>
<tr><td>文　莱</td><td>98.2</td></tr>
<tr><td>日　本</td><td>81.0~88.0</td><td>部分产品免税待遇分别适用于中、韩、澳、新以及东盟各成员国</td></tr>
<tr><td>泰　国</td><td>85.2~91.3</td><td>部分产品对中、日、韩不承诺</td></tr>
<tr><td>菲律宾</td><td>90.0~91.3</td><td>1 张共同承诺表+4 张部分产品承诺表，分别对澳、新、中、日、韩单独承诺</td></tr>
<tr><td>中　国</td><td>86.0~91.0</td><td>采用“国别减让，”对东盟、澳、新、日、韩单独承诺</td></tr>
<tr><td>韩　国</td><td>83.0~91.0</td><td>采用“国别减让，”对东盟、澳、新、日、中单独承诺</td></tr>
<tr><td>印度尼西亚</td><td>89.5~91.5</td><td>采用“国别减让，”对东盟、澳、新、中、日、韩单独承诺</td></tr>
<tr><td>越　南</td><td>86.4~89.6</td><td>采用“国别减让，”对东盟、澳、新、中、日、韩单独承诺</td></tr>
</table>

资料来源：笔者根据 RCEP 协定内容整理。

在 RCEP 签署前，东盟同中国、日本、韩国、澳大利亚和新西兰均已达成“10+1”自贸协定，且协定成员国间多数也已经签署双边自贸协定。RCEP 的生效实施在整合已有自贸协定的同时，与其形成了相互补充和促进的关系，提升了区域内总体开放水平（见表 3）。

RCEP 生效后区域内实施统一原产地规则，主要包括原产货物的认定规则和签证操作程序两部分。规定商品的原产地价值可在 15 个成员国内累积计算。区域累积将扩大 RCEP 成员国之间进出口贸易中低关税与零关税产品的受惠范围，这将极大地提高成员国之间进行中间产品进出口贸易的收益，加强区域内的供应链关系，强化 RCEP 区域内调整、重构生产网络的重要性与必要性。同时，原产地累积规则也将促进 RCEP 区域产业链、供应链的灵活配置，推动成员国之间产业的合理配置与产业链的深度融合。①

表 3　RCEP 与双边自贸协定中的自由化率比较

单位：%

自贸协定	中国-东盟		中国-韩国		中国-澳大利亚		中国-新西兰	
	中国承诺	东盟承诺	中国承诺	韩国承诺	中国承诺	澳大利亚承诺	中国承诺	新西兰承诺
双边 FTA	94.3	94.5	91.0	92.0	96.8	100.0	97.2	99.6
RCEP	90.5	86.0~100.0	86.0	86.0	90.0	98.2	90.0	91.8

资料来源：中国自贸区服务网，http：//fta. mofcom. gov. cn/，2023 年 3 月 8 日浏览。

RCEP 明确更加便捷的海关程序和贸易便利化条款（见表 4）。RCEP 规定了货物放行时限，要求成员方尽量简化海关程序，实施快速通关措施，促进贸易便利化。根据 RCEP 协定，缔约方应采取或设立程序，允许在货物抵达前以电子格式预先提交货物进口所需的文件和其他信息，以便在货物抵达前处理此类文件，缩短货物通关时间。RCEP 还为符合规定的原产易腐货物和快件等设定了“6 小时通关”便利措施。

表 4　RCEP 货物放行要求与其他自贸协定的比较

单位：小时

协定名称	是否可预申报	放行时间	是否可凭保放行	易腐货物放行时间	快速货物放行时间
RCEP	是	48	是	6	6
中国-东盟 FTA	是	快速	无明确规定	无明确规定	无明确规定
中国-韩国 FTA	是	48	是	无明确规定	快速
中国-澳大利亚 FTA	是	尽快	无明确规定	最短时间	无明确规定

① 刘文：《RCEP 框架下的中日韩产业合作》，《亚太安全与海洋研究》2021 年第 3 期，第 101 页。

续表

协定名称	是否可预申报	放行时间	是否可凭保放行	易腐货物放行时间	快速货物放行时间
中国-新西兰 FTA	无明确规定	48	无明确规定	无明确规定	快速
CPTPP	是	48	是	无明确规定	6

资料来源：俞子荣等：《RCEP：协定解读与政策对接》，中国商务出版社，2021。

其次，服务贸易追求更高标准开放。RCEP 通过服务贸易和自然人移动两章明确服务贸易领域成员国的义务和规范。一是灵活设定服务贸易准入承诺规则。RCEP 成员国通过差异化的正面清单和负面清单模式提高服务贸易开放程度，内容涉及市场准入、国民待遇、最惠国待遇等。RCEP 成员国在服务贸易领域的开放承诺不仅在各自《服务贸易总协定》（GATS）承诺出价基础上有了大幅改进，而且高于原有“10+1”自贸协定开放水平。除了老挝、柬埔寨、缅甸 3 国外，其他各方承诺服务部门数量均增长到 100 个以上。中国、新西兰、菲律宾、泰国、越南、老挝、柬埔寨、缅甸 8 国对服务贸易采用正面清单方式承诺（见表 5），于协定生效后 6 年内转为负面清单。RCEP 的 15 个成员国均采用负面清单的方式对制造业、农业、林业、渔业、采矿业这 5 个非服务业领域的投资，作出较高水平的开放承诺。

表 5　RCEP 成员正面清单开放的服务部门

单位：个

服务类别	柬埔寨	老挝	缅甸	越南	菲律宾	泰国	中国	新西兰
商业服务	36	23	23	35	30	43	40	34
通信服务	18	19	20	21	18	21	23	16
建筑及相关服务	8	8	8	8	6	9	8	8
分销服务	5	3	0	4	4	6	5	3
教育服务	3	5	5	4	2	7	5	1
环境服务	7	6	6	7	6	10	7	8
金融服务	12	10	3	21	16	22	14	16
健康相关与社会服务	1	1	3	3	2	4	1	0

续表

服务类别	柬埔寨	老挝	缅甸	越南	菲律宾	泰国	中国	新西兰
旅游和相关服务	5	5	8	4	5	6	4	5
娱乐、文化和运动服务	1	3	3	2	2	6	1	0
运输服务	11	14	15	18	21	17	18	17
其他未列明的服务	0	0	0	0	1	0	2	1
小　计	107	97	94	127	113	151	128	109

资料来源：《区域全面经济伙伴关系协定》协定文本，RCEP，https：//cn. rcepnews. com/，2023 年 3 月 8 日浏览。

日本、韩国、澳大利亚、新加坡、印度尼西亚、文莱、马来西亚 7 国承诺对所有类型的服务贸易和投资，均采用负面清单承诺（见表 6）。澳大利亚和日本等国的开放承诺接近 CPTPP 水平。

表 6　RCEP 成员负面清单保留服务部门

国　家	保留部门领域	共性保留部门
澳大利亚	专利律师、移民代理、寿险、文娱视听、渔业、农业营销、金融等	行使政府职能的公共服务 重要基础设施行业 涉国家主权与安全行业
日　本	理货服务、水运、渔业、跨境金融、视听服务等	
韩　国	公路铁路运输、电信、文娱视听、外国法律咨询、会计师、税务师、兽医、金融等	
新加坡	私人调查、安保、制造业有关服务、海运及理货、文化、法律、报纸分销、出版等	
马来西亚	渔业、教育、健康、旅游、运输、建筑工程、法律、研发、文化、矿业、农林、分销、邮政、广播等	
文　莱	渔业、建筑、环境、电信、健康、旅游、航空、陆运、通信、教育、金融等	
印度尼西亚	渔业、海洋事务、航空、工程和相关工程服务、制造业、农业、林业等	

资料来源：《区域全面经济伙伴关系协定》，中国自由贸易区服务网，http：//fta. mofcom. gov. cn/rcep/rcep_ new. shtml，2023 年 9 月 23 日浏览。

二是金融附件规则提升金融领域整体承诺水平。服务贸易中的金融附件是 RCEP 的一大亮点，规定了新金融服务、审慎措施、特定信息处理、认可、透明度、金融服务例外、信息转移与信息处理、自律组织、支付和清算系统、磋商、联络点、争端解决等多方面的内容，代表区域内大多数成员在金融领域开放承诺的最高水平。①

三是增加电信服务附件新条款。RCEP 按照 WTO《服务贸易总协定》（GATS）规则框架，在服务贸易项下制定了电信附件条款。纳入监管方法、接入和使用、号码携带、竞争保障、主要提供者给予的待遇、转售、互联互通、共址、独立电信监管机构、普遍服务、许可等多项条款，对于 RCEP 成员国间公平使用电信相关基础设施、促进电信行业公平市场竞争有积极的制度意义。这也是中国已签署自贸协定中内容最为全面的电信服务附件。

四是丰富自然人临时移动规则（见表 7）。自然人临时移动是东亚大多数国家重要的服务贸易方式，RCEP 项下对适用临时入境的自然人类型进行拓宽，移动政策开放程度均超过各国原有的双边协定水平，促进区域内人员往来便利。

表 7　RCEP 自然人移动规则承诺

国家	商务访问人员	公司内部调动人员	合同服务提供者	安装和服务人员
澳大利亚	服务提供者:6~12 个月 商务访问(项目谈判):不超过 3 个月 投资者:不超过 3 个月 货物销售者:不超过 3 个月	高管:不超过 4 年 专家:不超过 2 年	原则上不超过 12 个月	无明确规定
新西兰	不超过 3 个月	不超过 3 年	原则上不超过 12 个月	不超过 3 个月

① 《区域全面经济伙伴关系协定》，中国自由贸易区服务网，http：//fta. mofcom. gov. cn/rcep/rceppdf/d8z_ fj1_ cn. pdf，2023 年 9 月 23 日浏览。

续表

国家	商务访问人员	公司内部调动人员	合同服务提供者	安装和服务人员
日本	商务访问:不超过 90 天 投资者:不超过 5 年,可延期	不超过 5 年,可延期	不超过 5 年,可延期	无明确规定
韩国	不超过 90 天	不超过 3 年	不超过 1 年	无明确规定
菲律宾	首期居留 30 天,可延期	首期居留 30 天,可延期	无明确规定	无明确规定
马来西亚	不超过 90 天	首期居留 2 年,每 2 年延期	无明确规定	3 个月/合同期限,以较短者为准
泰国	不超过 90 天	1 年,可延期 3 次,每次不超过 1 年	无明确规定	无明确规定
新加坡	无明确规定	2 年,可延期,总时限不超过 5 年	无明确规定	无明确规定
印度尼西亚	60 天,不超过 120 天	2 年,可延期 2 次,每次不超过 2 年	无明确规定	无明确规定
越南	服务:不超过 90 天 投资:不超过 90 天	首期 3 年,可延期; 不能被越南人替代的上述其他人员:3 年/合同期限,以较短者为准;可延期	90 天/合同期限,以较短者为准	无明确规定
文莱	无明确规定	3 年,可延期,总时限不超过 5 年	无明确规定	无明确规定
老挝	不超过 90 天	1 年,每 6 个月可延期,最长不超过 3 年	无明确规定	无明确规定
缅甸	70 天,可延长至 3 个月到 1 年	70 天,可延长至 3 个月到 1 年	无明确规定	无明确规定
柬埔寨	商务访问:首期居留 30 天,签证有效期 90 天 投资:无限制	不超过 5 年	无明确规定	无明确规定

资料来源：傅波：《RCEP 服务贸易与投资解读》，https：//swt. fj. gov. cn/xxgk/jgzn/jgcs/zcfgc/sbqyzymy/202101/W020210126417287875409. pdf，2023 年 3 月 9 日浏览。

最后，贸易新议题持续完善。一是首次在亚太地区达成的范围全面、水平较高的多边电子商务规则。RCEP 通过对电子信息的认证、保护、存储与传输进行规范，增强成员国间电子商务政策协调与规则合作，为区域内数据自由流动提供制度保障，便利电子商务企业在区域内开展业务。这也是我国首次在自贸协定中纳入数据流动、信息存储等规则。二是丰富知识产权条款。RCEP 知识产权章是内容最多、篇幅最长的章节，共包含 83 个条款以及特定缔约方过渡期和技术援助请求清单 2 个附件，内容涵盖著作权、商标、地理标志、外观设计等广泛内容。知识产权条款旨在通过有效和充分地创造、运用、保护和实施知识产权深化经济一体化和合作，减少对贸易和投资的扭曲和障碍。三是明确自贸区竞争政策。RCEP 翔实规定了竞争立法、竞争执法合作和消费者权益保护等重点内容，在促进反垄断、消费者保护等领域达到较高水平，有利于各方合作制止损害贸易和投资的垄断行为。同时，RCEP 还兼顾成员国发展差异，在附件中对文莱、老挝、柬埔寨等国国内立法和完善监督体系提供过渡期。四是单独设置中小企业与经济技术合作规范。在东亚地区，中小企业为各国经济增长、就业和创新作出巨大贡献。RCEP 制定详细的信息共享条款，罗列务实前瞻的合作领域并明确合作机制，鼓励对发展中国家和最不发达成员国提供能力建设和技术援助。

（二）充分激发区域经济增长潜力

RCEP 带来的巨大贸易投资创造与转移效应将进一步助推区域经济一体化进程。RCEP 成员国 GDP 总量约占全球总量的 30%，高于欧盟、CPTPP 和《美墨加协定》（USMCA）。RCEP 框架下的降税安排意味着各国将在较短时间内实现货物贸易自由化承诺，这将逐步推动形成更加广阔、开放和具有潜力的一体化大市场，显著促进区域内经济、贸易和投资大幅增长。同时，RCEP 成员国发展程度差异明显，各国经济产业结构互补性较强，RCEP 协定的自由化便利化措施和经贸规则有助于形成新的贸易投资增量，进一步激发区域市场潜力，带动各成员国经济加速成长，最终为区域乃至全球的经济增长和贸易繁荣作出贡献。

根据美国彼得森国际经济研究所（PIIE）测算，到 2030 年，RCEP 有望带动成员国出口净增加 5190 亿美元，国民收入净增加 1860 亿美元。汇丰银行经济学家预测，到 2030 年，RCEP 经济圈的经济体量全球占比将提高至 50%。联合国贸发会议（UNCTAD）认为关税减让将通过贸易创造和贸易转移效应使区域内贸易增长 2%，约 420 亿美元。巨大的经贸规模和潜力使其成为全球贸易的“重心”。[①] 普华永道预计，到 2030 年，RCEP 将为全球经济创造价值 1860 亿美元的额外收入，中国年出口额将增加 2480 亿美元，年收入将增加 850 亿美元。

我国商务部借由全球动态一般均衡模型（GDYN）预测结果显示（见表 8），到 2035 年，RCEP 将带动区域整体的实际国内生产总值（GDP）、出口和进口增量分别较基准情景累计增长 0. 86%、18. 30% 和 9. 63%，出口和进口累计增量规模将分别达到 8571 亿美元和 9837 亿美元，区域投资将累计增长 1. 47%，区域经济福利将累计增加 2503 亿美元。全球层面，到 2035 年，RCEP 将带动全球实际 GDP 和进出口贸易分别较基准情景累计增长 0. 12% 和 2. 91%，积极促进全球的贸易和福利增长。[②] 世行预计 2035 年 RCEP 内部贸易将增长 12. 3%。RCEP 所有成员国的贸易规模均将实现正增长。出口增幅较高的是越南（11. 4%）、日本（8. 9%）和柬埔寨（6. 5%）。进口幅度增长较大的是越南（9. 2%）、菲律宾（7. 2%）和日本（6. 4%）。就出口总额而言，受惠于非关税措施的减少，越南增长最大的行业是汽车（18. 6%）、纺织品（16. 2%）和服装（14. 9%）。日本增长最快的行业是服装（58. 7%）、纺织品（30. 4%）、旅游服务（22. 8%）。柬埔寨的木材和纸制品（34. 8%）、化学、橡胶和塑料（25. 3%）以及电气设备和机械（24. 2%）的增幅最大。

---

① UNCTAD,“A New Centre of Gravity: The Regional Comprehensive Economic Partnership and Its Trade Effects,” December 15, 2021, https: //unctad. org/system/files/official - document/ditcinf2021d5_ en_ 0. pdf，2023 年 3 月 9 日浏览。

② 商务部国际贸易经济合作研究院：《〈区域全面经济伙伴关系协定〉（RCEP）对区域经济影响评估报告》，2021 年 11 月，http: //ccpit. nanjing. gov. cn/zggjmycjwyhnjfh/202201/P020220107361352377791. pdf，2023 年 3 月 9 日浏览。

表 8 RCEP 生效对成员国宏观经济指标的影响（到 2035 年相对基准情景的累计影响）

单位：%，百万美元

国 家	实际 GDP	出口增速	出口额	进口增速	进口额	经济福利
澳大利亚	0.2	2.84	11431	4.23	16624	14629
新西兰	0.99	4.6	3117	8.74	5589	4619
中 国	0.35	7.59	315350	10.55	306784	99610
日 本	0.58	4.89	51915	6.89	74311	51219
韩 国	1.19	7.84	70677	9.92	85571	25328
东 盟	4.47	9.63	404637	18.3	494791	54867
RCEP	0.86	18.3	857127	9.63	983670	250282
全 球	0.12	2.91	829802	2.91	829802	169597

资料来源：商务部国际贸易经济合作研究院：《〈区域全面经济伙伴关系协定〉（RCEP）对区域经济影响评估报告》，2021 年 11 月，http：//ccpit. nanjing. gov. cn/zggjmycjwyhnjfh/202201/P020220107361352377791. pdf，2023 年 3 月 9 日浏览。

（三）加速区域产业链供应链的融合发展

RCEP 不仅能够增强成员国之间的生产联系和产业关联，还将为区域产业链供应链的优化和稳定提供重要制度保障。同时，RCEP 的签署也有助于降低外部经济环境的不确定性，有利于活跃区域内贸易投资活动，促进生产要素在区域间自由流动，加速形成富有韧性的区域产业链供应链体系。

第一，RCEP 推动区域经济技术合作和区域内生产网络重构。RCEP 通过贸易投资自由化便利化等措施促使企业在区域内择优布局产业链、供应链，使成员国之间从融资到原材料、加工、销售乃至生产的高效循环加快实现。RCEP 涵盖发达国家和发展中国家，成员国产业发展梯度的不同使其构成了垂直型的产业关系。中国产业链体系相对完备且拥有广阔的市场优势，日本、韩国在高端制造业尤其是半导体制造设备等方面拥有强大的技术储备，澳大利亚在关键矿产资源、农产品等方面比较优势明显，东盟国家拥有显著的成本优势，人力和自然资源较为丰富，生产供应能力较强。RCEP 将不同发展程度的成员国纳入同一个经济协定框架下，有利于产业融合，进而形成新的“东亚+东南亚+大洋洲”区域生产网络。① 在统一透明的制度环境下，各国企业也乐于抓住进口成本降低和出口机遇增多的机会，充分发挥自身比较优势，在区域内推进资源优化和创新，更大范围内参与产业的塑造与拓展，形成产业链协同与重组。

第二，RCEP 首次将中、日、韩三大经济体纳入同一区域经济合作安排，为中日韩深化合作提供新契机。早在 2002 年底，在中方倡议下，中日韩三国领导人同意就建立中日韩自由贸易区开展可行性研究。此后，中日韩三国研究机构也形成了共同政策建议。2009 年和 2012 年，第 2 次和第 5 次中日韩领导人会议分别就尽快启动自贸区联合研究和启动三国自贸区谈判达成共识。然而，经历了 8 年 16 轮谈判的中日韩自贸区并没有取得圆满成功。2019 年后，中日韩 FTA 谈判也随着三国领导人会议的搁置而搁浅，导致亚太区域合作机制中东北亚的区域自贸安排是空缺的。RCEP 的生效是中国和日本首次达成自贸安排，也是首次将中、日和韩三大经济体置于统一协定下，为中日韩深化合作提供了新机遇。RCEP 框架下，中日、日韩首次达成双边的关税减让安排，为推动中日韩自贸协定中的关税减让安排奠定了制度性基础。② 此外，RCEP 的统一规则体系也将有助于中日韩与区域内其他成员国基于投资贸易协定形成更加紧密的产业分工与合作关系，并在新一轮全球产业链重构中获得集体层面上的行动空间。③

第三，RCEP 为优化区域产业链供应链提供制度保障。在美国的亚太区域合作政策影响下，跨地区的机制成功地削弱了地区机制的必要性和可能性，使得东亚的地区合作呈现出跨地区合作压倒地区合作的独特局面。④ 区

① 唐红祥、谢庭宇：《RCEP 框架下中国-东盟跨境产业合作的路径》，《人民论坛》2022 年第 6 期，第 90 页。

② 翁东玲：《RCEP 签署后中日韩 FTA 面临的机遇与中国的应对》，《亚太经济》2021 年第 6 期，第 6 页。

③ 章玉贵：《RCEP 生效：向不确定的世界经济注入稳定预期》，《光明日报》2022 年 1 月 3 日，第 4 版。

④ 宋伟：《试论美国对亚太区域合作的战略目标和政策限度》，《当代亚太》2010 年第 5 期，第 19 页。

域内部缺乏驱动生产网络和国际分工的动力，以及推动区域内贸易与经济发展的内需市场，成为限制亚太区域经济一体化发展的重要原因。[①] 随着亚太地区区域经济一体化的推进，RCEP 经济体生产网络的内向化趋势明显。[②] RCEP 的签署将助推区域内统一大市场的形成，进一步增强成员国间的生产联系和产业关联，[③] 进一步推动区域经济一体化向纵深方向迈进，一定程度缓解成员国“两头在外”的发展困境，加速区域价值链体系内向化。[④] 同时也为进一步密切成员国间经贸往来，深化区域价值链分工提供新契机。[⑤]

三　RCEP 提质升级面临多重挑战

自由贸易协定成功与否既取决于当下机制有效性，也受机制升级前景的影响。健康有序的升级能够促进 RCEP 更好地发挥长效机制作用，从而使 RCEP 更加契合国际政治经济的发展状况，维护成员国的利益。[⑥] 因此，RCEP 既需要良好的外部环境和成员国协调来保障机制的当下有效性，又需要克服机制升级过程中的重重阻力来维系机制的长久生命力。大国竞争烈度增大、逆全球化思潮泛起、区域自贸规则标准竞争、成员国特殊复杂情况等多重挑战叠加，意味着 RCEP 的前路仍存在不确定性。

---

① 李向阳：《亚洲区域经济一体化的“缺位”与“一带一路”的发展导向》，《中国社会科学》2018 年第 8 期，第 33~43 页。

② 陈凤兰、陈爱贞：《RCEP 区域产业链发展机制研究——兼论中国产业链升级路径》，《经济学家》2021 年第 6 期，第 74 页。

③ 平力群：《亚太区域经济一体化的步伐——以 RCEP 为中心》，《亚太安全与海洋研究》2020 年第 6 期，第 111~124 页。

④ 张彦：《RCEP 区域价值链重构与中国的政策选择——以“一带一路”建设为基础》，《亚太经济》2020 年第 5 期，第 14~24 页。

⑤ 李焱等：《RCEP 生效对区域价值链分工及我国贸易增加值的影响》，《南开经济研究》2022 年第 10 期，第 51 页。

⑥ 张永涛：《RCEP 升级中的日本因素与中国应对策略》，《现代日本经济》2022 年第 3 期，第 46 页。

（一）中美竞争重塑亚太格局

长期以来，美国充当着亚太地区政治和安全事务的主导者。在亚太一体化建设过程中，美国被赋予一个相当合法的身份参与亚太地区事务。它凭借其遥遥领先的综合实力和众多已经存在的双边关系，自然而然地成为这个更大共同体的核心。[①] 随着中国在 2010 年 GDP 超过日本，正式成为全球第二大经济体、亚洲第一大经济体，亚太地区形成了美国与中国分别作为安全中心与经济中心的二元权力格局。[②] 而作为对亚太力量格局变化的应对，美国将中国的崛起锁定为战略竞争者。[③] 美国对华的经贸政策主调转向竞争与对抗，强调通过盟友协调形成打压中国发展的“包围圈”，反映在亚太区域合作上是形成了 TPP 与 RCEP 双框架并存、中美双中心竞争的局面。2017 年，特朗普政府在《美国国家安全战略》报告中指出中国在贸易、外交和安全等领域是竞争对手。拜登继承特朗普对华贸易战的政治资产，并且迅速延伸到科技、供应链、意识形态、地缘政治、经济、外交等几乎所有领域，且不断升级对华战略竞争。在 2022 年《国家安全战略》报告中，拜登政府将中国视为美国今后一段时期在经济、外交、军事和技术领域的“唯一竞争者”。[④]

拜登政府虽然一改特朗普政府轻视亚太地区的姿态，“决心加强在‘印太’地区的长期地位和承诺”。[⑤] 然而，拜登经济团队认为，传统多边经贸机制难以有效保障美国的经济利益，美国奉行“以工人为中心的贸易政策”，不会在扩大对美投资前签署新的贸易协定，这意味着拜登政府不会以

① 宋伟：《试论美国对亚太区域合作的战略目标和政策限度》，《当代亚太》2010 年第 5 期，第 10 页。

② 周方银：《中国崛起、东亚格局变迁与东亚秩序的未来》，《当代亚太》2012 年第 5 期，第 4~32 页。

③ 朱锋：《中美战略竞争与东亚安全秩序的未来》，《世界经济与政治》2013 年第 3 期，第 4~26 页。

④ The White House，“National Security Strategy，” October 12，2022，https：//www. whitehouse. gov/wp-content/uploads/2022/11/8-November-Combined-PDF-for-Upload. pdf，2023 年 3 月 9 日浏览。

⑤ The White House，“Indo-Pacific Strategy of the United States，” February 2022，https：//www. whitehouse. gov/wp-content/uploads/2022/02/U. S. -Indo-Pacific-Strategy. pdf，2023 年 3 月 9 日浏览。

重返 TPP 的方式重返亚太地区。为了摆脱游离于亚太地区合作大势之外的困境,[①] 2021 年 10 月 27 日，拜登在第 16 届东亚峰会上提出“印太经济框架”（IPEF）构想。宣称将围绕贸易便利化、数字经济和技术标准、供应链韧性、脱碳和清洁能源、基础设施、劳工标准等多个领域与“印太”伙伴国家开展合作，建立一个超越传统区域经贸机制安排的合作框架。[②] IPEF 旨在重塑地区经济的领导力，以美国内标准为蓝本提升区域经济、技术和贸易规则，构建美国资本、技术的亚太区域辐射体系，确保美国在 21 世纪对华经济竞争中胜出。目前，IPEF 已经于 2022 年 12 月在澳大利亚布里斯班完成第一轮谈判，并于 2023 年 3 月 13 日至 19 日在印度尼西亚巴厘岛完成第二轮谈判。

美国称 IPEF 是“继美国政府 2017 年退出 TPP 后，为与亚洲国家发展经济关系所做的最雄心勃勃的尝试”。[③] 参与“印太经济框架”的经济体占全球经济总量的 40%，超越 RCEP。但 IPEF 重点关注规则治理，明确排除市场准入议题，难以有效对接现有区域经贸一体化合作机制。它不是通过建立高水平的区域经贸规则促进成员国间的经济整合和统一市场的形成，赋予更多市场准入机会，进而拉动区域经济增长，而是通过设置更高准入门槛和非关税壁垒，虚化基于东亚及亚太地理概念上的合作架构，干扰亚太经济一体化进程，破坏亚太国家升级区域合作水平以实现疫后经济复苏的路径。

（二）逆全球化思潮持续干扰区域经济一体化进程

逆全球化思潮泛起和国际自由经济体系的动摇是世界百年未有之大变局

① 邢瑞利:《拜登政府推出“印太经济框架”的动因及前景分析》,《国际经济合作》2022 年第 4 期，第 46 页。

② The White House, “Readout of President Biden’s Participation in the East Asia Summit,” https://www.whitehouse.gov/briefing-room/statements-releases/2021/10/27/readout-of-president-bidens-participation-in-the-east-asia-summit/, 2023 年 3 月 9 日浏览。

③ “Biden Kicks Off Economic Group Linking U.S., Asia,” WSJ, https://www.wsj.com/articles/biden-kicks-off-economic-group-linking-u-s-asia-11653290101, 2023 年 3 月 9 日浏览。

在经贸领域的重要表征之一。① 疫情和地缘政治冲突导致的供应链危机加剧各国经济政策“内顾化”趋势。美国等现行全球化秩序的既得利益者正在从积极倡导全球化向积极煽动“逆全球化”转变。②

拜登政府利用产业政策、贸易保护主义等工具，以税收奖惩、行政命令等手段推动制造业“回流美国”（reshoring）或“流向盟友/伙伴”（ally/friend-shoring）。发布《关于确保未来由美国工人在美国制造的行政令》，从生产、运输、消费、应用的全链条提高美国元素比重。③ 推出《芯片法案》和《通胀削减方案》，积极培育本土企业。为了对冲美国产业政策的影响，欧盟也加大政府干预，欧盟委员会发布《绿色协议产业计划》，计划提供“有针对性的、临时的和适当的支持”以确保欧洲成为绿色科技产品制造基地。美国产业政策对全球产业链的影响已经显现。全球制造业龙头公司并不再像过去那样只把美国视为研发和消费地，纷纷放弃对成本和效率的经济需求，而是把“建厂开工、本地生产”作为企业战略决策当务之急。发达国家的产业政策浪潮严重冲击亚太国家的传统分工协作模式和以出口驱动经济增长的发展模式。美国将区域经济合作作为本国维护自身霸权地位的工具，企图通过垄断、封锁、壁垒，阻挠区域产业链正常调整和布局，严重削弱区域经济合作效力和发展动能。

而且，特朗普政府以来，美国开始质疑并否定既有国际多边经济机制，并一再“瘫痪”WTO，严重挑战多边贸易体制的有效性和权威性。乌克兰危机后，美国联合欧盟、日本等国多次施压世界银行等国际经济治理体系，使其工具化、武器化和政治化。在经济民粹主义的影响下，美国对既有多边经济治理机制“合则用，不合则废、则弃”，严重弱化、虚化多边经济治理机制效用，RCEP 的发展环境并不明朗。

---

① 潘晓明：《RCEP 与亚太经济一体化的未来》，《国际问题研究》2021 年第 5 期，第 111 页。

② 许鹏：《脱钩：去依附战略与“逆全球化”思潮之辨》，《当代经济研究》2023 年第 2 期，第 60 页。

③ The White House, “Executive Order on America’s Supply Chains,” https://www.whitehouse.gov/briefing-room/presidential-actions/2021/02/24/executive-order-on-americas-supply-chains/, 2023 年 3 月 20 日浏览。

（三）亚太自贸区规则主导权竞争

RCEP 与 CPTPP 作为亚太地区两大巨型自贸协定，均在传统议题和新兴议题上进行了相对高标准的规则制定与引领。但是，由于 CPTPP 是由日本主导推动，它设置的规则目标及要求更高，更适合发达国家及部分经济发展水平较高的发展中国家实现深度一体化。RCEP 由东盟发起并主导推动，更重视落后发展中国家的利益诉求，更多地反映着发展中国家以灵活性、渐进性和调适弹性实现区域经济整合的努力。[①] 作为同属广域一体化范畴的自贸机制，两者的作用有一定的替代性。两者的发展会相互影响、相互架空。谁发展得快、发展得好，谁就可能在亚太地区设立新的贸易规则，推行有利于自己的贸易标准，这意味着谁可以在今后的经济贸易中有更多的主动性，这使得两者的竞争和摩擦不可避免，而这种竞争和摩擦无疑会给亚太区域一体化进程造成严重的负面影响。[②] RCEP 和 CPTPP 的规则竞争背后是地区国家之间关于地区合作主导权的竞争，更是地区大国关于未来地区国际秩序格局的博弈。日本的逻辑是以 CPTPP 的高标准贸易规则来框定 RCEP，从而争夺东亚乃至亚太经贸秩序的规则话语权。[③] 东盟则希望通过制度的灵活性和包容性尽可能平衡各方利益，维持其“中心地位”。中国在坚持和维护“东盟中心地位”的前提下，积极在 RCEP 进程中发挥建设性作用，通过增强规则制定的话语权和影响力避免域内外发达国家对亚太区域经济合作规则的垄断。短期看，RCEP 和 CPTPP 仍将在地区国家的主导权之争中延续竞争态势，对亚太区域经济一体化进程的影响仍有待观察。

---

① 孙忆：《CPTPP、RCEP 与亚太区域经济一体化的前景》，《东北亚论坛》2022 年第 4 期，第 100~101 页。

② 全毅：《TPP 和 RCEP 博弈背景下的亚太自贸区前景》，《和平与发展》2014 年第 5 期，第 83 页。

③ 张永涛、杨卫东：《日本主导 CPTPP 的动机及我国的对策分析》，《现代日本经济》2019 年第 4 期，第 18~19 页。

此外，亚太自贸区的规则制定一直深受美国影响。CPTPP 脱胎自 TPP，并保留了 TPP 的绝大部分条款，建构出的仍是充满美国色彩的国际贸易投资规则。而且，拜登政府发起的 IPEF 又将规则置于优先位置，与 RCEP 形成一定反差。在加入“印太经济框架”的现有国家中，除了美国和印度之外大部分都是 RCEP 或 CPTPP 成员国，如果美国强力推行 IPEF 的规则优先，或者在 IPEF 中纳入某些针对中国的具有“毒丸条款”性质的规则。那么，RCEP 推动的亚太区域经济一体化进程必将受到一定程度的分化和压制，亚太地区国家自主制定本地区经贸投资规则的成效必将大打折扣。

（四）成员国发展不平衡加剧 RCEP 未来进展的不确定性

从自贸机制发展的经验和基本规律看，自贸协定的效果与成员国的履约水平和履约意愿密切相关。其中，发展状态和程度较差的成员国将会对 RCEP 产生“木桶效应”，直接制约 RCEP 的实施效果和发展前景。

RCEP 成员国发展程度差异巨大，对全球经济的参与度也大不相同（见表 9）。其中，日本、韩国、澳大利亚和新西兰、新加坡等作为发达程度较高的国家希望提高 RCEP 的开放程度和规则水平。中国、越南、马来西亚、菲律宾等得益于经济全球化和区域经济一体化发展的国家则希望 RCEP 在机制升级和开放水平上稳步向前。相对来说，老挝、柬埔寨等国经济发展水平较低且履约能力较差。缅甸尚处于政局动荡之中，和平前景较为黯淡，履约的不确定性较大。虽然东南亚整体经济增长在全球经济增速放缓之际表现亮眼。但鉴于东南亚经济的开放性，它在全球加息潮中难以独善其身。进入 2022 年以来，东南亚深受输入型通胀拖累，新加坡、菲律宾、印尼、老挝、泰国、越南等国通胀率持续攀升，家庭债务的压力不断增加，大幅挤压消费空间，企业经营压力巨大，对跨国贸易投资形成一定制约。

表 9　2023 年 RCEP 成员国 GDP 和贸易相关数据

单位：十亿美元，%

成员国	GDP	GDP 增速	人均 GDP	进口贸易额	出口贸易额
越　南	469.62	6.2	4.68	371.5	360.5
马来西亚	467.46	3.3	13.94	293	350.6
泰　国	580.69	3.7	8.27	303.2	287.1
新加坡	447.16	2.3	84.5	655	710
印度尼西亚	1390	5	5.01	237.4	292
菲律宾	425.66	5	3.76	137.1	78.8
老　挝	15.04	3.1	1.98	7	6
柬埔寨	30.71	6.2	1.9	29.4	22.5
文　莱	17.94	3.3	41.71	8.7	11.2
缅　甸	63.56	3.3	1.17	16.7	15.9
日　本	4370	1.6	35.03	898.6	746.7
韩　国	1790	2	34.77	731.4	683.6
澳大利亚	1790	1.9	68.02	309.3	410.3
新西兰	253.58	1.9	49.01	54.3	47.2
中　国	19240	4.4	13.63	2716	3593.4

资料来源：UN Comtrade database、越南海关、缅甸商务部（Ministry of Commerce）、文莱财政与经济局（The Brunei Economic Development Board）、老挝贸易门户（Lao PDR Trade Portal）、菲律宾统计局（PSA）、印尼统计局（Statistics Indonesia）、新加坡贸工局（MTI）、马来西亚统计局（Department of Statistics Malaysia Official Portal）、韩国海关（Korea Customs Service）等。由于数据发布时间问题，老挝和文莱数据为 2021 年数据；缅甸数据采取 2022/2023 财年（2022 年 4 月 1 日至 2023 年 3 月 17 日）数据。

此外，东南亚各国的国有企业依然占据主导地位，在国家的区域经济一体化政策具有极高话语权，极易形成国家保护主义。例如，马来西亚和印度尼西亚均规定了不同行业和不同级别的限制进口措施，以保护国内产业；菲律宾则通过设置技术障碍等非关税性障碍措施保护本国产业；老挝和柬埔寨通过海关部门、不同机构、标准和程序对贸易进行保护；等等。①

东盟企业家对 RCEP 的认知也存在差异，新加坡、马来西亚、泰国和菲

① 周玉渊：《从东盟自由贸易区到东盟经济共同体：东盟经济一体化再认识》，《当代亚太》2015 年第 3 期，第 101 页。

律宾的企业能较好地理解 RCEP 的减税规则，而柬埔寨、老挝等相对落后的国家对 RCEP 相对复杂的原产地规则、累计税规则等的认知水平和运用能力不足，难以很好地享受 RCEP 的制度福利，可能会降低其在 RCEP 内履约的意愿。

结 语

RCEP 诞生在世界百年未有之大变局之中，也成为塑造世界百年未有之大变局的重要力量之一。RCEP 的意义不仅仅在于经济合作，其如期生效意味着开放包容、多边合作仍是亚太区域经济发展的重要路径，意味着亚太经济一体化前景仍有很大吸引力。当前，亚太产业链供应链的分工网络正在呈现调整重塑的发展态势，RCEP 将进一步提升亚太区域市场的互联互通水平，增强成员国间生产联系和产业关联，为构建韧性区域产业链供应链提供重要制度保障，降低外部经济环境的不确定性。

作为亚太经济一体化的坚定支持力量，中国以本国经济的长期稳定发展成为亚太地区整体增长的重要力量。中国提出的“一带一路”倡议已经成为深受欢迎的国际公共产品和国际合作平台。① 中国已经于 2021 年 9 月正式申请加入 CPTPP，朝着亚太区域经济一体化迈出新的一步。下一步，中国将主动对标 CPTPP 国际高水平经贸规则，持续深化改革，完善相关领域法律制度，提请 RCEP 成员国聚焦机制建设，进一步放大 RCEP 制度红利，支持在东盟成员国中建立 RCEP 秘书处等日常工作机构，探索与其他成员国建立 RCEP 官员能力建设中心、RCEP 区域企业经验交流中心等，更好发挥 RCEP 在促进区域经贸合作中的功能作用。借助 RCEP 框架，中国将持续推进中日韩自贸区谈判，构建“中日韩+”合作框架，凝聚区域力量共同推动亚太经济一体化的进程。

---

① 《习近平：高举中国特色社会主义伟大旗帜　为全面建设社会主义现代化国家而团结奋斗——在中国共产党第二十次全国代表大会上的报告》，中国政府网，2022 年 10 月 25 日，https：//www. gov. cn/xinwen/2022-10/25/content_ 5721685. htm，2023 年 9 月 24 日浏览。

Y.9
东盟与美国建立全面战略伙伴关系的动因、过程及其对双方的意义

宋清润　程楚旆*

摘　要： 东盟与美国在1977年建立对话关系，双方关系在2015年提升至战略伙伴关系，2022年11月双方建立全面战略伙伴关系，是双方关系的又一次重要提升。美国与东盟建立全面战略伙伴关系的动因是双方对彼此存在诸多利益需求，但2022年特别峰会的举行过程和双方建立全面战略伙伴关系的过程经历波折。双方建立全面战略伙伴关系对彼此都产生了多重影响，但受到多种因素的制约。未来双方仍会继续保持既合作、又博弈的状态。

关键词： 东盟　美国　全面战略伙伴关系

2022年5月12~13日，美国邀请东盟多国领导人赴华盛顿参加东盟-美国特别峰会。此次特别峰会是美国提出并主办的第二次东盟-美国特别峰会。首次东盟-美国特别峰会是美国贝拉克·奥巴马（Barack Obama）政府在2016年2月主办的。2022年东盟-美国特别峰会最终发表了名为《东盟-美国2022年特别峰会联合愿景声明》（ASEAN-U. S. Special Summit 2022, Joint Vision Statement）的英文声明。该声明表明东盟在发展与美国的关系时，力争得到美国的尊重，力争东盟在双方关系中具有更强的自主性。通过

* 宋清润，博士，北京外国语大学亚洲学院教授，研究方向为东南亚区域国别形势、东盟对外关系；程楚旆，北京外国语大学亚洲学院亚非地区研究专业硕士研究生，研究方向为马来西亚、东南亚区域国别形势。

特别峰会声明的内容也可以看出，美国确实尊重东盟在双方关系中的重要地位，至少在文字层面是如此。[①] 在这次特别峰会上，双方提出要在 2022 年 11 月东盟与美国举行年度峰会时建立全面战略伙伴关系。

东盟与美国在 1977 年建立对话关系，双方关系在 2015 年提升至战略伙伴关系。2022 年 11 月双方建立全面战略伙伴关系，是双方关系的又一次重要提升。美国与东盟建立全面战略伙伴关系的动因是双方对彼此存在诸多利益需求，但 2022 年特别峰会的举行过程和双方建立全面战略伙伴关系的过程经历波折，未来双方仍会继续保持既合作、又博弈的状态。

一 东盟与美国建立全面战略伙伴关系的动因

东盟与美国在 2022 年建立全面战略伙伴关系，存在多方面的动因，其中主要动因是双方对彼此利益需求较多。

（一）东盟方面的动因

对东盟而言，美国综合实力强大，是东盟长期、重要的对话合作伙伴。东盟在政治、经济、安全等方面对美国的长期利益需求较大。在政治方面，2009 年 11 月东盟与美国举行首次领导人会议，此后该会议成为年度会议，并于 2013 年 10 月起更名为“东盟-美国峰会”。2015 年，东盟与美国建立战略伙伴关系。美国还是东盟每年主办的东亚峰会机制的重要成员国。在经济方面，美国长期是东盟多国重要的外资来源国、贸易伙伴国，也是东盟多国的重要贸易顺差来源国。在安全方面，东盟及其成员国与美国在传统安全与非传统安全层面长期开展诸多合作。双方在打击区域跨国犯罪、应对海啸等自然灾害等方面有着密切合作。东盟多国还经常进口美国武器装备，与美

① 因此，关于这次峰会的用词，本文也遵循峰会声明的用词，统一用“东盟-美国特别峰会”的说法。相关资料参见 The White House，“ASEAN-U. S. Special Summit 2022, Joint Vision Statement,” May 13, 2022, https://www.whitehouse.gov/briefing-room/statements-releases/2022/05/13/asean-u-s-special-summit-2022-joint-vision-statement/，2022 年 12 月 10 日浏览。

国开展不同形式的联合军演。美国还对东盟及其多个成员国提供不同形式的长期援助。

2020~2022 年，新冠疫情对东盟及其成员国造成了严重打击，令东盟在经济发展、对外交往等层面陷入了多重困境。疫情也影响了东盟与美国的多领域交流合作。2022 年，东盟经济发展虽然逐渐企稳回升，但前两年经济遭受疫情重挫导致的大量企业破产、大量工人失业、不少民众返贫等问题短期难以彻底解决。东盟成员国内需不振，出口贸易也因全球经济下行的影响而持续低迷。在此情况下，东盟部分国家希望能够获得美国更多的投资，希望东盟能向美国出口更多产品，以缓解东盟国家的经济困境。在 2020 年和 2021 年，东盟及其成员国的对外交往活动极大地受到了疫情的限制，东盟与美国等对话伙伴国的会议经常只能线上举行，效果不佳。因此，与美国举行线下的特别峰会也是东盟所期望的。毕竟面对面的会晤比线上会议更有可能产生良好的效果，有助于东盟提升与美国的关系、更有效地实现更广泛的利益。

东盟长期奉行“大国平衡”外交战略。经过长期努力，东盟已经与美国、中国、日本、韩国、俄罗斯、印度、澳大利亚、新西兰等多个国家建立不同形式的对话或合作关系，大国平衡外交格局日益完善。东盟近年来在逐步升级与多个对话伙伴国的关系，其中与美国的关系从战略伙伴关系提升为全面战略伙伴关系，也是东盟进一步完善和升级大国平衡外交格局的需要。从 2021 年开始，东盟与部分对话伙伴国的关系开始了新一轮的升级进程。2021 年 10 月 27 日，东盟与澳大利亚建立全面战略伙伴关系。此后不久，东盟与中国也建立了全面战略伙伴关系。美国是东盟的重要对话伙伴之一，双方在 2015 年就已经建立战略伙伴关系，原定 2020 年举行的纪念东盟-美国建立战略伙伴关系 5 周年的特别峰会因疫情被推迟，双方关系升级遇阻。东盟-美国关系的升级已经迟于东盟-澳大利亚、东盟-中国的关系升级，如果东盟与美国建立全面战略伙伴关系的进程在 2022 年再次被推迟，会影响东盟大国平衡外交格局的完善和升级，影响东盟整体对外关系发展和对外交往活动。因为，东盟只有尽量与多个对话伙伴国基本保持“等距离外交”，与各国（尤其是大国）发展友好关系，避免与不同对话伙伴国的亲疏程度产生差异较大的局面，才能够建立比较完善的、稳定的大国平衡外交格局。

同时，与美国建立全面战略伙伴关系，也是东盟巩固和提升其在地区合作架构中“中心地位”的需要。近年来，美国虽然表面上表示尊重东盟的中心地位，但实际上东盟不是美国推进“印太战略”的主要倚重力量。美国推进“印太战略”时主要倚重的国家是印度、日本、澳大利亚等。美、日、印、澳四国建立了“四方安全对话”机制，美国还联合英国、澳大利亚建立了“奥库斯”（AUKUS）联盟。美国推进“印太战略”的主要目的是强化其对该地区事务的主导权。美国在区域内主导建立了一些小多边合作机制，这实际上削弱了东盟在区域内合作的中心地位。东盟的综合实力和国际影响力远远不及美国，在与美国的双边关系中是相对弱势的一方。因此，一方面，东盟对美国削弱东盟地位的行动确有所不满。东盟发布并落实《东盟印太展望》，也是希望巩固其在地区合作架构中的中心地位，从而与美国争夺地区合作主导权。但另一方面，东盟与美国的博弈是有限度的，因为，从双方实力对比与东盟整体利益来看，如果东盟采取明显疏远美国或者与美国强硬对抗的政策，可能导致美国减少参与东盟领导的区域合作机制，也可能会刺激美国建立更多的区域合作机制。无论是这两者中的哪一种方式，都会削弱东盟的中心地位，对东盟更为不利。因此，东盟在与美国开展博弈的同时依然要提升与美国的关系，增强与美国的互动，让美国能继续参与和支持东盟引领的地区合作。这是维护东盟在地区合作架构中的中心地位的需要，符合东盟整体利益。

2022 年是东盟与美国建立对话关系 45 周年，在这一年升级双方关系具有重要的历史纪念意义。2022 年初，美国拜登政府邀请东盟多国领导人赴美参加第二次东盟-美国特别峰会。此外，同年 11 月在柬埔寨还要举行第十次东盟-美国峰会。因此，2022 年为东盟与美国将双方关系提升至全面战略伙伴关系带来了机遇。而且，考虑到 2022 年双方高层级外交活动频率，在当年内提升双方关系是可行的。

总而言之，东盟争取得到美国更多的尊重。对东盟而言，改变 21 世纪前20年东盟与美国关系时近时远的局面，将双方关系持续稳定在高位水平并减少波动，尽量推动双方实现长期、密切的合作，是非常重要的。东盟提升与美国的多领域合作，一定程度上有助于其缓解疫情带来的内外困境。再者，东盟对话伙伴国中有多个美国盟国或伙伴国，例如日本、韩国、英国、印度。如果东盟和美国建立全面战略伙伴关系，这也有助于东盟与上述国家提升关系，进而完善和升级东盟大国平衡外交格局。

（二）美国方面的动因

第一，拜登政府在2021年开始弥补此前几年美国与东盟关系的“赤字”，但力度远远不够，因此要在2022年采取力度更大的举措提振双方关系与多领域合作，让美国与东盟关系止跌回升。美国唐纳德·特朗普（Donald Trump）政府对东盟的尊重和重视不够。在特朗普任内，参加东盟-美国峰会的美国官员的级别从总统降至副总统、最后降至部长，令东盟非常不满。拜登执政后，原定2021年5月25日举行的美国国务卿安东尼·布林肯（Antony Blinken）与东盟多国外长的首次视频会议，也因为“技术原因”而被取消。因为布林肯当时正在飞往中东的航班上，他专机上的通信联络系统发生了故障。此事也引发了东盟对美国信誉的担忧。[①] 澳大利亚和中国在2021年已经先于美国与东盟建立全面战略伙伴关系。而且，美国在东南亚的影响力尚有不足，特别是在经济领域存在明显短板。新加坡尤索夫伊萨东南亚研究院（YusofIshak Institute）2022年2月16日发布的调查报告显示，在关于“哪个国家或地区组织在东南亚的经济影响力最大”这个主题的调查中，有9.8%的受访者认为是美国，2021年同类数据为6.6%，在关于“哪个国家或地区组织在东南亚政治和战略影响力最大”这个主题的调查

① 南博一：《外媒：因专机“技术问题”，布林肯与东盟外长线上会议取消》，澎湃新闻，2021年5月6日，https://www.thepaper.cn/newsDetail_forward_12856312；Ann Marie Murphy，“The 2022 U.S.-ASEAN Summit A New Era in Relations?” The National Bureau of Asian Research，May 23，2022，https://www.nbr.org/publication/the-2022-u-s-asean-summit-a-new-era-in-relations/，2023年2月12日浏览。

中，有29.7%的受访者认为，美国在东南亚的政治和战略影响力最大，而2021年同类数据为28.5%。①

第二，美国持续推动所谓的“印太战略”需要东盟及其成员国的配合。东南亚地理位置重要，东盟是非常重要的地区组织，但特朗普政府推进“印太战略”时过于强调美国的主导性，忽视了东盟在该地区的一些利益关切，忽视了东盟推动地区合作时长期强调的“包容性”等理念，削弱了东盟在地区合作架构中的中心地位。因此，东盟对美国“印太战略”的配合度较低。拜登政府执政后，美国要继续推进“印太战略”，就要更加重视东盟，更加尊重东盟在本地区的利益，突出强调美国“印太战略”和《东盟印太展望》中一些共享的原则（例如包容性等），力图争取东盟的更多支持。②

二　东盟与美国全面战略伙伴关系的建立

东盟与美国双方对建立全面战略伙伴关系都有较强意愿，但建立过程有些波折。最终，2022年11月第十次东盟-美国峰会中，双方联合发表《东盟-美国领导人关于建立东盟-美国全面战略伙伴关系声明》，提出双方在全面战略伙伴关系框架下要加强诸多领域的合作。

（一）第二次东盟-美国特别峰会为双方建立全面战略伙伴关系做了铺垫

受到多种因素的影响，东盟与美国建立全面战略伙伴关系的历程遭遇过一些障碍，出现了一些不愉快的事件。

① S. Seah et al., *The State of Southeast Asia: 2022*, Singapore: ISEAS-Yusof Ishak Institute, February 16, 2022, pp. 21, 23, https://www.iseas.edu.sg/wp-content/uploads/2022/02/The-State-of-SEA-2022_FA_Digital_FINAL.pdf, 2023年2月15日浏览。

② Ann Marie Murphy, “The 2022 U.S.-ASEAN Summit A New Era in Relations?” The National Bureau of Asian Research, May 23, 2022, https://www.nbr.org/publication/the-2022-u-s-asean-summit-a-new-era-in-relations/, 2023年2月5日浏览。

早在特朗普政府时期，为纪念东盟与美国建立战略伙伴关系5周年，美国曾提议于2020年3月在拉斯维加斯举行第二次东盟-美国特别峰会。但这次会议受到新冠疫情的影响而被推迟。2021年10月，在第九次东盟-美国峰会（视频会议）期间拜登总统再次倡议召开第二次东盟-美国特别峰会。[①]受疫情影响，2020年和2021年东盟与美国的两次峰会均未能线下举行，这更加凸显了双方举行线下会议的重要性和紧迫性。2022年是东盟与美国建立对话关系45周年，是线下召开第二次东盟-美国特别峰会的好时机。

然而，多种因素导致第二次东盟-美国特别峰会会期一拖再拖。2022年1月，美国新冠疫情严重，无法线下举行特别峰会。后来，东盟和美国在会议日期方面产生分歧。东盟国家领导人曾经提议了几个会议日期，但这些日期被美方一再更改。美国甚至单方面决定开会时间，导致东盟多国领导人不满。2月，美方提出，建议峰会于3月28~29日举行。但如果这个时间在美国举行峰会，将有一半的东盟国家领导人因为参加其他重要活动等原因而缺席。4月中旬，东盟和美国才又商定在5月12~13日举行峰会。会议日期的磋商过程表明，美国实际上并非如其经常所说的那样，尊重东盟在区域合作架构中的中心地位。而东盟要维护自身的尊严和自主性，不愿意屈从美国单方面的会期安排。当然，双方最后都做了一些妥协和让步。柬埔寨是时任东盟轮值主席国，其首相洪森（Hun Sen）曾在3月7日表示，柬埔寨6月初举行乡分区理事会选举（简称“乡选”），他本人不方便出国参会，如果第二次东盟-美国特别峰会延期，建议避开5月中旬至6月中旬这段时间。但最后洪森还是在5月12~13日出席了会议。因为柬埔寨作为东盟轮值主席国，在协调第二次东盟-美国特别峰会方面发挥着重要作用，洪森出席这次峰会对会议的成功举行至关重要。[②]

① 张洁：《东盟-美国特别峰会：战略博弈与自主性维护》，《世界知识》2022年第11期，第24页。

② 《美单方面宣布峰会日期让东盟国家不悦，外交部回应》，观察者网，2022年3月10日，https：//www. guancha. cn/internation/2022_ 03_ 10_ 629747. shtml；《柬埔寨副总理：美国和东盟领导人特别峰会再度推迟》，界面新闻，2022年3月9日，https：//www. jiemian. com/article/7190221. html，2023年2月20日浏览。

然而，就在第二次东盟-美国特别峰会举行前夕，东盟和美国在2022年东盟举行的其他重要会议安排上又发生不悦，难免影响了第二次特别峰会召开前的气氛。2022年是东盟外交活动的重要年份：东盟轮值主席国柬埔寨在11月11~13日要举办东盟峰会、东亚峰会、东盟与美国峰会等系列峰会；印度尼西亚在11月15~16日要举办二十国集团（G20）峰会；泰国在11月18~19日要举办亚太经合组织（APEC）领导人非正式会议。美国、俄罗斯均是东亚峰会、二十国集团峰会、亚太经合组织领导人非正式会议的成员国，但2022年2月俄罗斯与乌克兰冲突爆发后，美俄关系恶化。美国和其他西方国家曾向印尼施压，要求将俄罗斯排除在2022年二十国集团峰会之外。实际上，柬埔寨、印尼、泰国这三个相关峰会的主办国，受到来自美国和其他西方国家的压力影响，在协调峰会议程、安排与会官员住宿地点、安排与会官员座位、出台相关会议联合声明等方面均遇到了一些难题，会务工作量也被迫增加。部分主办国对此直接或间接地表达了不满。[①] 4月20日，二十国集团财长和央行行长会议在华盛顿召开。美国、加拿大等多国财长在俄罗斯财长发表声明时故意退场抗议，致使会议在关键议题上无法深入讨论。担任二十国集团轮值主席国的印尼最终放弃汇总各国联合声明。面对来自美国和其他西方国家不断增加的压力，印尼总统佐科4月29日表示，他已邀请乌克兰总统和俄罗斯总统出席二十国集团峰会。他表示，峰会关注全球经济复苏，而乌克兰危机是全球经济复苏的一大影响因素。这说明：一方面，印尼坚持邀请二十国集团峰会所有成员的领导人出席峰会，在关键的原则性问题上顶住了美国等西方国家压力；另一方面，乌克兰并非二十国集团成员，印尼邀请该国领导人与会，是在回应美国等西方国家的部分诉求。[②]

---

① "PM: Seating Arrangement for ASEAN Meetings Challenging as Some Ministers 'Did Not Want to Sit Next to One Another,' " *Khmer Times*, August 6, 2022, https://www.khmertimeskh.com/501126872/pm-seating-arrangement-for-asean-meetings-challenging-as-some-ministers-did-not-want-to-sit-next-to-one-another/, 2023年3月1日浏览。

② 刘骞：《东盟、G20和APEC峰会主办国发联合声明，日媒解读：表态会邀请俄罗斯》，观察者网，2022年5月5日，https://www.guancha.cn/internation/2022_05_05_638319.shtml，2023年3月1日浏览。

5月4日，柬埔寨、印尼、泰国三国外长发表联合声明，强调东盟2022年主办的多个峰会对与会方、地区稳定、全球繁荣至关重要。联合声明最后强调，作为这些重要峰会的三个主席国，三国将与所有伙伴国和利益攸关方合作并确保合作精神的延续，努力维护地区与全球的和平稳定。联合声明在措辞上较为模糊和委婉，没有直接针对美国等西方国家。但日本广播协会解读称，三国联合声明其实间接表明，东盟国家在主办相关峰会时会与俄罗斯接触，并可能邀请其高级官员参会。此外，三国联合声明柔中带刚，也彰显了东盟在全球不确定的环境中，不惧美国等西方国家压力，努力维护战略自主性，致力于巩固和提升东盟在地区合作架构中的中心地位。①

5月12~13日，美国主办第二次东盟-美国特别峰会。从美国角度而言，这次峰会具有“历史性意义”。恰逢东盟与美国建立对话关系45周年，这是美国和东盟国家领导人首次在华盛顿的白宫举行峰会，向美国民众和东盟民众发出了拜登政府重视东盟的信号。这次特别峰会还将承诺双方在同年11月的东盟-美国峰会上建立全面战略伙伴关系。② 因此，美国对这次特别峰会的宣传声势较大。

但在第二次东盟-美国特别峰会期间，美国与东盟领导人的互动存在一些不足或问题。东盟方面，其十个成员国中，柬埔寨、泰国、印尼、文莱等8国领导人参会，还有两国领导人因故未能与会。菲律宾总统罗德里戈·杜特尔特（Rodrigo Duterte）是缺席者之一。2022年5月中旬，菲律宾处于大选后的权力过渡期，而且杜特尔特在其6年的总统任期内从未访问美国，此次也未破例去美国参加第二次东盟-美国特别峰会，转而委派菲律宾外长参

① “Joint Press Release of the Foreign Ministries of the Kingdom of Cambodia, the Republic of Indonesia and the Kingdom of Thailand,” Ministry of Foreign Affairs and International Cooperation of Cambodia, May 4, 2022, https://www.mfaic.gov.kh/files/uploads/8MP1IYQ5U3XL/FINAL%20JPR%20CA%20ID%20TH%20（ENG）1.pdf；林泽宇：《G20、东盟、APEC主办国发联合声明，日媒解读：意思是会邀俄参会，旨在对抗施压国》，环球网，2022年5月4日，https://3w.huanqiu.com/a/c36dc8/47sCbAF3lqW，2023年3月12日浏览。

② Ann Marie Murphy, “The 2022 U.S.-ASEAN Summit A New Era in Relations?” The National Bureau of Asian Research, May 23, 2022, https://www.nbr.org/publication/the-2022-u-s-asean-summit-a-new-era-in-relations/, 2023年3月15日浏览。

会。此外，缅甸因为其内政问题与东盟和美国的关系均产生裂隙，缅甸领导人也未出席此次会晤。美国方面，白宫外交礼仪上的疏漏令东盟领导人有些不悦。按照日程，特别峰会共持续两天。但拜登本人会晤东盟国家领导人的活动时间仅有5月12日下午5点半至6点在白宫接见东盟国家领导人并合影留念、晚上6点到7点半在白宫与东盟领导人共进晚餐，13日下午3点半至5点半与东盟国家领导人就地区和全球问题交换意见，总计4个小时。此外，美方的峰会日程安排存在一些细节问题。例如，会议日程中没有安排拜登与任何东盟国家领导人的双边会见。尽管此前柬埔寨首相洪森特别强调了希望与拜登会面，但拜登依然以“繁忙”为由拒绝了，委派其他官员与东盟国家领导人进行双边互动。东盟各国对此颇有微词。柬埔寨首相助理大臣高金华（Kao Kim Hourn）公开表示，东盟领导人“应该受到尊重和平等的对待”，“作为一个大国，一个东道国，美国应该对来访的领导人更加慷慨，特别是在拜登将（与东盟领导人）讨论将战略伙伴关系提升为全面战略伙伴关系的情况下”。他认为，作为当前东盟的轮值主席国，柬埔寨要求举行洪森与拜登的双边会面是正常且合理的。“无论是正式的，还是非正式的，都应该进行某种对话。”①

峰会期间，双方发表了联合声明——《东盟-美国2022年特别峰会联合愿景声明》。其主要内容是：强调《联合国宪章》《东盟宪章》《东南亚友好合作条约》等章程或条约中的核心原则、共享价值和规范；认为《东盟印太展望》和美国“印太战略”在促进一个开放、包容和基于规则的地区合作架构中共享相关的基本原则；在地区合作架构中，东盟处于中心地位；自1977年建立对话关系以来，双方对彼此均不可或缺，在双方于2022年庆祝建立对话关系45周年之际，双方致力于在当年11月的第十次东盟-美国峰会（年度会议）上建立“有意义、实质性和互惠互利的全面战略伙伴关系”，期望早日完成必要的程序；双方要加强在卫生、经贸、供应链韧

① 《柬埔寨首相洪森：想成为美国的朋友，但不是选边站》，观察者网，2022年5月12日，https://www.guancha.cn/internation/2022_05_12_639409.shtml，2023年3月15日浏览。

性、互联互通、海上安全、环保、可持续发展、人力资源、人文交流等领域的合作；双方要加强在地区和国际事务上的合作，应对多种挑战，推动区域发展，等等。①

峰会期间，美国还宣布任命国家安全委员会执行秘书约翰尼斯·亚伯拉罕（Yohannes Abraham）担任新的驻东盟大使，而此前这个职位已经空缺了五年。约翰尼斯·亚伯拉罕与拜登关系密切，也积极推动美国与东盟关系发展。拜登此举说明其重视与东盟的关系。② 可见，拜登政府尝试对前政府的东南亚政策开展修复性工作。但这件事也从另外一个角度表明，此前五年美国与东盟在外交互动方面存在较大问题。美国驻东盟大使的五年空缺对双方关系造成的伤害，是否能在拜登剩余任期内得到弥补，尚待观察。

（二）第十次东盟-美国峰会正式宣布双方建立全面战略伙伴关系

11 月 12 日，东盟与美国在柬埔寨首都金边举行第十次东盟-美国峰会，会议发表了《东盟-美国领导人关于建立东盟-美国全面战略伙伴关系的声明》，其主要内容有：再次重申了《东盟-美国 2022 年特别峰会联合愿景声明》中双方的一些共享原则和理念；美国重申支持东盟在地区（合作）架构中的中心地位，正式宣布东盟与美国建立全面战略伙伴关系；《落实东盟-美国战略伙伴关系行动计划（2021~2025 年）》中列举了双方共同的承诺，双方要加强在经贸、环保、数字经济发展、能源转型、智慧城市、卫生、打击跨国犯罪等领域的合作；支持东盟一体化进程，在“湄公河-美国伙伴关系”框架下加强合作以支持湄公河地区的发展；支持东盟缩小内部发展差距，支持东盟实现可持续发展目标；重申坚定支持建立一个以东盟为中心的开放、透明、有弹性、包容和基于规则的区域合作架构，该架构位于

① The White House, “ASEAN-U. S. Special Summit 2022, Joint Vision Statement,” May 13, 2022, https://www.whitehouse.gov/briefing-room/statements-releases/2022/05/13/asean-u-s-special-summit-2022-joint-vision-statement/, 2023 年 3 月 16 日浏览。

② Ann Marie Murphy, “The 2022 U. S. -ASEAN Summit a New Era in Relations?” The National Bureau of Asian Research, May 23, 2022, https://www.nbr.org/publication/the-2022-u-s-asean-summit-a-new-era-in-relations/, 2023 年 3 月 16 日浏览。

“印太地区”的中心；促进东盟在解决共同关心的地区问题方面发挥强大、统一和建设性的作用；进一步重申，东盟-美国全面战略伙伴关系支持东盟通过现有的东盟领导机制实现《东盟印太展望》的目标，并支持《东盟印太展望》的原则；等等。①

综上所述，东盟与美国建立全面战略伙伴关系的过程并不顺利，受到了多种负面因素的干扰。关系建立之后，双方在政治、经济等层面的互动也出现了一些问题。这似乎表明，东盟与美国建立全面战略伙伴关系之后，双方关系也未必能顺畅发展，未来关系的提升也未必能完全符合双方预期。在东盟与美国建立全面战略伙伴关系的过程中，东盟强调其战略自主性，这在日程安排、5 月双方特别峰会的声明和 11 月双方年度峰会的声明中都有明显的体现。

三 东盟与美国建立全面战略伙伴关系对双方的意义

（一）对东盟的意义

第一，东盟在与美国建立全面战略伙伴关系的过程中，得到了美国更多的人力、财力、物力支持，或者是得到了未来提供更多人力、财力、物力支持的承诺。全面战略伙伴关系的建立有助于东盟增加与美国在多领域的合作，客观上有助于东南亚区域的发展，有助于缩小东盟各成员国间发展差距、加快东盟一体化进程。综合来看，拜登政府执政后，向东盟宣布和承诺给予的发展或援助支持包括以下几方面。2021 年 10 月 26 日第九次东盟-美国峰会上，拜登宣布美国计划新增 1.02 亿美元来提升东盟-美国战略伙伴关系的发

① “ASEAN-U. S. Leaders’ Statement on the Establishment of the ASEAN-U. S. Comprehensive Strategic Partnership,” The ASEAN Secretariat, November 13, 2022, https://asean. org/wp-content/uploads/2022/11/ASEAN-US-Leaders-Statement-on-CSP-final-1. pdf#：~：text=ESTABLISH%20the%20ASEAN-U. S. %20Comprehensive%20Strategic%20Partnership%20to%20reflect, our%20officials%20to%20follow%20up%20on%20its%20implementation，2023 年 3 月 28 日浏览。

展，这些资金预计在2022年到位。[①] 在2022年5月第二次东盟-美国特别峰会上，拜登宣布美国将向东盟提供1.5亿美元的支持资金，用于加强东南亚清洁能源建设、海上安全、应对新冠疫情等，其中6000万美元用于加强双方的海上安全合作，由美国海岸警卫队负责制定具体计划和分配这些资金。美国官方发布的关于这次特别峰会的情况简报中指出，预期这1.5亿美元的资金将会带动数十亿美元的私人融资，以深化美国与东盟关系，巩固东盟在（地区合作架构中）的中心地位，提升双方能力以实现共享的目标；拜登政府还在美国2023财年中请求国会拨款8亿美元资金来实施美国在东盟国家的双边合作项目。[②] 美国给予东盟上述资金等方面的支持，会对东盟发展有所促进。

第二，与美国建立全面战略伙伴关系，是东盟升级与其主要对话伙伴国的关系至全面战略伙伴关系过程中的重要一环，也有助于东盟与其他对话伙伴国关系的升级至全面战略伙伴关系，有助于东盟完善大国平衡外交格局。

第三，有助于东盟巩固在地区合作架构中的中心地位，增强东盟在地区合作中的战略自主性。2022年，在东盟与美国举行的两次峰会后发布的联合声明中，美国均公开表态支持东盟在地区合作架构中的中心地位，声明在谈及“印太地区合作”时，加入并强调了东盟常用的“包容性”等词语。双方两个峰会联合声明也都强调，双方合作要着力推动实现东盟发展规划，

---

① “ASEAN-U. S. Leaders' Statement on the Establishment of the ASEAN - U. S. Comprehensive Strategic Partnership,” The ASEAN Secretariat, November 13, 2022, https://asean.org/wp-content/uploads/2022/11/ASEAN-US-Leaders-Statement-on-CSP-final-1.pdf#:~:text=ESTABLISH%20the%20ASEAN-U.S.%20Comprehensive%20Strategic%20Partnership%20to%20reflect, our%20officials%20to%20follow%20up%20on%20its%20implementation，2023年4月1日浏览。

② The White House, “Fact Sheet: U. S. -ASEAN Special Summit in Washington, DC,” May 12, 2022, https://www.whitehouse.gov/briefing-room/statements-releases/2022/05/12/fact-sheet-u-s-asean-special-summit-in-washington-dc/; “ASEAN-U. S. Leaders' Statement on the Establishment of the ASEAN - U. S. Comprehensive Strategic Partnership,” The ASEAN Secretariat, November 13, 2022, https://asean.org/wp-content/uploads/2022/11/ASEAN-US-Leaders-Statement-on-CSP-final-1.pdf#:~:text=ESTABLISH%20the%20ASEAN-U.S.%20Comprehensive%20Strategic%20Partnership%20to%20reflect, our%20officials%20to%20follow%20up%20on%20its%20implementation，2023年4月1日浏览。

重视缩小东盟内部发展差距，等等。美国做出如此表态，是东盟在对美外交中的一个重要成果。两个峰会的声明均有意淡化了美国此前推进“印太战略”时强调的“美国主导性和排他性”。鉴于美国已经如此表态，东盟的对话伙伴国中的美国盟国或伙伴国，如日本、澳大利亚、新西兰等，势必会作出响应，对东盟表明类似美国上述态度的立场。这将使得东盟在地区事务中拥有更大的战略自主性，有助于东盟更好地持续引领地区合作，在处理区域内相关事务时发挥更强有力的作用。

（二）对美国的意义

第一，美国与东盟在 2022 年建立全面战略伙伴关系，成为东盟对话伙伴国中较早与东盟建立全面战略伙伴关系的大国之一。一定程度上缓解了东盟此前对美国的疑虑和不满情绪，也扭转了特朗普政府时期开始美国与东盟关系持续下行的态势，为未来美国开展对东盟外交和持续深化双方合作创造了较好条件。

第二，美国不断重申支持东盟在区域合作架构中的中心地位，支持东盟通过现有的东盟领导机制来落实《东盟印太展望》，这也可能会换来东盟对美国推进“印太战略”的更多支持，促进东盟与美国及其盟友在相关方面开展一些合作。这有助于美国在“印太地区”保持并扩大影响力，是符合美国在该地区核心利益的。例如，2022 年 5 月 23 日，美国总统拜登在日本东京正式宣布启动所谓的“印太经济框架”，美国、韩国、日本、印度、澳大利亚、新西兰、印度尼西亚、泰国、马来西亚、菲律宾、新加坡、越南、文莱 13 个国家成为了初始成员国，其中，东盟国家有 7 个，数量超过“印太经济框架”初始成员国数量的一半。[①] 东盟国家参与这一合作框架，既符合自身的经济利益，又积极回应了美国此前支持“东盟中心地位”的表态，一举两得。

---

① 林泽宇：《快讯！拜登在东京正式宣布启动“印太经济框架”，日韩澳等 13 国加入》，环球网，2022 年 5 月 23 日，https：//m. huanqiu. com/article/487pvE9UFw3，2023 年 4 月 2 日浏览。

四　东盟与美国全面战略伙伴关系发展前景展望

一方面，东盟与美国建立全面战略伙伴关系，确实为双方关系的发展注入了新动力。在 2022 年 5 月中旬的第二次东盟-美国特别峰会上，拜登表示，这次会议具有历史意义，美国与东盟关系进入了“新的时期”。[①] 但另一方面，双方全面战略伙伴关系会受到多种因素的制约，尤其是美国对东盟政策的不确定性。

第一，东盟与美国对地区事务的关注重点存在差异，这会导致双方在推动全面战略伙伴关系发展的过程中始终存在一些理念和利益的分歧。东盟长期关注地区的经济社会发展议题，关注如何持续推进以东盟为中心的、包容性的地区合作架构的完善。东盟及其成员国极力避免大国在该地区的政治、安全博弈加剧，不希望东盟及其成员国被牵扯进去。但美国推进“印太战略”时，虽然表面上尊重东盟的一些理念和利益关切，实际上并不重视建立包容性的地区经济合作架构，而是建立了具有针对性和排他性的“印太经济框架”。相比经济领域，美国更加关注地区的安全议题，特别注重在地区开展大国博弈。

第二，东盟目前在经济社会发展、区域互联互通、应对疫情影响、应对气候变化等方面需要大量的外部资金支持。然而，在东盟与美国建立全面战略伙伴关系的过程中，及其建立后的一年内，美国实际给予及承诺给予东盟的人力、财力、物力支持十分有限，对东盟推动经济社会发展和应对挑战的帮助不足，因此对促进双方全面战略伙伴关系的实际作用也不会太大。例如，美国在 2022 年 5 月的第二次东盟-美国特别峰会期间宣布向东盟提供的 1.5 亿美元资金中，有 6000 万美元用于海上安全合作、4000 万美元用于减少碳排放、1500 万美元用于应对新冠疫情，其余资金用于促进数字经济发

① Ann Marie Murphy, “The 2022 U. S. –ASEAN Summit a New Era in Relations?” The National Bureau of Asian Research, May 23, 2022, https://www.nbr.org/publication/the-2022-u-s-asean-summit-a-new-era-in-relations/, 2023 年 4 月 2 日浏览。

展等领域。1.5亿美元的支持对于东盟10国而言本身就杯水车薪，其中用于支持东盟经济社会发展的资金更是有限。[①] 又如，拜登政府在美国2023财年中请求国会拨款8亿美元资金来实施美国在东盟国家的双边合作项目。虽然美国对东盟的支持资金数额有所增加，但这些资金对于拥有10个成员国、6亿多人口的东盟而言，仍然不多。[②] 东盟希望其更多产品能够出口美国市场以提振经济发展，但美国国会中的贸易保护主义情绪是个障碍；美国希望“印太经济框架”具有较高的经济合作标准，但东盟多国碍于自身发展水平，在参与该经济合作框架时难以达到美国期望的高标准。上述这些因素都是美国与东盟开展经济互动与合作的障碍，导致双方的经济合作短期难以有大的提升。[③]

第三，拜登政府对东盟的重视程度要比特朗普政府时期高，拜登政府官员与东盟官员的外交互动层级和密度也超过了特朗普政府时期，但仍存在一些细节问题，令东盟感到有些失望和不满。相关问题产生的负面影响短期内难以完全消除，也会影响双方全面战略伙伴关系的持续健康发展。比如，2022年5月中旬第二次东盟-美国特别峰会之后，拜登政府与东盟合作时的外交态度和实际举措与美方所谓“重视东盟”的说法并不相称。在这次峰会期间，东盟领导人曾希望美国在峰会期间发布“印太经济框架”。然而，拜登却在5月下旬的美日印澳“四方安全对话”机制峰会期间才宣布启动“印太经济框架”。这令东盟部分成员国感到失望。它们认为，虽然美国口

① The White House, “Fact Sheet: U. S. -ASEAN Special Summit in Washington, DC,” May 12, 2022, https://www.whitehouse.gov/briefing-room/statements-releases/2022/05/12/fact-sheet-u-s-asean-special-summit-in-washington-dc/, 2023年4月3日浏览。

② “ASEAN-U. S. Leaders' Statement on the Establishment of the ASEAN-U. S. Comprehensive Strategic Partnership,” The ASEAN Secretariat, November 13, 2022, https://asean.org/wp-content/uploads/2022/11/ASEAN-US-Leaders-Statement-on-CSP-final-1.pdf#:~:text=ESTABLISH%20the%20ASEAN-U.S.%20Comprehensive%20Strategic%20Partnership%20to%20reflect, our%20officials%20to%20follow%20up%20on%20its%20implementation, 2023年4月3日浏览。

③ Ann Marie Murphy, “The 2022 U. S. -ASEAN Summit a New Era in Relations?” The National Bureau of Asian Research, May 23, 2022, https://www.nbr.org/publication/the-2022-u-s-asean-summit-a-new-era-in-relations/, 2023年4月5日浏览。

头上尊重东盟在地区合作架构中的中心地位，但“四方安全对话”机制仍是美国在该地区更加倚重的机制。①

2022 年 11 月 11 日至 13 日，柬埔寨举行东盟峰会、东亚峰会、东盟-美国峰会等会议。在东亚峰会当天，拜登和他的代表团迟到了 30 分钟。② 11 月 15 日至 16 日，拜登参加了在印度尼西亚巴厘岛举办的二十国集团峰会。③ 这次峰会之后，紧接着就是泰国 11 月 18 日至 19 日举办亚太经济合作组织领导人非正式会议。尽管泰国是美国的缔约盟国，而且 2023 年亚太经济合作组织领导人非正式会议的主办国为美国，但拜登在二十国集团峰会结束后直接返美参加孙女的婚礼，委托副总统卡玛拉·哈里斯（Kamala Harris）代其出席这次会议。④ 2022 年美国领导人在与东盟的上述一系列外交互动，可能难以让东盟国家相信美国真心尊重和重视东盟。这种负面影响仍将持续一段时间。

第四，美国国内出现一系列亟待解决的问题。首先，新一届美国总统大选在 2023 年拉开帷幕。此次大选最终结果要到拜登任期末才会尘埃落定。其次，美国国内面临的高通胀、高债务、枪支犯罪等问题日益严重。因此，2023 年和 2024 年，美国朝野各派的关注重点是大选和国内诸多难题。拜登政府会有多少精力去关注对东盟的事务，对东盟会提供多少实际支持，答案都是未知数。若东盟未来再次感到被美国敷衍，对美国持续产生失望和不满

① Ann Marie Murphy, “The 2022 U. S. -ASEAN Summit a New Era in Relations?” The National Bureau of Asian Research, May 23, 2022, https: //www. nbr. org/publication/the-2022-u-s-asean-summit-a-new-era-in-relations/, 2023 年 4 月 5 日浏览。

② 杨浚鑫：《东亚峰会今早 11 时半开始美国总统拜登姗姗来迟》，〔新加坡〕联合早报网，2022 年 11 月 13 日，https: //www. zaobao. com. sg/realtime/world/story20221113 - 1332596，2023 年 4 月 5 日浏览。

③ “Biden Arrived at the G20 Summit Half an Hour Late,” The Asia Today, November 15, 2022, https: //theasiatoday. org/america/biden-arrived-at-the-g20-summit-half-an-hour-late/, 2023 年 4 月 6 日浏览。

④ “Biden Will Not Attend APEC Summit in Bangkok Due to Family Reasons-Reports,” Sputnik International, September 25, 2022, https: //sputniknews. com/20220925/biden - will - not - attend-apec-summit-in-bangkok-due-to-family-reasons---reports-1101191844. html, 2023 年 4 月 6 日浏览。

情绪，势必会影响双方全面战略伙伴关系的发展。

此外，2024年是民主党还是共和党赢得美国大选，尚不得而知。未来，美国执政党的不确定性给美国与东盟关系的发展也带来了不确定性。在21世纪的前22年中，美国执政党的更替对美国与东盟关系发展产生了巨大的影响。共和党和民主党的交替执政导致美国对东盟和对东南亚的政策屡次变化，美国与东盟关系因此出现多次波动，难以长期稳定发展。2001~2022年，美国共和党和民主党各有两位总统执政，在总执政时间上，共和党籍总统和民主党籍总统相差不多。但在共和党籍的总统执政期间，即乔治·沃克·布什（George Walker Bush，多称为“小布什”）政府时期和特朗普政府时期，美国与东盟关系或出现裂痕，或出现下滑。这两位共和党籍总统的执政时间间隔了8年，尽管在这8年间民主党执政（即奥巴马执政时期）的美国与东盟的关系曾经出现较大提升，但特朗普政府执政后美国与东盟关系依然降温，这也体现了共和党政府对东盟、东南亚态度和政策的延续性。在民主党籍的总统执政期间（即奥巴马政府时期和拜登政府时期），虽然这两位总统的执政时间间隔了4年（即特朗普政府时期），而且在这一期间美国与东盟的关系降温，但拜登政府还是延续了奥巴马政府高度重视东盟的政策。奥巴马政府时期，美国于2011年派驻首位驻东盟大使，并成为所有国家驻东盟使团中首设武官联络处的国家。美国与东盟关系也在2015年提升为战略伙伴关系。拜登曾经在奥巴马政府中担任副总统，了解奥巴马政府对东盟的政策和举措。因此，拜登政府时期，2022年美国与东盟关系提升为全面战略伙伴关系体现了民主党政策的延续性。由此可见，21世纪以来，美国与东盟关系的两次重大提升均是在民主党籍的总统任期内实现的，而双方关系的下降都是在共和党籍的总统任期内出现的。未来，民主党和共和党仍会出现交替执政的情况，而鉴于历史，这或将会再度引发美国与东盟关系的波动。

综合本文分析，长期以来，东盟与美国在地区事务上既合作、又博弈的局面是个常态。双方关系历史上曾多次出现波动。在多种因素的综合作用下，双方全面战略伙伴关系未来并不一定会顺利发展，实际情况如何仍尚待观察。

Y.10

东盟-欧盟加深合作的背景、进程与展望*

葛红亮　王格非**

摘　要： 东盟-欧盟自1977年建立对话伙伴关系以来已有46年，双方在2022年12月首次举行了全面峰会，在推动东盟-欧盟“战略伙伴关系”方面又迈出了一步。新时期，东盟与欧盟的双边合作日益加深，展现出宽领域、多角度、深层次、战略化的发展趋势。在此背景下，本报告聚焦于东盟与欧盟加深合作，综合分析了双方加深合作的背景和动机，并在梳理东盟-欧盟双边合作发展进程的基础上，探讨了双方继续加深合作所面临的诸多限制性因素，以及这些因素对东盟与欧盟合作前景的影响。

关键词： 东盟　欧盟　战略伙伴关系　区域主义　“印太”

2022年12月14日，在比利时首都布鲁塞尔，东盟和欧盟的领导人召开了纪念建立双边伙伴关系45周年纪念峰会。这是双方建立外交关系以来首次举行全面峰会，也是双方关系在2020年12月升级为“战略伙伴关系”以后的再度加深。对于欧盟和东盟而言，峰会的举行既展现了双方对于发展

* 本报告为广西高等学校千名中青年骨干教师培育计划人文社科项目“‘海洋命运共同体’视野下南海安全治理路径研究”（2021QGRW031）的阶段性研究成果。

** 葛红亮，博士，广西民族大学研究员，广西民族大学东盟学院/中国-东盟区域国别研究院副院长，研究方向为海洋问题与亚太国际关系、东南亚研究等；王格非，广西民族大学东盟学院/中国-东盟区域国别研究院硕士研究生，广西民族大学中国-东盟海上安全研究中心研究助理，研究方向为东盟对外关系研究。

和加深双向“战略伙伴关系”的承诺和决心，又彰显了双方作为当今世界上较为成功和具有影响力的两大区域性国际组织在不确定、不稳定的地区与全球局势下坚守国际规范、多边主义的共同意志。[①] 由此可见，东盟和欧盟加深合作不仅具有超越双边关系的战略意义和国际价值，而且在不确定、不稳定的地区与国际局势下，研究东盟与欧盟加深合作的价值日趋凸显，东盟与欧盟加深合作的历史、进程及其面临的挑战则是这一课题的重心，而它们合作的未来发展也是观察地区和世界局势走向的重要因素。

一　东盟-欧盟加深合作的背景

作为地区合作的典范，东盟是当今全球范围内上最成功的发展中国家区域合作组织。[②] 如若把东盟视作发展中国家实现区域合作组织成功的典型，那么欧盟则毋庸置疑是发达国家实现区域合作和一体化发展的代表；同时，当“东盟奇迹”被各界津津乐道之时，这背后东盟和欧盟的关系发展历程以及双方在经济贸易、政治安全、区域安全，以及社会文化等层次的“规范性力量”影响则是不可忽视的重要因素。[③] 以至于今日，东盟已经成长为一个与欧盟一般在地区和国际事务中极具规范性力量的组织。诚然欧盟对东盟的影响至大至深，但也并不意味着，东盟与欧盟双向关系发展和加深始终是不平等、不对称的，东盟-欧盟加深合作的初始原动力恰是前者，而在20世纪90年代中期以来东盟与欧盟关系的平等色彩也愈加浓厚。为此，东盟-欧盟建立对话关系及加深合作，既有其历史因素与背景，更存在当代地区和国际局势下双方共同认识、利益的巨大推动作用。

首先，历史上的渊源很深的特殊关系及战后共同的历史境遇和诉求，是

① European Union, “EU-ASEAN Commemorative Summit 2022,” December 14, 2022, https://newsroom.consilium.europa.eu/events/20221214-eu-asean-commemorative-summit-2022.

② 杨保筠：《东盟与欧盟关系三十年评析》，《东南亚研究》2007年第6期，第63页。

③ 欧盟的“规范性力量”植根于其价值观规范对外交政策及行为的影响。可参见文峰、谭佩琳《欧盟与东盟的规范性互动及其利益拓展——“规范性力量”的视角》，《东南亚研究》2023年第1期，第88页。

东盟和欧盟关系建立及不断加深合作的重要推动因素。众所周知，除泰国以外，东盟成员国在近代历史上大都经历过欧洲殖民帝国的占领和统治，因此它们与欧洲国家之间存在着“剪不断、理还乱”的复杂又密切的联系。[①] 从双向互动的角度来看，东盟和欧盟对发展彼此之间的关系有较强的内在驱动力。欧洲国家在第二次世界大战后渐渐失去了东南亚，但却始终对东南亚地区的国际形势和发展态势保持着高度的关注，并希冀长期保持在该地区的影响力。[②] 虽然如此，首先提出发展双向关系的是东盟，由东盟成员国驻欧共体外交代表组成的“东南亚国家联盟布鲁塞尔委员会”（the ASEAN Brussels Committee，ABC）1972 年正式成立，并成为东盟寻求与欧共体进行事务磋商和建立关系的初始推动力量。东盟与欧共体互动的开始不仅源于历史上的特殊关系，而且也是 20 世纪 70 年代地区和国际政治、安全与经济形势所逼。在美苏冷战和对抗的国际环境下，地区安全和独立发展是东盟与欧共体共同的诉求，因而面对美国在东南亚的战争失败及苏联在东南亚、南亚地区军事存在和影响的扩张，东盟和欧共体均感受到了安全威胁，柬埔寨问题、苏联入侵阿富汗等问题成为东盟和欧共体在区域安全议题上开始互动和加强协商的开始。

其次，在全球化浪潮和区域一体化发展中，建立和加深区域间经贸合作符合东盟和欧盟双方成员国的国家利益及其对合作效益的追求。实际上，相比于东盟和欧共体在政治安全层面的对话和协调，二者在 20 世纪 70 年代建立磋商关系后的互动更多的是展现在经济领域，稳定商品价格、降低关税及在工业领域的合作和技术转让等是双方合作和对话的主要议题。[③] 当然，相比于欧共体，东盟国家此时对通过发展与欧共体的关系进一步扩大进入欧洲市场的渠道会更有内生推动力，享受农产品“出口价格稳定体系”、吸引来自欧洲的投资和促进技术转让等成为东盟国家积极建立和加深与欧共体对

① 杨保筠：《东盟与欧盟关系三十年评析》，《东南亚研究》2007 年第 6 期，第 63 页。

② 韦红、邢来顺：《从居高临下施教到平等对话伙伴——冷战后欧盟对东盟政策评析》，《欧洲研究》2004 年第 2 期，第 74 页。

③ 杨保筠：《东盟与欧盟关系三十年评析》，《东南亚研究》2007 年第 6 期，第 65 页。

话、合作的关键诉求。不过，由于20世纪60年代末70年代初世界经济形势和格局呈现出不同于以往的变化，欧洲、日本在世界市场中的位置上升，石油危机的发生引致西方经济危机和长期滞胀发展，布雷顿森林体系崩溃，经济全球化和区域化的发展面临着个别发达国家贸易保护主义的影响。因此，东南亚国家与欧洲国家的依赖性得以增强，一方面，东南亚国家希望利用欧洲的力量平衡自身外部的经济压力时；另一方面，为进一步提升竞争力和影响力，欧洲也需要不断增强与东南亚国家的关系。[①] 而就具体的内容来看，东盟和欧盟长期的经济互动既推动了东盟经济贸易的便利化、标准化与透明化，也拓展出十分积极的经济效益，增强了东盟与欧盟贸易往来的便利性并扩大了双边投资的对接，极大程度上促进双边市场互联互通，加快双方贸易结构的进一步优化，双方在全球产业链、供应链和价值链中的耦合性不断升级，以往以初级产品为主的殖民地贸易结构逐步改变。[②]

再者，面对如今日益激烈的大国博弈和战略竞争，东盟与欧盟在坚持“不结盟”“不选边”的原则下还选择了建立和强化双方的区域间对话与合作，视彼此为大国以外的“第三选择”，而这成为双方关系不断加深的现实动力。对于东盟和欧盟来说，大国博弈和战略竞争并不陌生，这不仅是它们各自“报团取暖”的关键原因，而且也让它们在历史上就形成了以实现战略自主和保证战略安全不受制于人为目标的相同看法，这使得东盟和欧盟两大区域组织在如今日益激烈的大国博弈和竞争环境下再度加强对话和合作。面对纷繁复杂的国际政治变局，东盟和欧盟倾向于扮演更为重要的角色，而非选边站队，及视彼此为大国以外非常重要的“第三选择”。近年来，为重塑并巩固东盟作为区域对话和合作主要召集者的“中心性”角色。在东盟于2019年提出的《东盟印太展望》中，东盟充分展示域内国家对于战略自主和对地区未来发展方向的规划；与此同时，2021年，欧盟先后公布了《互联互

① 文峰、谭佩琳：《欧盟与东盟的规范性互动及其利益拓展——“规范性力量”的视角》，《东南亚研究》2023年第1期，第92~93页。

② 肖斌：《双边与多边：东盟与欧盟区域间关系的演变》，《南洋问题研究》2009年第2期，第17~23页。

通和欧亚关系决议》、《欧盟印太合作战略》报告和“全球门户”（Global Gateway）计划。因而，伴随着东盟的崛起，东盟在一定意义上已逐步具备与欧盟比拟的“战略中间人”的实力，东盟国家和欧盟国家在国家竞争加剧的情势下，能够发挥更为关键的作用，平衡大国战略竞争，弥合以美国为首的西方国家“筑墙脱钩”所引发的国际分野。[①]

最后，作为当今世界上最具“规范性力量”的两大区域性合作组织，东盟和欧盟在多边主义、开放与合作方面，以及推动全球化、区域一体化和全球治理方面，均有着显著的共识，这在很大程度上成为双方关系发展的规范共识和力量。

当今，世界经济、全球化和全球治理正在面临着“逆全球化”和多边治理失序等问题的严重挑战。对此，东盟不断加强同欧盟的合作既是基于国际环境变化与东盟自身发展的结果，也是为了增强和优化东盟多边合作机制来促进多边开放合作，以此来持续推动全球化、区域一体化和全球治理。新世纪以来，特别是在 2008 年全球金融危机之后，美国霸权地位的相对衰落和新兴国家的快速崛起已经成为全球地缘政治最突出的特征，特别是中国的综合国力的提高和国际影响力的增强正在推动地区权力分配从单极向多极转变。[②] 自拜登上台以来，在东盟与中国互为第一大贸易伙伴并持续加强经济联系的背景下，拜登政府自知其与东南亚缺乏强劲的经济纽带，于是希望通过重建“印太经济框架”将东南亚纳入美国的全球经济影响力版图。[③] 在这一背景下，东南亚作为大国力求施加更多影响力的竞争地区之一，势必会以能够在“印太”地区发挥主导作用、强化东盟成员国的国际地位与话语权为出发点，采取更为积极主动的措施。同时，欧洲大国旨在扩大自身经济利益、提升地缘政治影响力、助推大国战略，[④] 在“印太”地区加大区域机制

① 葛红亮：《对东盟欧盟深化合作需全面看待》，《环球时报》2022 年 12 月 16 日，第 15 版。

② 贺凯：《亚太地区的制度制衡与竞争性多边主义》，《世界经济与政治》2018 年第 12 期，第 60~83 页。

③ 葛红亮：《“印太经济框架”与东南亚异调》，《环球时报》2021 年 12 月 2 日，第 14 版。

④ 曾祥裕：《欧洲大国介入印度洋：特点、动机及影响》，《国际问题研究》2022 年第 3 期，第 82 页。

参与力度、深化海上安全合作及积极发展同东盟国家的双边关系则成为近年来欧盟的主要策略。更为重要的是，对于双方来说，多边主义、开放与合作是全球化和区域化的本质要求。因此，持续坚持全球多边主义和维护好现有的国际政治经济秩序，及推动全球治理向前发展，成为东盟和欧盟深化合作的一个不可忽视的重要着力点。于此背景下，此次东盟-欧盟特别纪念峰会以互联互通、贸易、清洁能源转型、数字化转型等方面为双方交流的重点，而把产业链与价值链合作、贸易关系的升级、绿色伙伴关系作为二者关系下一阶段发展的关键内容。①

二　东盟-欧盟加深合作的进程

东盟与欧盟最早的地区间对话可以追溯到1978年第一届东盟-欧共体外交部长会议。四十多年来，东盟与欧盟之间的合作关系虽然历经曲折，但整体上处于不断调整和深化的态势，合作领域也在逐步扩大，覆盖了政治、经济、教育、能源、环境等诸多领域。以时间为纬，以领域为经，东盟与欧盟合作加深的进程大致可以划分为以下四个阶段。

（一）开展有限对话，聚焦经济合作

二战后，东南亚地区和西欧有着相似的处境，东南亚地区在战后和冷战期间深受英国和美国的战略影响，而西欧则主要受到来自美国的干预，同时东西方对抗和两大阵营的对立共同影响着东南亚与西欧。相似的战略境遇和诉求不仅让区域主义和区域合作在西欧、东南亚扎根并取得成果，而且自20世纪70年代初也促使东盟和欧共体之间开始建立有限的对话，并以经济合作为重心展开合作。

由于在建立之初更多地关注成员国之间的内部问题，东盟与欧共体之间的对话和合作内容较少。直到1972年，经由东盟特别委员会（SCCAN）推

① 葛红亮：《对东盟欧盟深化合作需全面看待》，《环球时报》2022年12月16日，第15版。

动，欧洲经济共同体（EEC）成为与东盟建立非正式关系的第一个对话伙伴。1975 年 5 月 7 日，东盟-欧共体联合研究小组建立。1977 年，东盟与欧共体建立正式对话关系。[①] 1978 年，第一次东盟-欧共体外交部长会议在布鲁塞尔举行。

虽然东盟与欧共体建立起正式的关系，但仍处于初步建设阶段的东盟，体系化水平较低，欧共体国家则仍未摆脱经济危机带来的阴影，双方在这一时期也只是基于“不少潜在的、松散的软制度”陆续开展项目合作，且主要活跃于经贸领域。虽然涉及到教育培训和环境治理方面的要求，但实际上，东盟和欧共体对此关注力度不大，双方也未能在该领域形成有效成果。鉴于此，这一阶段双方对话和合作的实际内容较少，双方合作的广度和深度仍然有限。

（二）开启制度化合作，经贸关系非对称性显著

在这一阶段，东盟和欧共体各自在扩张中进一步成长。在确立正式制度化关系之后，东盟和欧共体的合作内容主要集中于经济贸易领域。在东盟与欧共体领导人的推动下，东盟与欧共体的双边贸易额获得了显著的提升。自 20 世纪 80 年代起，国际体系逐步从传统的双边国家关系过渡为全球多层体系。此时，欧共体利用自身经济发展水平占上风的优势向东盟国家施加压力，把经济利益连同政治价值观进行捆绑推销。[②] 1980 年 3 月 7 日，东盟和欧共体双方领导人在马来西亚吉隆坡签订了《欧共体与东盟合作协议》（EU-ASEAN Cooperation Agreement），并建立了具有监督作用的联合合作委员会（Joint Cooperation Committee，JCC）。此次会议标志着东盟与欧共体经济合作的机制化，《欧共体与东盟合作协议》成为双方经济合作的里程碑，为日后双边经贸合作发展提供了有力的政策支持。

---

① ASEAN，“Overview ASEAN-European Union Dialogue Relations，” October 20，2022，https：//asean. org/wp-content/uploads/2022/10/Overview-ASEAN-EU-DR_ as-of-20-October-2022. pdf.

② 李昕蕾、仁向荣：《欧盟-东盟地区间的气候合作》，《国际关系学院学报》2011 年第 3 期，第 92 页。

在该时期，东盟与欧共体的关系较之前有了一定突破性进展，由传统的单一经贸合作扩展为经贸、文化、政治等多领域合作。东盟与欧共体也在外长级会议和其他会晤中以经济合作阻碍、贸易协定和发展援助等问题为议题进行讨论，对双边乃至发达国家与发展中国家的合作困境产生了高度关切。然而，由于二者的合作层次仍停留在较浅的阶段，地区间合作的制度化水平有限，从而未能在政治问题和人权价值观等层次达成真正的一致。由此在总体上呈现出非对称性的特征，环境和文化议题较少，宏观议题的政治色彩较为浓厚，双方合作仍以非对称性的经济贸易合作为主。

（三）东盟和欧盟再度亲近，非对称关系呈现出平等化趋势

进入20世纪90年代，苏联解体，冷战结束为国际政治格局带来新的变化，经济全球化趋势加速发展也随之产生一系列新问题。为应对上述变化，1994年欧盟重新审视了先前对东南亚地区的政策，并推出“亚洲新战略”，开始强调“一种平等伙伴而非施主与接受者的关系”，并增加了环境议题在地区间合作议题中的重要性。[①] 在该时期，欧盟对东盟地区各领域的干涉程度不一。其中，欧盟对民主人权等价值观问题的干涉程度逐渐减少，地区间经济合作依然占据优先议题地位，对环境议题的关注度日益上升，而气候变化问题则逐渐结束了先前的边缘化状态。

在政治安全领域，1994年，以东盟为中心的地区安全论坛在东盟的大力倡导下得以建立。欧盟应邀参加，以对话伙伴国身份成为该地区安全论坛的重要成员之一。之后，双方就地区安全问题进行了多样的、广泛的对话，东盟-欧盟高官会议和“亚欧会议”自1995年起成为东盟和欧盟发展全面关系新的重要平台。1996年7月，欧盟在《建立具有崭新活力的欧盟-东盟关系》报告中再度强调了欧盟的新亚洲战略，同时将东盟视作关键的政治对话者，并给东盟赋予了欧盟落实亚洲政策的重要支柱地位。这在根本上重

① Michael Everett and Mary Sommerville, *Multilateral Activities in South East Asia*, Washington DC: National Defense University Press, 1995.

新塑造了欧盟-东盟的关系和亚洲对话的机制。

在气候合作领域，东盟与欧盟召开了东盟-欧盟经济部长会议、东盟-欧盟共同合作委员会会议等[①]一系列高层协商会议。通过信息交流、资金援助、人员培训、项目支持等举措，欧盟将其宣传的“绿色规范性力量”逐步融入东盟的地区治理框架。由此，东盟与欧盟在环境保护的规范、原则、理念、制度与结构设置等方面逐步达成共识。尽管早在 1972 年，全球环境治理在联合国人类环境大会的召开以及联合国环境规划署（UNEP）建立之时已然起步，但欧盟与东盟的环境合作一直处于缓慢发展的状态。1997 年签署的《京都议定书》标志着气候合作总体上逐渐升温，进而推动东盟与欧盟的双边关系由不对称性转向平等化。

（四）发展新型伙伴关系，东盟与欧盟合作更平等、更宽广

21 世纪以来，东盟和欧盟的关系在经历过缅甸问题之后重返正轨，并逐步确立了新型伙伴关系，而东盟与欧盟的合作也呈现地位更为平等、领域更为宽广的特点。

东盟与欧盟新型伙伴关系奠定于 2000 年 12 月的东盟-欧盟部长级会议，双方彼时在老挝万象通过了《万象宣言》，同时宣布将双方的关系建立在“真诚、相互理解和相互信任”的基础之上；以此，会议不仅讨论了双方政治对话、经济合作和缅甸问题等，而且为新世纪后东盟-欧盟关系呈现出新发展态势奠定了基础。[②] 2003 年 7 月，欧盟的《与东南亚新型伙伴关系》战略报告发布，不仅再度强调了欧盟-东盟关系的重要性，而且将双向合作领域推广至维护区域稳定、打击恐怖主义和海盗、保障人权、气候治理等诸多领域。这表明，东盟-欧盟新兴伙伴关系更趋全面，而这也被双方视为是建立战略伙伴关系的基础。其中，东盟和欧盟区域间气候变化治理和反恐对话、合作成为这一时期双方关系的代表，有效地体现了

---

① 杨保筠：《东盟与欧盟关系三十年评析》，《东南亚研究》2007 年第 6 期，第 68 页。

② 《东盟欧盟部长级会议闭幕》，《人民日报》2000 年 12 月 13 日，第 6 版。

这一时期东盟-欧盟关系的新型伙伴关系特点。

东盟2007年在明确建立《东盟宪章》和提出加速三大“共同体”建设的同时，[①] 也在社会文化共同体建设行动安排中做出了针对气候变化治理议题的详细筹划，提出了东盟的气候变化倡议（ACCI），并确定了新组建的气候变化工作组来为落实东盟的气候变化倡议提供保障。[②] 从对外的角度来看，这些内生性措施为东盟和欧盟开展地区间气候治理合作奠定了规范和机制性的基础。

“9·11”事件发生后，反恐得到了东盟和欧盟更多的关注，而双方作为亚欧区域整合的两大典范，积极尝试区域间反恐合作，既实质性地深化了双方合作关系，也为全球应对恐怖主义等非传统安全威胁提供了有效的合作治理模式。东盟和欧盟的区域间气候合作为全球气候治理增添了新的互动层面和功能向度，在横向上有利于实现全球气候谈判中的绿色权力平衡，在纵向上提高了全球气候治理制度的复杂性，并促进了全球气候治理议程设定的可控性和合理性，特别是增进了地区间学习认知进程并强化了一种绿色身份认同。[③] 东盟与欧盟在气候合作方面的合作深化同时更为促进全球层面的气候善治提供了一种新的思维模式。譬如，在2010年的墨西哥坎昆会议上，虽然利益平衡原则依旧是各国关切的重中之重，但区域间气候合作能够增添合作的灵活性，能够促进气候变化协议的有效落地，针对多角度的全球环境善治模式的构建提供了一种新的路径选择。以东盟-欧盟《反恐合作联合宣言》为载体，东盟和欧盟共同明确了对恐怖主义的态度，认识到了恐怖主义已经严重威胁到欧洲和东南亚地区乃至全球的和平、稳定与安全；同时，双方也共同强调，反恐需要国际社会采取包括政治、经济、外交、军事、法律在内的广泛路径，并坚持联合国相关决议，捍卫相关国际准

① 三大“共同体”指的是东盟政治安全共同体、东盟经济共同体和东盟社会文化共同体。

② Dr. Raman Letchumanan, “Head of the Environment Division. Is There an ASEAN Policy on Climate Change? [EB/OL],” http://www2.lse.ac.uk/IDEAS/publications/reports/pdf/SR004/ASEC.pdf, August 10, 2010.

③ 李昕蕾、任向荣：《欧盟-东盟地区间的气候合作》，《国际关系学院学报》2011年第3期，第91页。

则的主导地位。[①] 此外，东盟和欧盟还在现有机制上积极开展政治安全合作，例如东盟-欧盟部长会议、东盟-欧盟高官会议及东盟地区论坛（ARF）等机制。

2012 年，欧盟正式加入《东南亚友好合作条约》，欧盟与东盟的关系向前迈出了重要一步。同时，这也为扩大双方政治和安全合作带来了新动力。但至 2020 年，东盟和欧盟就伙伴关系升级问题的讨论却经历了一个复杂且漫长的过程，东盟在 2012 年提出升级战略伙伴关系的倡议，东盟-欧盟在 2014 年确立了建立战略伙伴关系的路线图，欧盟 2018 年向东盟派出使团，双方 2019 年就伙伴关系升级形成原则性一致，而在 2020 年双方正式确立了战略伙伴关系建立的时间和方案。[②] 2022 年 12 月 14 日，欧盟与东盟举行历史首次峰会，双方讨论了包括贸易、绿色、健康、数字化转型等合作领域，而达成区域间自由贸易协定则被冯德莱恩视为一项重要目标。

三　东盟-欧盟加深合作的限制性因素

东盟和欧盟的战略伙伴关系虽然已经建立，但过程复杂且漫长，以及双方在经贸层面的种种矛盾与区域间自贸协定谈判的缓慢等均表明，东盟与欧盟之间的合作还存在着诸多的限制性因素，而这既有主观性因素，也有客观性因素。

在主观层面，东盟与欧盟的历史文化差异、组织模式差别以及思想价值观冲突成为了二者未来开展进一步合作的限制性因素。

首先，东盟与欧盟在思想和传统文化方面存在着不可抹去的差异。一方面，二者一体化的程度有所差异。在欧洲大陆，国家虽星罗棋布，但各族群之间的文化融合程度较高，彼此之间的互动性较强；而与之相较，东南亚国

---

① "Joint Declaration on Cooperation to Combat Terrorism," 14th ASEAN-EU Ministerial Meeting, Brussels, pp. 27-28, January 2003, p. 1, http://www.aseanse.org/14030.htm.

② 关欣、连晨超：《欧盟-东盟战略伙伴关系的特点及限度》，《国际观察》2021 年第 6 期，第 85~86 页。

家与中国、印度等文明国家同属于亚洲，地理位置相距较近，这对于东盟国家的传统文化的形成与发展影响颇深；在近代，东南亚国家又遭受了西方殖民主义的炮火摧残，由此形成了复杂多元的族群文化心理、宗教信仰以及政党组成。① 另一方面，二者组织发展所依存在传统文化有着根本的不同。欧盟的联合思想源远流长，而东盟国家出于政治现实的需要走向联合，组织内部缺乏主权让渡的意识，双方的组织和决策方式存在巨大差别。自17、18世纪起，联邦主义和邦联主义思想在欧洲知识分子内部涌现和逐步传播。第二次世界大战结束后初期，欧洲公众舆论展示出对欧洲联合的理解和支持从一定程度上助推了欧洲联邦主义的再度发展，温斯顿·丘吉尔、让·莫内、罗伯特·舒曼、康拉德·阿登纳等欧洲许多著名的政治家都积极致力于欧洲联合事业，以及创造建立欧洲联邦或欧洲合众国的有利条件。但与之不同的是，东盟的产生则是基于政治现实的客观需求，缺少联合的文化底蕴和追求一体化的内在精神动力。同时，由于有过作为殖民地的历史，东盟国家对主权问题十分敏感，这与欧洲国家的主权让渡传统大相径庭。因此，东盟与欧盟之间的差距不只停留在总体经济水平上，还表现在双方思想文化传统和历史发展经历的巨大差异，而这正是双方加深合作过程中不易逾越的一道鸿沟。

其次，东盟规范和欧盟规范还存在差异。东南亚地区一体化的历程中形成了诸多宝贵成果，其中最突出便是以“东盟方式”闻名的东盟运行机制。“东盟方式”的核心价值集中表现为协商、和谐与合作三方面。然而，随着东盟一体化进程的发展和国际形势的变化，“东盟方式”逐渐暴露出一系列被外界诟病的问题，诸如效率不高、程序繁琐，处理复杂的地区问题的能力有限，以及难以对国际社会关注的热点议题发挥理想的作用。与东盟相比，欧盟自建立以后就确立了其国际角色特征——与东盟相比，欧盟自建立以后

① 李尔平、黄文凤：《东盟与欧盟跨区域高等教育合作进程评析》，《岭南师范学院学报》（哲学社会科学）2015年第5期，第146页。

就确立了其国际角色，注重规范性的力量，而非强制性的力量，[①] 更倾向于用“规则改造世界”。[②] 这种“规范性权力”为欧盟自身利益的维护和拓展提供了一种诠释视角。

最后，东盟和欧盟仍在价值观方面存在着冲突。欧盟强行推行西方价值观遭到东盟国家反感。冷战后初期，由于国际形势的变化，东盟与欧盟的双边关系呈现出浓厚的政治倾向，双方关注的重点从重经济转为重政治。欧盟以一副居高临下的施教者面孔不断向东盟输出其政治理念和价值观，试图将西方式的“民主”“人权”等观念强行加诸东盟。欧盟的做法不仅没能扩大自身在东南亚地区的竞争力和影响力，反而激化了双方的旧有分歧，遭到东盟国家的抵制，并进而阻碍了双方合作的深化。[③] 这以缅甸问题最为凸显。近年来，欧盟推行的“印太”战略中依然对欧洲的“人权观”进行了强调，欧盟自认为已经广泛介入“印太”地区事务，因此有必要进一步维护和扩大欧盟在“印太”地区的利益范围。欧盟理事会表示，欧盟参与“印太”地区事务能够切实增强其战略自主及其与伙伴合作的能力，进而捍卫其利益和价值观，[④] 希望能在与东盟国家的合作中潜移默化地施以影响。显然，这一举措客观上并未体现出对东盟国家的尊重和理解，不利于双方合作的深入开展。

在客观层面，存在一系列东盟和欧盟双方难以调和的限制性因素，这包括经济发展水平的差异、国际地位的差距、美国的因素及新近发生的乌克兰危机等。

其一，经济关系的不对称发展制约了东盟和欧盟的合作。经济关系的不

---

① Xuechen Chen, “Unpacking Normative Power urope: EU Promotion of Security Norm Cluster in ASEAN”, *European Society*, Vol. 31, No. 2, 2022, pp. 262-288.

② 周弘主编《欧盟是一种怎样的力量——兼论欧洲一体化对世界多极化的影响》，社会科学文献出版社，2008，第 8 页。

③ 韦红、邢来顺：《从居高临下施教到平等对话伙伴——冷战后欧盟对东盟政策评析》，《欧洲研究》2004 年第 2 期，第 73 页。

④ Council of the European Union, “EU Strategy for Cooperation in the Indo-Pacific-Council Conclusions,” p. 3.

对称性是东盟与欧盟的经济合作中的根本问题。东盟与欧盟经济关系的不对称性主要表现在以下方面。①东盟与欧盟经济发展水平仍存在较大差距。欧盟成员国多为发达国家，经济发展水平较高，而东盟的地区一体化所处的水平较低，东盟内部成员国之间存在较大的发展差距，东盟和欧盟在许多问题上很难达成一致，区域内部的经济差异为两区域合作产生阻力。②东盟与欧盟的产业体系差异较大，欧盟是东盟的主要投资国，而东盟对欧盟投资较少，因此，从本质上而言，二者的经济关系可以被理解为一种依附关系，即欧盟等发达国家长期在金融业和技术制造业等领域对东盟国家实施垄断政策，进而使欧盟逐步完成在东南亚地区的经济扩展，东盟对欧盟的依附性增强，在欧盟的对外贸易中长期处于边缘化的位置。不仅如此，东盟的垂直型国际分工使得成员国经济无法紧密联结，欧盟以生产水平和资源禀赋为划分的产业体系更为科学、合理，组织内部联系更为密切，一体化程度高，国际竞争力强，二者的产业分布差异带来的不对称竞争力不利于双方合作的深入开展。

其二，国际地位的不对等为东盟和欧盟的合作带来了障碍。东盟和欧盟对话和合作虽然呈现出政治平等的外表，但实际上，东盟与欧盟之间缺乏相互的尊重与共识，这将成为区域间合作的深层阻碍。二战以后，全球殖民体系虽然解体，但并不意味着殖民主义的影响消失殆尽。时至今日，在东南亚许多国家中，这些殖民主义的影响依然若隐若现，甚至在相当程度上，这些国家的上流阶层、门阀世家仍然与欧洲上层保持密切联系。当欧盟与东盟坐在一起共同达成想要成为中美之外第三极的共识时，在东盟与欧盟的关系中，东盟实际上便处于屈从型的地位。

其三，美国因素也常常发挥了干预的作用。近年来，美国对东盟国家援助的空间结构演变体现出东盟所在的“印太”地区战略地位的中心化和大国角逐地理空间的转移，也反映出美国干预“印太”事务和东盟国家行为的野心。东盟与欧盟在多领域合作的深化表明二者希望能够实现自己外交层面的独立，谋求更多的发展空间和战略自主，甚至未来有可能成为中美之外的第三极力量。但是，这对于美国而言无异于损害了其对外战略影响力和国家利益，因而美国不会放任更不会视而不见，而通过“印太战略”加快在东南亚地区的布局和控制及采取各种优惠政策拉拢东盟国家成为美国的政策选择。

其四，乌克兰危机的出现及愈演愈烈也在一定程度上影响了欧盟和东盟的合作加深。一方面，对于欧盟而言，乌克兰危机打破了冷战后的欧洲安全秩序。在能源供应与经济方面，欧洲与俄罗斯能源“脱钩”，导致能源价格高企，通货膨胀率一再攀升。进入 2023 年来，欧盟及欧元区的通货膨胀率虽有所下降，但仍保持在高位运行。① 由于欧洲经济复苏乏力，欧盟及其成员国原定的绿色与数字转型计划受阻，原本的结构转型资金也被迫让位于安全与军备开支。在政治生态与社会稳定方面，欧盟多个国家已经出现了声势浩大、数量频繁的游行示威。难民问题在欧盟内部沉渣泛起，部分国家右翼民粹主义势力攀升，加剧了欧盟社会的不稳定因素。此外，乌克兰危机使欧盟意识到发展战略安全自主能力的重要性，从而加快推进在印度洋-太平洋地区实施欧盟“印太”战略。对于东盟而言，乌克兰危机并不涉及东盟直接利益，但东盟成员国的分歧则会降低东盟采取集体行动的能力，进一步影响东盟在地区合作中的中心地位。与西方国家形成鲜明对比的是，东盟大部分国家依然将俄罗斯视为重要合作伙伴，肯定其始终坚持“不干涉原则”，以温和的共同立场与各自谋求利益的身段予以回应。因而，北约东扩及乌克兰危机的发生再度把欧洲推向了硝烟的前沿，东盟成员国所处的东南亚地区甚至更广阔的“印太”地区则已变为新世纪大国战略竞争的关键地带，欧盟、东盟难免深受影响。面对复杂多变的国际政治格局，东盟与欧盟选择的并非是选边站队，而是倾向于争取更多话语权，扮演更加重要的角色。基于此，在战略上实现自主和在安全上不受制于人这一长期以来共同的夙愿，再度成为促进东盟和欧盟进一步加强对话和合作的催化剂。但这一问题的凸显依旧显示出双方在价值观和地缘战略上存在无法抹去的巨大

① 郑春荣：《俄乌冲突对欧洲的影响及其应对》，澎湃新闻，2023 年 2 月 22 日，https：//www. thepaper. cn/newsDetail_ forward_ 22017710。

差距和认知差异，而这些无疑将影响东盟和欧盟在地区战略层面的深度合作。

四 展望：东盟-欧盟合作的未来发展

时至今日，历经四十余年的合作，东盟与欧盟关系不断深化，相互依存度随之不断加深。众所周知，在美苏冷战对峙格局的影响下，东盟及欧共体均是其成员各自国家在所在地区加强联系、推动合作以谋求更多安全空间、保障发展的结果。东盟与欧盟自2020年12月升级为“战略伙伴关系”以来，二者关系事实上已步入了新的发展阶段。近年来，东盟的一体化进程引起了欧盟的关注，欧盟对东盟的援助客观上推动了东盟地区一体化进程的发展，为东盟地区的减贫事业作出了贡献，切实促进了当地经济社会发展。此外，在双边部长级会议等一系列双边定期对话渠道与亚欧会议、东盟地区论坛等多边接触模式相互结合的合作机制下，以及在区域外的美国、中国等大国的影响下，东盟与欧盟的相对关系也逐渐从不对称到渐进平衡的方向发展。

依据2021年发布的《东盟发展展望》报告，到2030年，东盟有望成为世界第四大经济体。在未来，东盟与欧盟将持续扩大在双方政治安全和环境保护领域的共同合作。东盟与欧盟将会加强在双边、次区域、区域和多边等各个层面的国际合作，乃至推动以亚欧会议为代表的多边合作机制的发展并提质增效，促进双方共同重点议题的解决。2023年3月，欧盟委员会和欧盟外交与政策高级代表联合推出升级版《欧盟海洋安全战略》及“行动计划”，这是欧盟自2014年以来对其进行的第二次更新，反映出欧盟对其内外环境、海洋利益、安全威胁的评估变化和对相关举措所作的动态调整。这进一步延续了欧盟在“印太”地区经济与安全治理架构塑造进程中的野心。欧盟认为，南海地区的紧张局势将直接冲击欧洲的安全和繁荣，受大国意志驱动以及中美博弈等地缘政治因素的影响，欧盟将深化与东盟等地区组织之间的安全合作，谋求在“印太”地区发挥更大作用。

同时，在新的战略伙伴关系框架下，为维护和拓展自身利益，东盟与欧盟将会不断加深二者在清洁能源转型、数字化转型、海洋治理、生态保护、高等教育以及反恐等非传统安全领域的合作。东盟与欧盟之间务实合作和伙伴关系的升级，既丰富了国际政治中各类行为体互动形式的多元化，同时也提升了欧盟与东盟的政治影响力与国际竞争力。然而，东盟和欧盟加深合作始终面临着诸多的因素的制约，而这则归结为战略上的结构性差异。东盟和欧盟多数国家渴望在战略上自主、在安全上不受制于人，在经济社会上通过对话、合作寻求发展；① 但东盟国家所坚守的开放、多边、自由原则，与欧美正在塑造的封闭、对抗的“小圈子”是相悖的。这就意味着，东盟和欧盟的深化合作依旧将面临诸多难题。

更为重要的是，欧盟在“印太”地区深化与东盟的合作有着较为显著的针对中国的战略意图。例如，欧盟提出将在海洋安全、环境保护、生态治理等领域同东盟展开更密切的合作，表明欧盟很大程度上会借助该战略伙伴关系的身份介入南海问题；② 由欧盟提出的“友岸外包”理念极有可能对中国-东盟产业链塑造产生负面影响。因此，审视东盟-欧盟双边合作时，应保持科学理性的态度，坚持战略视角与微观视角并重，既要把握主流，又要看清变化，既要加强客观看待，又不能忽略主观重视。

① 葛红亮：《对东盟欧盟深化合作需全面看待》，《环球时报》2022 年 12 月 16 日，第 15 版。

② 关欣、连晨超：《欧盟-东盟战略伙伴关系的特点及限度》，《国际观察》2021 年第 6 期，第98 页。

Y.11

东盟-日本建立合作关系50周年的回顾与展望

李宏伟　康霄霄*

摘　要： 20世纪70年代，在东亚地区形势发生重大变化的背景下，日本与东盟开始建立合作关系。经过50年的发展，日本与东盟在政治安全领域的合作不断深化，于2005年升级为战略伙伴关系，建立了多个双边与多边合作机制。同时，双方在经济领域的合作不断提质升级，在贸易和投资合作的基础上，以政府开发援助等为辅助，向工业革命4.0、数字化转型、绿色转型、可持续发展等新领域发展。此外，双方在社会与文化领域围绕人道主义为核心，建立了包括文化保护、人才培养、健康管理、灾害治理等为主要内容的合作体系，为双边关系进一步提升奠定基础。

关键词： 日本　东盟　东盟-日本合作关系

东盟于1967年8月成立，随着其在东南亚地区影响力的不断提高，日本等域外国家纷纷与之建立合作关系。自1973年日本与东盟建立非正式对话关系至今，双方合作已达50年，双方关系也已迈上“战略合作伙伴关系”，并有望进一步提升为“全面战略合作伙伴关系”。回顾日本与东盟合作的50年历程，可以说，双方关系始于经济合作，随着经济合作关系的不

* 李宏伟，博士，国防科技大学外国语学学院讲师，研究方向为东盟-日本关系；康霄霄，广西民族大学东盟学院政治学专业2021级硕士研究生，主要研究方向为国际关系。

断扩大，政治、安全合作与人文交流也不断扩大，特别是冷战后，随着东盟在地区事务中的“中心作用”不断增强，日本与东盟在政治、经济、安全、人文交流等各领域的合作不断加强。在当前国际形势复杂多变，大国竞争日趋激烈的背景下，日本与东盟作为“印太”地区的重要力量，势必会进一步深化双方合作关系，以应对面临的挑战。

一　政治与安全合作：不断深化

第二次世界大战期间，日本垂涎东南亚的石油、橡胶、矿产等战略物资，制定“南进”政策，入侵东南亚，给整个地区带来深重灾难。日本投降后，日本与东南亚的关系一度中断，但是，随着冷战和两极格局的形成，日本获得更多外交自主性，而一向被日本视为“生命线”的东南亚成为其外交重点。20 世纪 50 年代后期，日本与东南亚一些战争受害国达成了赔款协议，其中主要以日本的产品和服务的形式支付，同时，日本还加强了对东南亚的政府开发援助（ODA），这些措施使得日本与东南亚国家之间形成了较为密切的经济联系。随着日本企业大举进入东南亚市场，日本企业与当地企业之间的经济摩擦时常发生，这阻碍了日本在东南亚地区的经济扩张。但是，与东南亚有关国家进行一国一国的双边磋商毕竟效率不高，而东盟的成立，使日本获得了展开对话的高效途径，以此为开端，日本与东盟的政治与安全合作开始萌发并不断走向深入。

（一）福田主义与日本、东盟开创合作关系

随着赔偿外交、援助外交的实行，日本企业和产品大量进入东南亚市场，双方经济摩擦时有发生，例如，日本合成橡胶的大量出口严重威胁了东南亚的支柱性产业之一——天然橡胶产业。对此，1973 年 11 月，日本与东盟协商成立了“东盟-日本合成橡胶论坛”以解决争端。这一磋商机制在当时虽然是一种非正式对话机制，却成为日本、东盟合作关系的开端。

除了经济摩擦外，由于日本对东南亚的赔偿和援助大多以官方途径实

施，这就滋生了大量腐败问题，加之日本侵略东南亚的历史、日本人在东南亚的傲慢态度等，20 世纪 70 年代，东南亚出现了一波反日浪潮，这促使日本谋求与东盟发展政治关系，以确保经济合作的顺利展开。

20 世纪 70 年代初，东亚地区形势发生急剧变化，中日实现邦交正常化，《关于在越南结束战争、恢复和平的协定》（Agreement on Ending the War and Restoring Peace in Vietnam）签署，在此背景下，1974 年 1 月 7 日至 17 日，日本首相田中角荣自佐藤荣作访问东南亚后，时隔 6 年访问东盟成员国菲律宾、泰国、新加坡、马来西亚和印度尼西亚，目的是在石油危机的背景下进一步密切与东南亚的经济关系。但是，除了菲律宾与新加坡外，他在泰国、马来西亚、印度尼西亚的访问均遭遇抗议活动，特别是印尼，甚至爆发了反日骚乱，以要求政府不要扩大与日本的经济合作，史称“马拉里事件”。[①] 对此，田中角荣提出了“五原则”，即增进与东南亚各国共享和平与繁荣的友邻关系、尊重东南亚各国的自主性、促进与东南亚各国的相互理解、不威胁东南亚国家的经济独立并为其经济发展作贡献、尊重东南亚国家自主地开展区域内合作。[②]

以 1975 年春中南半岛地区民族解放运动的爆发为契机，东盟成员国之间的合作进一步加强，到 1976 年 2 月，东盟召开了首次领导人会议，发表了《东盟协调一致宣言》，通过了《东南亚友好合作条约》。通过这次领导人会议，东盟作为一个国际组织的基础得到进一步巩固，其通过推进地区合作以谋求各成员国与地区发展的共识在各成员国领导人层面得以达成。在 1976 年年内，东盟通过召开一系列部长级会议，大力推进区域内实际合作，同时，也开始积极谋求与欧共体、澳大利亚、新西兰、加拿大、美国等域外国家开展对话与扩大和加强合作。[③] 面对东盟的变化，日本也在 1976 年开始谋求深化与东盟的关系，在邀请了东盟首任秘书长达尔松等东盟高级官员访日后，1976 年 9 月，日本向东盟提出设立“东盟-日本论坛”的申请。东

① Malari 是印尼语“MalapetakaLimabelasJanuari”的略称，意为“1 月 15 日的灾难”。

② 『日本外交青書 1975 年版』，https：//www. mofa. go. jp/mofaj/gaiko/bluebook/。

③ 『日本外交青書 1977 年版』，https：//www. mofa. go. jp/mofaj/gaiko/bluebook/。

盟于1976年11月同意了该申请，1977年3月23日，首次东盟-日本论坛在雅加达召开，这标志着日本与东盟合作关系的正式建立。

日本与东盟建立正式合作关系，还与美国密切相关。就在首次东盟-日本论坛召开的前两天，日美领导人举行会谈，并于3月22日发表联合声明，称两国高度评价东盟提高组织韧性的努力，并称准备对东盟开展合作与支援。在首次东盟-日本论坛举办后，8月初，在第2次东盟领导人会议召开之际，东盟邀请了日本、澳大利亚、新西兰领导人以“东盟+1”的形式举行了领导人会议，首次东盟-日本领导人会议得以实现。在这次会议上，日本、东盟宣布双方一致同意建立“特别而紧密的经济关系”，称这拉开了双方关系“新时代之幕”，日本还承诺协助东盟加强合作与提高韧性。① 参加“首次东盟-日本领导人会议”后，日本首相福田赳夫于8月9~18日访问了东盟五国和缅甸，其在最后的访问地马尼拉发表了演讲，首次详细阐述了日本的东南亚政策，成为其后很长一段时间指导日本对东南亚的关系“福田主义”。一是，日本决心要彻底和平，不做军事大国；二是，日本要与东南亚国家在政治、经济、社会、文化等各领域做真正的朋友，要建立心心相印的相互信赖关系；三是，日本是东南亚“平等的合作者”，日本将与志同道合的其他域外国家对东盟加强自身合作与韧性的努力提供积极合作，为东南亚的和平与繁荣作贡献。② 福田主义的出台“标志着日本对东盟外交政策的正式开始，是日本东南亚外交的分水岭，在日本战后外交史上具有里程碑的意义”。③

从1978年开始，以东盟-日本外长会议为开端，日本与东盟之间开始举办部长级会议，为日本、东盟进一步开展务实合作奠定了基础。1979年11月，日本与东盟之间首次召开经济部长会议；1979年12月，“东盟-日本贸易、投资、旅游促进中心”定于1981年5月在东京成立（后更名为东盟-

① 『日本外交青書 1978 年版』，https：//www. mofa. go. jp/mofaj/gaiko/bluebook/。

② 『日本外交青書 1978 年版』，https：//www. mofa. go. jp/mofaj/gaiko/bluebook/。

③ 王高阳：《二战后日本-东南亚和解与中日和解的比较》，《上海师范大学学报》（哲学社会科学版）2018年第3期。

日本中心)，至今一直在促进双方的贸易、投资、旅游交流方面发挥着重要作用。1981 年 1 月，时任日本首相铃木善幸访问东盟各国，其在政策演讲中以“福田主义”为基础，进一步提出了“共同思考，共同努力”的理念，希望与东盟建立更加成熟的合作关系。[①] 1986 年 6 月，时任日本外相的安倍晋太郎在参加东盟外长扩大会议时，在“福田主义”的基础上又提出了推进日本、东盟合作关系的“三大支柱”，即发挥日本作为和平国家的贡献，通过不间断的对话与心与心的沟通促进相互理解、建立相互信任，建立高效适应形势变化的东盟-日本合作关系。安倍晋太郎的建议获得东盟各国的高度评价。[②] 1989 年 4 月，时任日本首相竹下登访问东盟多国，其发表了题为“日本与东盟：共同思考、共同行动”的政策演讲，强调日本对东盟的政策是“连续的、一贯的”，其访问进一步推进了日本、东盟关系的发展。[③]

纵观 20 世纪七八十年代日本、东盟关系的发展，双方合作从非正式到正式，实现了质的飞跃，随着双方交流理念的确立，一系列交流机制的建立，在一些地区热点问题上，双方能够彼此协调立场、相互支持，经济合作也在不断扩大，人文合作逐步展开，为其后日本、东盟关系的发展奠定了坚实的基础。

（二）冷战后日本与东盟关系的新发展

20 世纪 90 年代前后，世界形势发生了急剧变化，冷战结束，两极格局终结，东南亚地区作为日本在美国影响下少数可以发挥外交自主性的地区，对日本在冷战后的国际形势下谋求“正常国家地位”并进一步成为政治大国、军事大国意义重大，拓展和深化与东盟的合作成为日本的必然之需。1991 年 4~5 月，时任日本首相海部俊树访问东盟各国时把日本与东盟的合作关系定位为“共同思考、共同努力的成熟伙伴关系”。[④] 同时，经过了二

① 『日本外交青書 1982 年版』，https：//www. mofa. go. jp/mofaj/gaiko/bluebook/。

② 『日本外交青書 1987 年版』，https：//www. mofa. go. jp/mofaj/gaiko/bluebook/。

③ 『日本外交青書 1990 年版』，https：//www. mofa. go. jp/mofaj/gaiko/bluebook/。

④ 『日本外交青書 1992 年版』，https：//www. mofa. go. jp/mofaj/gaiko/bluebook/。

十多年的发展，东盟成员国自身经济实力大幅增长，其在维护地区和平与稳定上发挥着越来越重要的作用，在新的国际形势下，东盟也开始积极谋求域外国际合作，提升自身在亚太地区的话语权。在 1989 年 11~12 月召开的第 21 次东盟经济部长会议上，东盟摒弃了对亚太合作不甚关心的态度，提出在继续推进东盟的团结与合作的同时积极参与亚太经合组织（APEC）的活动。[①] 1997 年亚洲金融危机的爆发使得东盟国家进一步认识到加强与中国、日本、韩国合作的重要性，包括东盟-日本领导人会议在内，东盟+1 领导人会议成为定例，东盟+3 领导人会议机制也得以建立并成为定例。与此同时，东盟成员国也不断扩容，到 1999 年底，除刚刚通过全民公投脱离印度尼西亚的东帝汶外，其余所有东南亚国家均已加入东盟。此后，日本、东盟加快深化合作进程，2004 年，日本加入《东南亚友好合作条约》（TAC），2005 年，日本与东盟建立起“战略伙伴关系”。

东盟参与推进亚太地区国际合作的首个重要举措是推动建立东盟地区论坛（ARF）。1992 年 1 月，第 4 次东盟领导人会议时隔 5 年召开，除了确定建立东盟自由贸易区（AFTA）以促进地区内经济合作外，还确定利用东盟外长扩大会议平台加强地区内外政治与安全对话。在 1993 年 7 月举办的东盟外长扩大会议上，东盟六国与中国、日本、俄罗斯、越南、老挝、巴布亚新几内亚等对话国及观察员国一致同意于 1994 年 7 月东盟外长扩大会议的期间召开首次讨论亚太地区政治与安全问题的 ARF，并于其后每年举办。日本作为 ARF 的主要参加者之一，一直参加历次会议，并多次与东盟成员国一起担任联合大会主席、联合主办者，积极在预防外交、联合国维和、救灾、反恐、打击跨国犯罪、海上安全、防务合作、海洋环境保护、太空安全等领域与东盟展开合作。同时，在《ARF 年度安全展望》（ARF ASO）于 2000 年创刊后，日本成为其定期投稿者。目前，ARF 及其框架下的高官会、专项会、联合演习等已经成为亚太乃至“印太”地区重要的官方多边政治、安全对话与合作平台。1996 年 3 月，由东盟国家首倡、以加强欧亚之间合

① 『日本外交青書 1990 年版』，https：//www. mofa. go. jp/mofaj/gaiko/bluebook/。

作的欧亚会议（ASEM）在泰国曼谷召开，时任日本首相桥本龙太郎与会，成为日本与东盟合作的又一重要国际多边平台。经过多年的发展，ASEM也已成为欧亚间重要的官方交流与合作论坛。

1997年，在东盟迎来创建30周年之际，双方关系进一步发展。当年1月，时任日本首相桥本龙太郎访问了5个东盟成员国，其在新加坡做政策演讲时，提出了“东盟-日本领导人会议”制度化、开展地区传统与文化保护合作、在全球性问题上加强合作等三项对东盟合作政策，以深化双方的合作关系。“桥本主义”提出后，在是年12月召开的东盟-日本领导人会议上，双方决定把此会议制度化，每年定期召开。同时，日本还表示要加强与东盟国家的政治与安全对话，支持东盟进行经济结构改革以应对金融危机。[①] 1998年12月，面对金融危机的持续与即将到来的新千年，时任日本首相小渊惠三提出了四项新倡议：一是促进面向21世纪的对话与合作，具体包括加强领导人对话与设立“愿景2020东盟-日本协商会议”（东盟-日本知名人士协商会议）；二是合作应对金融危机，具体包括把新宫泽构想具体化，三年提供6000亿日元的特惠贷款；三是合作推进人类安全，具体包括扩大ODA项目对社会弱势群体的支持，在联合国设立“人类安全基金”；四是推进双方科技与文化交流。[②]

2001年“9·11恐怖袭击事件”发生后，日本与东盟开始针对反恐和跨境犯罪等问题展开合作。2001年11月召开的东盟+3领导人会议上，东盟与中日韩三国领导人就加强反恐合作交换意见，并就召开东亚峰会以进一步加强和扩大地区合作进行讨论。2002年1月，时任日本首相小泉纯一郎访问多个东盟国家，其在新加坡发表了题为“东亚中的日本和东盟：构建坦诚的伙伴关系”的演讲，提出了加强双边合作的“五大构想”，包括强化双方经济合作的“东盟-日本全面经济合作构想”、召开东亚开发倡议会议、2003年举办“东盟-日本交流年”、加强打击跨境犯罪与安全合作等，其还

① 『日本外交青書1998年版』，https://www.mofa.go.jp/mofaj/gaiko/bluebook/。

② 『日本外交青書1999年版』，https://www.mofa.go.jp/mofaj/gaiko/bluebook/。

建议在“东盟+3”框架的基础上，增加澳大利亚、新西兰，“共同行动，共同前进”，建立“东亚扩大共同体”，等等。[①] 2003年是日本与东盟建立合作关系30周年，通过一系列特别会议的召开，日本与东盟在各领域的合作得到进一步加强。经济上，2003年10月，就在第9次东盟领导人会议通过《第二巴厘宣言》，谋求在2020年建设“东盟共同体”的第二天，日本与东盟签署《东盟-日本全面经济合作框架》；12月，日本在已经与新加坡签署经济合作协定（EPA）的基础上又与泰国、菲律宾、马来西亚达成开始EPA谈判的决定，日本与东盟在实现建设全面经济伙伴关系的构想上迈出了坚实的一步。在12月召开的纪念双方合作关系建立30周年的东盟-日本特别领导人会议上，双方发表了《东盟-日本东京宣言》和实现宣言的《东盟-日本行动计划》，就加强全面经济合作与金融财政协作、加强经济发展与繁荣的基础建设、加强政治与安全合作和伙伴关系建设、扩大文化宣传合作、深化东亚合作以建设“东亚共同体”、合作应对全球问题等达成一致。其中，在政治与安全合作与伙伴关系建设领域，双方提出要定期举办高官会、2004年开始组建专家小组，推进国防与安全领域交流与联合研究，召开反恐联席会议并加强人才培养以提高反恐能力，加强打击偷渡、贩毒、海盗活动合作，加强海上执法机构合作等；在深化东亚合作领域，双方提出在2006年之前完成17项促进合作的短期措施，并对建设东亚自由贸易区等中长期措施展开可行性研究；在合作应对全球问题的领域，双方把重点放在了促进人类安全、加强环保合作、促进自由贸易谈判等方面。此外，日本还提出了希望加入《东南亚友好合作条约》的意向。[②] 2004年，日本加入《东南亚友好合作条约》，11月的东盟领导人会议决定2005年在马来西亚召开首次东亚峰会（EAS），其后召开的“东盟+3领导人会议”对此予以全力支持。

2005年是冷战后日本、东盟合作关系发展的重要节点，在12月召开的

---

① 『日本外交青書2002年版』，https://www.mofa.go.jp/mofaj/gaiko/bluebook/。

② 『日本外交青書2004年版』，https://www.mofa.go.jp/mofaj/gaiko/bluebook/。

第9次东盟-日本领导人会议上，双方发表了题为《深化与扩大东盟-日本战略伙伴关系》的联合声明，在宣布把双方关系升级为战略伙伴关系的同时，一致同意加强在禽流感应对、反恐、能源、海啸等自然灾害、跨境犯罪等领域的合作。12月首次召开的东亚峰会为日本、东盟合作提供了新的平台。[①] 2007年11月召开的东盟领导人会议通过了《东盟宪章》，并把“东盟共同体”的创建时间由2020年提前到2015年。在此背景下，1月和11月，时任日本首相安倍晋三和福田康夫先后访问东南亚并参加了东盟-日本峰会，双方开始着手探索在推动“东盟共同体”建设上的合作路径。2008年1月，在日本、东盟合作关系框架下，首次日本-湄公河流域国家外长会议在日本东京召开，日本、东盟之间的次区域合作得到进一步加强。同年12月1日，《东盟-日本全面经济合作协定》（AJCEP）在日本、新加坡、越南、老挝和缅甸生效，随着该协定在其他东盟国家生效，其将会进一步推动双方战略伙伴关系的深化。2008年，日本、东盟还成立了“知名人士小组”（EPG），其定期组织会议讨论并向东盟-日本领导人会议提交深化双方关系的措施建议。[②] 进入2010年，1月，历经近二十年，东盟自由贸易区（AFTA）建成，一个以东盟为中心的东亚FTA网络逐渐形成；10月，东盟领导人会议通过了“东盟互联互通总体计划”，日本对此表示支持并探索通过官民一体的方式予以积极支持。同年，日本依据《东盟宪章》的要求向东盟派出了常驻大使，成为东盟对话国的首个，这充分体现了日本对东盟的重视。[③] 2011年3月，日本爆发“东日本大地震”，在东盟的倡议下，4月召开了东盟-日本特别外长会议，显示了双方合作关系的密切。其后，日本在雅加达设立日本驻东盟代表处，在11月召开的东盟-日本领导人会议上，双方发表了《加强东盟-日本战略伙伴关系，实现共同繁荣的联合宣言》（《巴厘岛宣言》），通过了《2011～2015年东盟-日本行动计划》（简称《行动计

① 『日本外交青書2006年版』，https：//www. mofa. go. jp/mofaj/gaiko/bluebook/。

② 『日本外交青書2009年版』，https：//www. mofa. go. jp/mofaj/gaiko/bluebook/。

③ 『日本外交青書2011年版』，https：//www. mofa. go. jp/mofaj/gaiko/bluebook/。

划》），在深化双方关系的同时，日本进一步加强了对东盟共同体建设的支持。[①]

（三）美国重返亚太与安倍晋三的对东盟外交五原则

2010年前后，美国推出“重返亚太”与“亚太再平衡战略”，并希望整合其在亚太地区的盟友和伙伴的力量，扩大在地区内的政治、经济、军事存在。在此背景下，日本积极迎合美国的战略，谋求调整其对东盟政策以进一步扩大和深化双方关系。

安倍晋三在2012年12月第二次担任日本首相后，利用日本与东盟建立合作伙伴40周年之机，于2013年1月访问东南亚，在到访印度尼西亚时，其提出了迎合美国战略调整、加强与东盟外交与安全合作关系的“对东盟外交五原则”：①与东盟国家共同努力，确立并扩大自由、民主、基本人权等价值观；②海洋是不依靠武力而是依靠法律管控的自由、开放的“公共财产”，日本要与东盟国家一起全力守护，并欢迎美国重视亚洲；③通过各种经济合作网络，进一步促进物、财、人、服务等贸易和投资的流动，与日本经济再生相结合，实现与东盟国家的共同繁荣；④共同守护和培育亚洲的多样文化与传统；⑤更活跃地开展担负着未来使命的年轻一代的交流，促进相互理解。[②] 在12月举行的东盟-日本特别领导人会上，双方发布了《东盟-日本友好合作愿景声明及其实施计划》和《关于地区与全球问题的联合声明》，进一步扩大了2011年《巴厘岛宣言》及其《行动计划》的范围，加大力度支持东盟2015年的共同体建设和其后的不断合作，并再次确认双方要在应对地区和全球问题上不断扩大合作，提出日本与东盟要建立“和平与稳定的伙伴”“繁荣的伙伴”“更好生活的伙伴”“心与心的伙伴”等四大伙伴关系。在此次特别领导人会议上，安倍还介绍了日本基于“积极和平主义”的安全政策，双方在依据《联合国海洋法公约》等国际法解决

① 『日本外交青書2012年版』，https：//www.mofa.go.jp/mofaj/gaiko/bluebook/。

② 『日本外交青書2013年版』，https：//www.mofa.go.jp/mofaj/gaiko/bluebook/。

争端以及维护航行与飞跃自由的重要性上达成一致；日本还承诺在防灾减灾领域5年内向东盟提供3000亿日元支援和协助培养1000名相关人才，支援力度规模空前。[①]

2015年11月，东盟宣布于年底前建成“东盟共同体”，并以“政治与安全”“经济”“社会与文化”三大共同体建设为支柱，东盟的一体性得到进一步加强。第二次担任日本首相以来，安倍晋三在政治上大力推行“俯瞰地球仪外交”，在安全上大力推行“积极和平主义”，其在2016年8月访问非洲时又提出了“自由开放的印度洋-太平洋战略”。在东盟建设共同体，一体性不断增强的背景下，日本十分看重与东盟的合作关系，把大力支持东盟的中心性和一体性，深化与东盟及其成员国关系视为其外交“三大支柱”之一的“加强与临近国家的关系”的重要内容之一。[②] 2017年1月特朗普就任美国总统后，安倍晋三于2月旋即访美，双方就合作推进“自由开放的印度洋-太平洋战略”达成一致。在日美大力推行“印太战略”（FOIP），一些国家跟进出台各自的“印太战略”的背景下，2019年6月，东盟提出了《东盟印太展望》（AOIP），对此，在11月召开的“第22次东盟-日本领导人会议上”，日本首相安倍晋三称，东盟在东亚区域合作中作用特别重要，在表示全面支持AOIP的同时，积极谋求FOIP与AOIP的对接与协同，并通过支持东盟内部进一步的一体化进程以深化双方的合作关系。[③] 2020年10月，担任日本首相仅一个月左右的菅义伟访问越南与印尼，其在越南发表了题为“共创印度-太平洋的未来”的演讲，进一步表达了大力支持AOIP并与FOIP对接的意愿。在11月召开的东盟-日本领导人会议上，双方发表了《关于在印度太平洋推进AOIP合作的第23次东盟-日本领导人会议联合声明》，称AOIP与FOIP具有相同的根本原则，日本将扎实推进与东盟在AOIP提出的海洋合作、互联互通、联合国可持续发展目标、经济等四

---

① 『日本外交青書2014年版』，https：//www.mofa.go.jp/mofaj/gaiko/bluebook/。

② 『日本外交青書2017年版』，https：//www.mofa.go.jp/mofaj/gaiko/bluebook/。

③ 『日本外交青書2020年版』，https：//www.mofa.go.jp/mofaj/gaiko/bluebook/。

大领域的合作，不断深化“印太”合作以建设“自由开放的印度洋-太平洋”。[①] 2021 年，通过 8 月的东盟-日本外长会议与 10 月的东盟-日本领导人会议，双方在继续推进 AOIP 与 FOIP 合作的同时，确定了 2023 年 12 月在日本召开纪念东盟-日本建立合作关系 50 周年的特别领导人会议，日本还表达了把双方关系提升到新层级的建议，东盟对此表示欢迎。[②] 值得关注的是，2021 年 12 月召开的 G7 外长与发展部长会议首次邀请了东盟各国成员国外长参加，其间，日本外相林芳正还介绍了日本与东盟的 AOIP 合作，并呼吁 G7 支持东盟的中心性，务实推进与东盟在 AOIP 各领域的合作。[③]

2021 年 1 月，特朗普政府解密了美国国家安全委员会的“印太战略框架”，其不仅阐述了美国在“印太”地区的政治、经济、安全等国家利益的具体内容，还提出要促进和加强东盟国家在地区安全架构中的核心作用。2022 年 2 月，拜登政府发表“印太战略”，提出要与同盟、伙伴国、地区国际机构加强各领域合作，其中着重强调支持建设一个强有力而团结的东盟。2022 年 5 月，作为美国“印太战略”的重要组成部分，其主导的“印太经济框架”建立，日本及 7 个东盟成员国成为该框架的主要初始成员国，在 2017 年宣布的、日本主导的《全面与进步跨太平洋伙伴关系协定》，2020 年建成的、东盟主导的《区域全面经济伙伴关系协定》之外，日本与东盟国家有了新的经济合作平台。进入 2023 年，日本、东盟开始召开多个会议以筹备于 12 月召开的东盟-日本特别领导人会议。2023 年 5 月在日本召开的 G7 峰会及其之前召开的多场部长级会议也邀请了印度尼西亚与越南这两个东盟成员国，“印太经济框架”也于同期在部分领域达成了初步协议，日本与东盟合作正展现出不断深化与扩大的趋势。

目前，在政治合作领域，日本与东盟合作的主要平台有：东盟-日本领导人会议、东盟-日本外长会议、东盟-日本高官会、东盟-日本论坛、日本-湄公河领导人会议等定期双边合作机制，东盟+3、东亚峰会、东盟地区

---

① 『日本外交青書 2021 年版』，https：//www. mofa. go. jp/mofaj/gaiko/bluebook/。

② 『日本外交青書 2022 年版』，https：//www. mofa. go. jp/mofaj/gaiko/bluebook/。

③ 『日本外交青書 2022 年版』，https：//www. mofa. go. jp/mofaj/gaiko/bluebook/。。

论坛等多边合作机制。同时，一些东盟成员国与 G7 等包括日本在内的国际组织的合作越来越多，或将成为日本与东盟进了政治合作的重要平台。

（四）安全合作成为东盟-日本合作的重要领域

如前所述，日本、东盟之间的合作关系始于经济合作，以此为基础，随着政治合作的不断深入与扩大，安全合作已经成为东盟-日本合作的重要领域，而且这一合作也是新形势下日本配合美国国家安全战略，实现自身军事大国目标的重要抓手。

日本参与东南亚安全事务最早始于 1992 年以维和行动（PKO）的形式参与柬埔寨和平进程。1992 年 6 月，日本通过《联合国维和协力法》，使日本自卫队有了参加联合国维和行动的授权，也是在这一年，日本自卫队开始向柬埔寨派遣维和人员。此后，1999 年，在东帝汶宣布脱离印度尼西亚时，日本向该地区派遣了维和人员，日本对外派遣维和人员以及向东南亚国家提供维和能力建设支持成为常态。

如前所述，作为东亚地区重要的安全合作平台，东盟地区论坛（ARF）自 1994 年成立以来，日本就一直积极参与，利用此平台与东盟及其成员国发展安全合作关系。ARF 自成立后，随着近几年的发展，确定了四个主要的合作进程：促进培养相互信任、推进预防外交、充实争端解决措施与加强防灾减灾合作。① 目前，其部长级会议、高官会、专项会议涉及政策沟通、防灾减灾、反恐与打击跨境犯罪、海上安全、裁军与防核扩散、信息安全等多个传统与非传统安全领域。

日本、东盟之间的反恐合作最早始于 1997 年，当年 10 月第 1 次东盟-日本反恐会议在日本东京召开，此后每年召开一次。该会议主要讨论反恐情报收集合作机制、恐怖活动发生时的联络与协调机制等，为推动东盟-日本反恐合作发挥了重要作用。2005 年开始，该会议被“东盟-日本反恐对话”（AJCT）取代，并一直持续至今。在 2004 年 11 月召开的东盟-日本领导人

① 『日本外交青書 1998 年版』，https：//www. mofa. go. jp/mofaj/gaiko/bluebook/。

会议上，双方发表了《东盟-日本合作打击国际恐怖主义宣言》，内容包括促进东盟尽早加入各项反恐条约、加强执法机构合作、提供反恐资金援助、开展反恐能力提高支援等。在此宣言框架下，双方还成立了东盟-日本打击恐怖主义与跨国犯罪高官会（SOMTC+Japan）以推进宣言的实施。[1] 2013年，日本与东盟首次举行东盟-日本打击跨国犯罪部长级会议（AMMTC+Japan），其与东盟-日本打击恐怖主义与跨国犯罪高官会一起有力地促进了日本和东盟在反恐与打击跨国犯罪领域的合作。2014年11月，第17次东盟-日本领导人会议通过了《东盟-日本联合打击恐怖主义与跨国犯罪宣言》，并先后制定了《2015~2017年工作计划》《2018~2022年工作计划》。此外，在ARF与"东盟+3"框架下，也运行着ARF反恐工作组会议、东盟+3打击跨国犯罪高官会等多边合作机制。另外，在打击网络犯罪方面，2014年6月，日本与东盟启动了年度东盟-日本打击网络犯罪对话"（AJCC）。

在防务合作领域，除了ARF平台外，还有东盟防长扩大会议（ADMM+）、东盟-日本防长会议等平台。2010年ADMM+创办之初日本就参加了会议，双方在此框架下通过ADMM+、防务高官扩大会议（ADSOM+）、科长级防务高官扩大会议工作组会议（ADSOM+WG）等多层级会议开展防务交流与合作。目前ADMM+已成为亚太地区唯一的防长级正式会议，日本防卫省与自卫队对其高度重视。[2] 东盟-日本防长会议为双方开展双边防务合作的主要平台，始于2014年，每一至两年举办一次。在2016年11月召开的第2次东盟-日本防长会议上，双方通过了《万象愿景：东盟-日本防务合作倡议》（以下简称《万象愿景》）。2019年第5次东盟-日本防长会议对2016年的《万象愿景》进行修订，提出2.0版本的《万象愿景》，强调双方合作的目的是加强东盟-日本战略伙伴关系、通过协助东盟提高韧性而为东盟的中心性和一体性作贡献，合作的原则是实施心与心的合作、细致而长久的合作、平等而开放的合作，合作的重点内容是促进东盟

① 『日本外交青書2005年版』，https://www.mofa.go.jp/mofaj/gaiko/bluebook/。

② 日本防衛省・自衛隊：日ASEAN防衛協力，https://www.mod.go.jp/j/approach/exchange/dialogue/j-asean/index.html，2023年5月18日浏览。

与域外有关国家的国际防务合作、促进双方防务部门信任与互操作性，合作的重点领域是促进海洋与航空领域国际规范的塑造与共享、加强海洋安全、提高防灾减灾等非传统安全问题的应对能力。①

二　经济合作：不断提质升级

东盟-日本合作关系的建立始于双方紧密的经济联系，随着东盟-日本政治合作关系的深化与扩大，东盟-日本经济合作也在不断提质升级，以贸易和投资合作为基础，以政府开发援助（ODA）等为辅助，近年来正在向工业革命4.0、数字化转型、绿色转型、可持续发展等新领域发展，呈现出不断提质升级的发展趋势。

在东盟-日本建立合作关系之后的近二十年间，在“福田主义”的指导下，日本基于“和平与平等”的理念与东盟开展了包括经济在内的多领域合作，东盟-日本经济部长会议、东盟-日本论坛、东盟-日本领导人会议等各层级磋商机制的建立为双方经济合作的展开奠定了良好基础。在冷战结束、东盟-日本合作迎来新的发展机遇的背景下，东盟-日本经济合作以积极参与“亚太经合组织”活动的方式得到进一步促进。1997年亚洲金融危机爆发后，为应对危机，在当年12月召开的东盟-日本领导人会议上，双方确定加强经济合作以稳定亚洲的货币与金融市场，日本还表示要协助东盟进行经济结构改革，促进东盟经济的稳定与可持续发展。② 在1999年12月召开的东盟-日本领导人会议上，时任日本首相小渊惠三提出了“小渊-东盟倡议”，其第二项倡议就是在三年内提供6000亿日元特惠贷款以支持东盟摆脱金融危机影响。2002年1月，时任日本首相小泉纯一郎提出“东盟-日本全面经济合作构想”。2003年，在东盟-日本建立合作关系30周年之际，日本、东盟签署《东盟-日本全面经济合作框架》，该构想获得极大推动。

① 日本防衛省・自衛隊：日ASEAN防衛協力，https：//www.mod.go.jp/j/approach/exchange/dialogue/j-asean/index.html，2023年5月18日浏览。

② 『日本外交青書1998年版』，https：//www.mofa.go.jp/mofaj/gaiko/bluebook/。

同年12月通过的《东盟-日本东京宣言》及《东盟-日本行动计划》把东盟-日本经济合作的重点放在了全面经济合作、金融与财政协作、基础建设合作等领域。2005年，在日本与东盟把双方关系升级为“战略伙伴关系”之际，为支持东盟共同体建设，消除地区发展差距，日本提出建立一项支援基金。2006年3月，“东盟-日本一体化基金”（AJIF）设立，截至2023年4月，该基金已累计支出8.6亿美元，对涉及东盟共同体建设的560多个项目实施了援助。[①] 作为东盟-日本经济合作的一件大事，2008年4月，日本与东盟10个成员国签署了《东盟-日本全面经济合作协定》，并于2010年7月在全部11个成员国内生效。该协定是日本首个签署的多边经济伙伴关系协定（EPA），实现了日本与东盟之间的贸易自由与便利化，加强了双方在知识产权、农林水产领域的合作。此后，历经近十年的谈判，通过《东盟-日本全面经济合作协定第一修改议定书》的签署，双方进一步实现了服务贸易与投资的自由与便利化、自然人流动的便利化。[②] 在2013年日本、东盟建立合作关系40周年之际，日本首相安倍晋三提出了“对东盟外交五原则”，其中的第三条就是“通过各种经济合作网络，进一步促进物、财、人、服务等贸易和投资的流动，与日本经济再生相结合，实现与东盟国家的共同繁荣”。在同年12月召开的东盟-日本特别领导人会议上，双方发布了《东盟-日本友好合作愿景声明及其实施计划》，其中在建设“繁荣伙伴”方面，双方提出了26项具体经济合作措施，以进一步促进双方的全面经济合作与地区繁荣。[③] 2020年11月日本与东盟发表《关于在印度太平洋推进AOIP合作的第23次东盟-日本领导人会议联合声明》，双方开始了FOIP与AOIP的对接，其中在经济领域，日本提出了通过支持《东盟互联互通总体规划2025》以促进东盟的高质量基础设施建设、支持东盟智慧城市网络建

---

① 日本外務省：日・ASEAN統合基金，https：//www. mofa. go. jp/mofaj/area/asean/j_ asean/jaif. html，2023年5月17日浏览。

② 日本外務省：日・ASEAN包括的経済連携協定，https：//www. mofa. go. jp/mofaj/gaiko/fta/j_ asean/index. html，2023年5月17日浏览。

③ 日本外務省：日・ASEAN特別首脳会議，https：//www. mofa. go. jp/mofaj/area/page3_ 000586. html，2023年5月17日浏览。

设、支持人员流动的互联互通、支持东盟的可持续发展、支持东盟的数字经济与参与第四次工业革命等重点合作领域。[①] 在2022年11月12日召开的第25次东盟-日本领导人会议上，双方又进一步增加了支持东盟疫后经济恢复与提高供应链韧性等具体经济合作内容。[②]

除了东盟-日本外长会议、东盟-日本领导人会议等机制讨论双方经济合作事宜外，一些经济领域部长级会议及其下辖的高官会、专家会等也是东盟-日本经济合作的重要机制。东盟-日本经济部长会议（AEM-METI）始于1979年，是东盟-日本经济合作的重要机制之一，其近年来的主要合作成果很多。在2012年8月的第18次东盟-日本经济部长会议上，双方通过了《东盟-日本十年战略性经济合作路线图》，在改善商业环境、贸易和投资便利化和自由化、基础设施建设、互联互通、人力资源开发以及加强和协调国内经济政策和法规等领域促进双方战略伙伴关系的发展；在2014年8月召开的第20次日本-东盟经济部长会议上，双方对前述路线图进行了修订，进一步扩大了在中小微企业发展、经济法律框架建设、医疗保健、物流与运输、信息与通讯技术、科技与教育等领域的合作；在2016年8月召开的第22次东盟-日本经济部长会议上，双方明确了在2015年东盟共同体建成后十年内双方合作的新方向，即加强供应链与互联互通建设、培育新兴产业、达成高质量多边自贸协定，以推进全面、开放的东盟经济共同体建设。[③] 东盟-日本经济部长会议经济与工业合作委员会（AMEICC）成立于1998年，其旨在通过协商促进东盟经济和工业的发展。该委员会下设人力资源开发、东盟东西部经济走廊开发、汽车工业、化工、消费电子工业、纺织品服装业、经济统计等专业工作组。日本、东盟能源领域合作依托日本经产省与东盟能源领域高

① 日本外務省：第23回日・ASEAN首脳会議「インド太平洋に関するASEAN・アウトルック(AOIP)協力についての第23回日アセアン首脳会議共同首脳声明」の発出，https://www.mofa.go.jp/mofaj/a_o/rp/page3_002923.html，2023年5月17日浏览。

② 日本外務省：第25回日ASEAN首脳会議，https://www.mofa.go.jp/mofaj/a_o/rp/page1_001395.html，2023年5月17日浏览。

③ 日本経済産業省，https://www.meti.go.jp/policy/trade_policy/east_asia/activity/nasean.html#part02，2023年5月17日浏览。

级官员会议（SOME-METI）展开，交通合作依托东盟-日本交通部长会议（ATM+Japan）展开。日本、东盟的信息与通信技术合作依托东盟-日本电信与信息技术部长会议（TELMIN+Japan）展开，在2019年5月召开的第19次东盟-日本电信与信息技术部长会议上，该机制被更名为东盟-日本数字部长会议（ADGMIN+Japan），在2021年1月举行的首次东盟-日本数字部长会议上，双方制定了“2021年东盟-日本信息与通信技术工作计划”以推动《东盟数字经济总体规划（2025年）》的实施。

三　社会与文化合作：不断扩大

日本与东盟双方非常重视社会与文化合作，具体领域涉及人员与文化交流、卫生健康、环境、教育与科技、灾害管理、体育等多个方面。双方早在建立合作关系之初就把社会、文化合作摆在重要位置，如“福田主义”中的第二条就提到“要在……社会、文化等各领域做真正的朋友”，目的是“建立心心相印的相互信赖关系”。东盟-日本合作初期，社会与文化合作的主要形式是向东盟文化基金提供资金支持、向东盟学生提供奖学金、招收东盟青年领导人赴日进修、援助东盟文化设施建设等。

冷战结束后，日本、东盟的社会与文化合作关系进入发展的快车道，1997年1月提出的“桥本主义”把“开展地区传统与文化保护合作”视为深化双方关系的重要内容之一；其还倡议建立“东盟-日本综合人才培养计划”，为东盟培养经济可持续发展所需人才。1998年12月，小渊惠三提出的协助东盟克服金融危机影响的四条倡议的最后一条就是“推进双方科技与文化交流”，因此，他于1999年11月提出了“强化东亚人才培养与交流计划”，旨在加强亚洲地区的人才培养与交流。[1] 在2003年12月的《东盟-日本东京宣言》中，日本、东盟提出了六项合作倡议，其中之一就是“扩

① 日本外務省：日・ASEAN主要協力事業，https：//www. mofa. go. jp/mofaj/area/asean/j_asean/ja_ skj_ 04. html#04，2023年5月17日浏览。

大文化宣传合作”。2004年，双方开始把环境合作纳入重点合作领域。2007年11月，时任日本首相福田康夫提出了建立“东盟-日本环境对话”(AJDEC)，加强双方在环境领域的务实合作。在2007年1月召开的第2次东亚峰会上，安倍晋三提出了“21世纪东亚青少年大交流计划”(JENESYS)，此计划成为地区内增进青少年相互理解的重要平台。据统计，每年有约2000名东盟国家青少年参加此活动。[①]

2013年1月，在安倍晋三提出“对东盟外交五原则”中，有两项与社会、文化合作相关，分别是“共同守护和培育亚洲的多样文化与传统”“更活跃地开展担负着未来使命的年轻一代的交流，促进相互理解”。为此，安倍晋三把JENESYS升级为JENESYS 2.0，把2013~2017年的青少年总体交流人数增至30000人。自2018年起，JENESYS每年举办一次，并一直持续至今。[②] 继JENESYS 2.0之后，2013年4月，安倍晋三提议召开了亚洲文化交流恳谈会，在该会议建议下，12月，安倍晋三倡议组建“亚洲中心”，并提议每年组织“文化之WA（和、环、轮）”系列文化交流活动至2020年，以促进日本与亚洲国家之间的双向文化交流。2014年，《东盟-日本健康倡议》推出，日本动员本国相关力量支持东盟建设“健康寿命发达地区”的努力，为此，日本计划在五年内协助东盟培养8000名相关人才，定期召开“东盟-日本健康论坛”以推进双方的持续合作。[③] 2014年开始，在“Sport for Tomorrow”框架下（2014~2020年），日本、东盟开始了为期七年的体育合作；2017年11月，首次东盟-日本体育部长会议（AMMS+Japan）召开，双方通过了《东盟-日本体育合作愿景》，规定了今后体育合作的政策与发展方向。在灾害管理领域，2017年8月召开的东盟-日本外长会议指出，日本要加强与东盟在《东盟防灾紧急应对协定2016~2020年实施计划》框架下的合作；日

① 日本外務省：日・ASEAN主要協力事業，https：//www.mofa.go.jp/mofaj/area/asean/j_asean/ja_skj_03.html#06，2023年5月19日浏览。

② 日本外務省：JENESYS，https：//www.mofa.go.jp/mofaj/a_o/rp/page24_001716.html，2023年5月19日浏览。

③ 首相官邸：ASEAN健康イニシアチブ・ワーキンググループ，https：//www.kantei.go.jp/jp/singi/kenkouiryou/kokusaitenkai/asean_wg_dai1/gijisidai.html，2023年5月19日浏览。

本还将为支援“东盟灾害管理人道主义援助协调中心”（AHA Centre）与东盟成员国灾害应急物流系统（DELSA）的互联互通建设，帮助 AHA Centre 建设综合信息通信系统以帮助该中心高效运营；自 2021 年开始东盟-日本灾害管理部长级会议（AMMDM+Japan）定期召开，日本、东盟的灾害管理合作水平不断提高。[①] 新冠疫情期间，日本与东盟还通过在东盟主导的各双边与多边平台开展大量合作，为该地区的疫情应对工作作出了积极贡献。

四　东盟-日本合作关系展望

2023 年是日本与东盟建立合作关系 50 周年，双方将于 12 月召开特别领导人会议探讨未来双方的合作发展方向。作为特别领导人会议讨论主题的风向标，2023 年 2 月，东盟-日本知名人士会议发布了《东盟-日本友好合作 50 周年知名人士报告书》，对今后双方合作关系的发展提出了建议。一是，基于自由、开放的规则构建公正的地区秩序，合作的主要内容包括：推进地区内紧张局势缓和、强化东盟架构、支持东盟秘书处机构与机能强化工作、推进安全合作等。二是，创建经济可持续发展的、公正的共生社会，合作的主要内容包括：保持和强化自由开放与公正的经济秩序、实现经济的活跃与高度发展、合作推进社会的发展与公平公正、创建可持续发展的韧性社会。三是，培育基于新的东盟-日本伙伴关系的相互理解与信任，合作的主要内容包括：促进双方各层次人才与知识和文化的交流、在双方高层次青年人才之间保持和强化多层次的人才网络建设与对话渠道建设。[②] 东盟-日本知名人士会议把上述三个方面的建设称为“新的东盟-日本合作伙伴关系的三大支柱”。由此推断，双方可能将于 2023 年 12 月把双边关系提升为“全面战略伙伴关系”，并在前述三个方面推进双方合作关系实现新的发展。

---

① 日本外務省：日・ASEAN 外相会議，https：//www. mofa. go. jp/mofaj/a _ o/rp/page4 _ 003183. html，2023 年 5 月 19 日浏览。

② 日本外務省：日本 ASEAN 友好協力 50 周年有識者会議報告書（概要），https：//www. mofa. go. jp/mofaj/files/100454503. pdf，2023 年 5 月 19 日浏览。

Y.12

中国-东盟关系2022~2023年回顾与展望

古小松*

摘　要： 2022 年，新冠疫情影响仍在，乌克兰危机爆发，世界局势严峻。中国与东盟经受住了考验，全面战略伙伴关系开局良好。中国继续支持东盟在国际舞台发挥作用，东盟持续坚持自主中立立场，双边政治外交关系稳定发展，经济合作方面，东盟连续第三年成为中国最大的贸易伙伴。2023 年上半年，中国与东盟政治、经济、人文交流合作继续向前发展，亦呈现出一些新的特点。

关键词： 中国-东盟关系　全面战略伙伴关系　政治外交关系　经贸文化交流

2022 年是中国与东盟确立全面战略伙伴关系的开局之年，也是世界局势因乌克兰危机而变得复杂多变的一年。不过，中国与东盟关系在政治、经济、人文交流等方面依然稳步发展。2023 年上半年，中国与东盟的关系延续 2022 年的发展态势，这对地区乃至世界的和平发展与稳定极为有利。

一　政治外交关系稳定

2022 年，中国继续把周边外交作为对外关系的首要，并把东盟放在优先位置，东盟则是坚持不选边站的原则。中国与东盟双边政治外交关系持续

* 古小松，博士，海南热带海洋学院东盟研究院教授、院长，广西社会科学院研究员，硕士生导师，研究方向为国际关系、东南亚历史文化，享受国务院政府特殊津贴。

发展；南海局势得到有效管控，没有出现重大风波；中国东盟命运共同体建设共识不断增进，部分国家与中国提出了建设的行动计划。

（一）顶层互访引领

2022 年，疫情影响仍在，中国领导人外访频次不多，然而，其中有两次外访安排在了东南亚，一次是习近平主席到印度尼西亚、泰国，分别参加 G20 领导人第十七次峰会和 APEC 第二十九次领导人非正式会议，另一次是李克强总理到柬埔寨参加东盟系列峰会。与此同时，多位东南亚重要领导人来访，分别是越共总书记阮富仲，印尼总统佐科，老挝人民革命党总书记、老挝国家主席通伦·西苏里。印度尼西亚、泰国和越南都是东盟重要的国家。中国与东盟国家的互访有力地推动了双边关系的全方位发展。

2022 年，G20 与 APEC 两场峰会在东南亚举行。11 月 14~16 日，中国国家主席习近平先赴印度尼西亚出席 G20 领导人峰会，并访问印度尼西亚。这表明中国对印度尼西亚举办峰会的支持，亦是 2022 年对印度尼西亚的回访。访问期间，习近平主席与佐科总统举行会谈，以促进双边关系的发展。2022 年 7 月 25~26 日，印度尼西亚总统佐科访华，这是北京冬奥会后首位来访的外国元首，两国发表了《中华人民共和国和印度尼西亚共和国两国元首会晤联合新闻声明》，双方就共建中印尼命运共同体达成共识。印尼是东南亚最大的国家，中国印尼关系的发展对中国与东盟关系发展至关重要。

继印尼之行后，2022 年 11 月 17~19 日，习近平主席到泰国出席 APEC 领导人非正式会议，并访问泰国。这是新冠疫情后习近平主席首次线下出席 APEC 峰会，会议期间习近平会见了新加坡总理李显龙等东盟国家领导人。这也是习近平主席以国家元首身份首次对泰国进行访问。习近平主席与哇集拉隆功国王、巴育总理分别举行了会见会谈，双方签署了关于中泰命运共同体的联合声明、关于中泰战略性合作的行动计划以及关于共建“一带一路”合作规划共 3 份重要文件，赋予了“中泰一家亲”新的内涵。跟其他东南亚国家一样，中泰是好邻居、好朋友、好伙伴，泰国则再加一个“好亲戚”。

2022 年 11 月 8~13 日，国务院总理李克强赴金边出席当年的东盟系列峰会，并访问柬埔寨。李克强总理 11 月 11 日出席第 25 次中国-东盟（10+1）领导人会议。在会上李克强总理提出了“进一步凝聚发展合作共识”“不断增强发展动能”“持续夯实发展支撑”“加强多边发展治理协作”等推动中国东盟合作的建议。中国与东盟发表了《关于加强中国-东盟共同的可持续发展联合声明》《纪念〈南海各方行为宣言〉签署 20 周年联合声明》《中国-东盟粮食安全合作联合声明》等。此外，李克强总理还参加了第 25 次东盟-中日韩领导人会议和第 17 届东亚峰会。访柬期间，李克强总理与柬埔寨国王西哈莫尼、首相洪森举行了会见会谈，两国发表了《中华人民共和国政府和柬埔寨王国政府联合公报》，双方同意在 2019 年确定中柬命运共同体建设的基础上签署新的行动计划，推动两国的全方位合作。

东盟于 1967 年成立，至 2022 年已有 55 周年，就此中国发表了《中国支持东盟中心地位的立场文件》，表示作为近邻和全面战略伙伴，中国希望东盟团结、独立、强大、发展，承诺并一如既往支持东盟在地区和国际事务中的中心地位。

（二）东盟高度重视并祝贺中共二十大，重申支持一个中国

1. 东盟各国高度重视和热烈祝贺中共二十大的成功举行

2022 年 10 月 16~22 日，中共二十大在北京胜利召开，这是中国共产党领导中国人民向第二个百年奋斗目标迈进的重要会议，对中国、对周边国家和地区，乃至对世界都是具有深远影响的大事。多国政要纷纷致电祝贺中共二十大的成功举行，同时他们通过大会来全面、深入了解中国发展现状和未来规划前景。

越共中央总书记阮富仲则是作为中共二十大闭幕后第一位外国最高领导人于 2022 年 10 月 30 日至 11 月 1 日来华访问。访问期间，中共中央总书记、国家主席习近平，国务院总理李克强，全国人大常委会委员长栗战书，全国政协主席汪洋与阮富仲举行了会见会谈，两国发表了《关于进一步加强和深化中越全面战略合作伙伴关系的联合声明》。该联合声明篇幅之长、

内容之详尽，都较往年更进一步，为中越两党两国的社会主义事业以及双边关系指明了方向。

老挝人民革命党中央总书记、国家主席通伦·西苏里应邀于2022年11月29日至12月1日访问了中国。中老双方分别通报了中共二十大、老挝人革党十一大的情况。老挝方面热烈祝贺中共二十大的成功召开，祝贺习近平当选连任为中共中央总书记。

阮富仲和通伦此轮访华，体现了中越老都是共产党领导的社会主义国家的特色。

2. 东盟重申支持一个中国

2022年8月3日，美国众议院议长佩罗西窜访台湾地区，挑战一个中国的底线，一时台海局势成为各方关注的焦点。台海局势关乎本地区的稳定。8月3~5日，东盟外长系列会议在柬埔寨金边举行，东盟外长会罕见发表联合声明，“我们重申，东盟所有成员国对一个中国政策的支持”。①

此外，柬埔寨、菲律宾等东盟国家也于8月3、4日对台海问题发表声明，表示支持一个中国的政策。

（三）中国-东盟命运共同体建设不断推进

2013年10月3日，习近平主席在访问印尼时发表以《携手建设中国-东盟命运共同体》为题的演讲，指出“中方愿同印尼和其他东盟国家共同努力，使双方成为兴衰相伴、安危与共、同舟共济的好邻居、好朋友、好伙伴，携手建设更加紧密的中国-东盟命运共同体”。② 从提出到践行，已经近10年了，中国-东盟命运共同体建设在不断地往前推进。中国与东盟多个国家逐步达成了建设命运共同体的共识，乃至与一些东盟国家签署了建设命运共同体的意向协议（见表1）。

① 《东盟外长会，台海局势成焦点》，《环球时报》2022年8月5日，第3版。

② 《习近平在印度尼西亚国会发表重要演讲》，人民网，2013年10月3日，http://politics.people.com.cn/n/2013/1003/c1024-23101573.html，2023年6月25日浏览。

表 1　中国与东盟国家建设命运共同体情况一览

国　家	时间	主要合作文件	事项说明
柬埔寨	2019 年 4 月 28 日	《中华人民共和国政府和柬埔寨王国政府关于构建新时代中柬命运共同体行动计划（2024~2028 年）》	中柬两国提出共同建设中柬命运共同体
老　挝	2019 年 4 月 30 日	《中国共产党和老挝人民革命党关于构建中老命运共同体行动计划（2024~2028 年）》	老挝是习近平主席提出共建命运共同体较早的东盟国家
泰　国	2022 年 11 月 19 日	《中华人民共和国和泰王国关于构建更为稳定、更加繁荣、更可持续命运共同体的联合声明》	中泰是在“中泰一家亲”的基础上建设命运共同体
缅　甸	2020 年 1 月		习近平主席访问缅甸，两国达成建设命运共同体共识
印度尼西亚	2022 年 7 月		两国元首确定建设命运共同体大方向
马来西亚	2023 年 3 月		马来西亚总理安瓦尔访华，两国就共建命运共同体达成共识

资料来源：古小松：《从中国东盟命运共同体到人类命运共同体——发展新时代的中国东南亚关系》，《广东农工商职业技术学院学报》2018 年第 4 期；笔者据中国、柬埔寨、老挝、泰国、缅甸、印度尼西亚、马来西亚官方发布的信息整理而成。

2013 年，习近平主席在印尼提出中国-东盟命运共同体建设。2022 年 7 月，印尼总统佐科访问中国时，两国元首终于确定了建设中国与印尼命运共同体的大方向。11 月 16 日佐科在与到访的习近平主席会谈时表示，“希望双方深化战略合作和务实合作，共同打造两国命运共同体”。①

中国-东盟命运共同体从提出到达成共识，再到建设，需要一个过程，一些国家会早一些，另一些国家则会晚一些。柬埔寨、老挝、泰国与中国签订了建设命运共同体的行动文件。缅甸、印尼、马来西亚则与中国达成了建

① 《习近平同印尼总统佐科举行会谈》，新华网，2022 年 11 月 7 日，http：//www.news.cn/world/2022-11/17/c_1129134829.htm，2023 年 6 月 25 日浏览。

设命运共同体的共识。

东盟国家中，老挝是走在践行命运共同体建设前列的国家。习近平主席在雅加达提出建设中国-东盟命运共同体之前，2013 年 9 月首先提出构建中老命运共同体。中老两党 2019 年 4 月签署了《中国共产党和老挝人民革命党关于构建中老命运共同体行动计划》，这标志着两国进入实质建设命运共同体的阶段。该行动计划具体提出在未来五年，“推进战略沟通与互信、务实合作与联通、政治安全与稳定、人文交流与旅游、绿色与可持续发展”等五项行动。[①] 老挝人民革命党中央总书记兼国家主席通伦·西苏里 2022 年来华访问，中国与老挝签署了《关于进一步深化中老命运共同体建设的联合声明》，声明指出“政治上互尊互信、经济上互惠互利、安全上守望相助、人文上相知相亲、生态上共生共治”[②] 等。

柬埔寨是又一个坚定推进与中国建设命运共同体的东盟国家。习近平主席 2016 年 10 月访问柬埔寨，把中柬关系评价为“高度互信的好朋友、肝胆相照的好伙伴、休戚相关的命运共同体”。[③] 中国与柬埔寨 2019 年 4 月 28 日，签署了两国建设命运共同体行动计划，柬埔寨成为与中国建设命运共同体行动计划的首个国家。2023 年 2 月 9~11 日，柬埔寨王国首相洪森来华访问，两国发表了《中华人民共和国和柬埔寨王国关于构建新时代中柬命运共同体的联合声明》。

马来西亚总理安瓦尔于 2023 年 3 月 29 日至 4 月 1 日来华访问并出席在海南举行的博鳌亚洲论坛，两国就共建命运共同体达成了共识。

中国与东盟建设命运共同体的内涵包括政治安全、经济、人文、生态等。近年来双边关系的密切合作发展，中国与东盟在不少领域已形成了命运与共的格局，而体现在明文上则还需要各方更多的沟通、理解，甚至要排除

① 张勇：《打造中老命运共同体建设典范》，光明网，2019 年 11 月 30 日，https://m.gmw.cn/baijia/2019-11/30/33362839.html，2023 年 6 月 25 日浏览。

② 刘盈：《中老命运共同体为构建人类命运共同体作出示范》，理论网，2022 年 12 月 30 日，https://www.cntheory.com/gjgx/202212/t20221230_54599.html，2023 年 6 月 25 日浏览。

③ 《共同开启中柬命运共同体建设新时代（和音）》，《人民日报》2023 年 2 月 14 日，第 3 版。

外来的干扰，实实在在做好每一项合作，达至互利共赢。

命运共同体建设是一项造福人类的宏伟事业。将其循序渐进，扎扎实实，由小到大，从国别开始，把地理相连、人文相通、已有很好基础的中柬、中老、中泰命运共同体建设好，推而广之，拓展而建设中国-东盟命运共同体，以进一步推动亚洲命运共同体的构建，面向世界范围建设人类命运共同体，其意义重大。

二　经贸文化交流在抗疫中发展

（一）贸易增长

2022 年中国与东盟贸易在继续受到新冠疫情影响的情况下，双方采取了诸多的促进措施。RCEP 开始生效、中老铁路的开通、中国增加进口东南亚农产品等都是助力双方贸易往来，推动中国东盟贸易持续增长的重要因素。2022 年 9 月 16~19 日举办了第 19 届中国-东盟博览会，其主题是“共享 RCEP 新机遇，助推中国-东盟自由贸易区 3.0 版”。本届博览会采取“云上东博会+实体展”模式进行，展览总面积达 10.2 万平方米，5000 多个展位，举办了 88 场线上线下经贸活动，促成了一批贸易和项目的合作。

据统计，中国-东盟 2022 年贸易额达到 6.52 万亿元，同比增长 15%，其中进口额 2.73 万亿元，同比增加 6.8%；出口额 3.79 万亿元，同比增加 21.7%。东盟连续 3 年超过欧盟、美国，保持中国第一大贸易伙伴地位，占中国外贸比重升至 15.5%，较 2021 年提高 1 个百分点。[①] 2022 年中国与印度尼西亚进出口商品总额增长达 23.8%，价值 9956.9 亿元，其中中国出口印度尼西亚 4755.7 亿元，同比增长 21.6%；进口 5201.2 亿元，同比增长 26.0%。中国与菲律宾贸易额为 5852.8 亿元，同比增长 10.6%。其中中国

① 《2022 年中国与东盟、RCEP 成员国及“一带一路”沿线国家贸易情况》，澎湃新闻，2023 年 1 月 13 日，https://www.thepaper.cn/newsDetail_forward_21549944，2023 年 6 月 25 日浏览。

对非出口 4319.3 亿元，同比增长 17.0%；从非进口 1533.5 亿元，同比下降4.1%。

为了促进双向平衡贸易，近年中国优化东南亚国家的农产品检疫准入程序，增加对东盟国家农产品的进口，如老挝的百香果、柬埔寨的龙眼、越南的榴莲等。据统计，2022 年中国与东盟农产品贸易额达到 610 亿美元，中国从东盟国家进口 2468.6 亿元，增幅达 21.3%，其中中国进口单一的榴莲 82.5 万吨，价值 40 亿美元，数量、价值分别是 2017 年的 4 倍和8 倍。①

由表 2 可见，越南、马来西亚 2022 年在东盟国家中继续保持对华贸易的前二，印度尼西亚超过泰国排第三位。印尼是东南亚第一大经济体，中印尼贸易的快速增长将有力带动中国与东盟经贸关系的发展。

表 2　2022 年中国与东盟贸易情况

	进出口（亿美元）	增长率（%）	出口（亿美元）	增长率（%）	进口（亿美元）	增长率（%）
文　莱	30.8	7.5	8.3	30.4	22.5	1
柬埔寨	160.2	17.5	141.8		18.4	
印度尼西亚	1490.9	19.8	713.2	17.8	777.7	21.7
老　挝	56.8	31.0	23.4	40.9	33.4	24.9
马来西亚	2035.9	15.3	937.1	19.7	1098.8	11.8
缅　甸	251.1	34.9	136.2	29.9	114.9	41.5
菲律宾	880	7.5	649	13.6	231	-6.6
新加坡	1151.3	22.8	339.6	-12.5	811.7	47.8
泰　国	1350	3.0	784.8	13.4	562.2	8.6
越　南	2349.2	2.1	1469.6	6.8	879.6	-4.7
东　盟	9753	9.1	5673	9.8	4081	8.3

注：增长率为与上年同比，各统计口径有区别，供参考。

资料来源：数据为笔者根据中国、东盟国家统计、海关等公布的数据及官方媒体报道整理而成。

① 《东南亚榴莲进军中国市场》，《参考消息》2023 年 2 月 26 日，第 15 版。

（二）经济合作

近年中国与东盟在经济合作上全面展开，包括“一带一路”基础设施、金融、工业、农业、服务业等。在新兴的电商物流方面，已有11家中国物流快递企业投资布局东南亚，总额达100多亿美元。

1. 中国与东盟的金融、投资合作

据2022年9月17日在中国南宁举行的第14届中国东盟金融合作与发展领袖论坛的信息，近年中国与东盟在金融领域的合作日益深化，货币合作更加多元，中国与印尼、越南、柬埔寨签订了双边本币结算协议，与新马泰及印尼等签订了货币互换协议。令人关注的是，人民币跨境使用不断取得进展。中国-东盟2021年跨境人民币结算达到4.8万亿元，同比增长16%。新马泰菲四国安排了人民币结算银行。中国广西作为使用数字人民币开展与东南亚进行贸易的试点，人民币国际化走在了中国9个边境省区及12个西部省区的前列，占与东盟国家人民币结算量的60%以上。[①]

2022年，中国与东盟的投资合作继续发展。中国对东南亚国家的投资不断增加，成为马来西亚、泰国、柬埔寨、老挝、文莱的第一大投资来源国，印尼、缅甸的第二大投资来源国，菲律宾的第三大协议外资来源国，越南的第六大投资来源国，涵盖了东盟11个国家中的9个。2022年中国东盟双向投资额累计超过3400亿美元，东南亚成为中国企业“走出去”重要地区。2022年1~7月，中国在共建“一带一路”国家非金融类投资额为118.7亿美元，同比增加5.1%，投资的国家主要有新加坡、印尼、马来西亚、泰国、越南、柬埔寨、老挝等。

2.“一带一路”合作

东南亚是“一带一路”的重点地区，陆海新通道、中老铁路往南延伸、雅万高铁等项目在2022年不断取得进展。

中国非常重视西部陆海新通道的建设，它连通亚欧，有效对接中亚国家

① 《人民币积极拓展在东盟跨境使用》，《参考消息》2022年9月20日，第16版。

的海运需求与东盟国家的陆运需求。在2019年制订发布的《西部陆海新通道总体规划》基础上，国家发展改革委2021年发布了《“十四五”推进西部陆海新通道高质量建设实施方案》。经过近年的合作发展，西部陆海新通道取得了显著成效。2022年新开通线路78条，比2021年增加了4倍多，已通达119个国家（地区）的393个港口，辐射国内18个省区、60个城市和116个站点。借RCEP于2022年生效之东风，中国与东南亚国家乃至欧亚之间的货物往来不断增多，陆海新通道的货物运输量也随之水涨船高，基本实现双向运输平衡。截至2022年底，铁海联运累计发送集装箱75.6万标箱，比2021年增加18.5%。利用陆海新通道运输货物的东盟国家中，箱量和货值情况：越南排首位，印尼、泰国排第二、第三位。截至2022年10月，陆海新通道有8901标箱通达新加坡，货值13.52亿元①。截至2023年第一季度，通道运输货物由最初的陶瓷等10多个品种，扩大到新能源汽车、电脑配件等940余种。陆海新通道是连接东盟国家、中国、欧洲距离最短、时间最省、陆路成本最低的国际贸易大通道，促进了欧亚沿途过国家的货物贸易及物流运输。

“一带一路”在东南亚的另一重要标志性工程是雅万高铁，这是东南亚地区的首条高铁，全长142公里，设计最高时速为350公里，连接印尼首都雅加达与旅游城市万隆。铁路采用中国标准及技术，是中国高铁首次在国外建设的全系统、全要素、全产业链项目。2015年中印尼正式签署合作协议。2016年1月21日举行开工仪式。2018年6月9日正式下达开工令。2022年6月21日全线13座隧道全部贯通，10月16日全线箱梁架设完成，11月16日首次试运行成功。印尼是东南亚首屈一指的面积、人口、经济大国，雅万高铁的建成，将大大助力该国经济社会的快速发展。

3. 中老铁路初显成效

“一带一路”的标志性工程——中老铁路全长1035公里，北起中国云

① 截至2023年3月23日，铁海联运班列开行量已突破2.5万列；2023年前5个月，西部陆海新通道铁海联运班列运输货物35万标箱，同比增幅12%。

南昆明，南至老挝万象，2021 年 12 月 3 日全线通车运营。2022 年中老铁路累计运输货物 1271. 3 万吨（其中跨境货物运输 238. 4 万吨），完成年度目标的 149%，货值 150 多亿元，货物包括橡胶、化肥、百货、电子、通信、光伏、汽车、鲜花等 1400 多个品种，尤其是老挝、泰国以及东盟其他国家的优质水果通过冷链专列很快就进入中国市场。中老铁路货物来源和到货地点覆盖 13 个国家以及中国 31 个省区市。在中国与东盟铁路货物运输中，中老铁路运输的比重达到 44. 7%。在旅客运输方面，累计完成 882. 2 万人次，完成率 196%。

中老铁路更重大的意义是其向南的延伸。老挝万象南站换装场于 2022 年 7 月 1 日建成投用，准轨铁路与米轨铁路在此联通，中国—老挝—泰国—马来西亚—新加坡铁路实现连接通达，首批跨境集装箱货物在此完成轨道转换后，往南驶向泰国的沿海港口。经中老铁路从中国到泰国间的运输时间比汽车转运缩短约 1 天，物流成本减少 20%以上。习近平主席与泰国总理巴育 11 月 19 日举行会谈时提出，将加快中老泰三方铁路合作。

中国与东盟国家运输部门正在培育“中老铁路+西部陆海新通道班列”和“中老铁路+中欧班列”等国际联运新模式，这将进一步推动亚欧之间的贸易以及物流运输的发展。①

（三）人文交流活跃

国之交在于民相亲，民相亲在于心相通。中国与东盟的人文交流是双边政治经济交流合作的重要基础。2022 年中国与东盟双方在教育、文化艺术等方面开展了多种层次、形式多样的人文交流。

1. 中国东盟博览会人文交流平台作用突显

一年一度的中国-东盟博览会以经贸合作为主，近年来逐渐发展成为一个双方乃至多边的政治、经济、文化交流的综合性平台，人文交流内容日益

① 2023 年 4 月 13 日中老铁路昆明南站、万象站双向对开国际旅客列车，昆明至万象实现当日通达。截至 2023 年 6 月 3 日，中老铁路开通运营满 18 个月，累计发送旅客 1640 万人次、货物 2100 万吨。

丰富。

2022年第19届中国-东盟博览会框架下共举办了21个高层论坛，其中博览会期间举办11个，涵盖科技、卫生、媒体、儿童福利、蓝色经济等。第四届中国-东盟卫生合作论坛发表了联合声明，2022年中国-东盟视听传播论坛发布了《中国-东盟视听国际传播十年发展报告》。第17届中国-东盟文化论坛在博览会前的6月1~3日举行。中国-东盟博览会2022年还举办了该领域的会展业合作发展论坛。

2. 中国东盟教育交流成效卓著

2022年中国-东盟教育交流周的主题为“共建友好家园，共创多彩未来”，8月23日在贵阳举行开幕式，中国国务院副总理孙春兰、菲律宾副总统莎拉、柬埔寨常务副首相宾成以及东盟秘书长林玉辉通过视频致辞，中国和东盟各国教育部长在各分会场出席。

中国东盟博览会发挥平台作用，以学校交流为重点，深化中国与东盟国家的教育交流合作，搭建中国-东盟高校智库联盟、中国-东盟边境职业教育联盟、中国-东盟艺术大学联盟、中国-东盟旅游教育联盟、中国-东盟青年培训基地等交流平台。

近年来，除了中国与东盟国家间有大量学生相互到对方国去学习语言外，中国出现了越来越多大学本科毕业生到东南亚国家读研深造的现象，不少中国学生由选择去欧美，或继续在国内深造，转而考虑到东南亚国家去读硕读博。

据《2022中国留学白皮书》（启德教育）的数据，2022年东南亚地区约有10万名中国留学生，把新加坡、马来西亚、泰国作为留学目的地。在马来西亚、泰国学习的留学生中，中国学生超过了60%。中国留学泰国的学生人数五年增加了1倍。2020~2021年中国学生向马来西亚申请读博士的人数增幅达134%。[①]

留学东南亚的“性价比高”，包括花费的资金少，申请相对简易。去新加

① 《马来西亚：博士申请数量陡增》，《环球时报》2022年8月8日，第13版。

坡、马来西亚、泰国读硕士，学制通常比中国国内的短，部分课程还提供在线授课。泰国硕士学制一般为1~2年，博士学制为2~3年，部分项目甚至不要求雅思成绩，一年的学费约为10万元。中国与泰国等东南亚国家的教育部门签署了高等教育学历学位互认协议，各国教育部批准的大学颁发的文凭得到相互认可。此外，泰国文化环境包容性强，留学生很快就可以适应当地的生活。

3. 中国东盟文学艺术交流

中国与东南亚音乐元素交融。由广西艺术学院主办的中国-东盟音乐周首创于2012年，2022年中国-东盟音乐周在广西南宁举行，其间举办了8场精品音乐会、4场中外专家学术讲座、4场学术高峰论坛。

2022年中国-东盟舞蹈交流研讨会于8月27日在云南民族大学艺术学院举行。11月6日，“联通丝路·印象侨乡”东盟文化艺术创作季（第三季）国际交流活动在集美东盟文化艺术交流中心举办。

12月是中国-东盟文化艺术交流活动最为频繁的一个月。中国-东盟戏剧周7日晚在广西南宁开幕，一周时间里，来自泰国、菲律宾、新加坡、越南、印尼等东南亚国家的24个艺术团体，与中国上海、广西、浙江等11个省区直辖市的艺术家开展了23场精彩演出，通过线上互动，进行联欢交流。由贵州民族大学主办、该校东盟人文学院承办的2022年中国-东盟教育交流周项目“中国-东盟青年跨文化交际活动营”12月8日在贵阳举行，同日以“承载丝路愿景，搭建文学桥梁”为主题的“中国-东盟文学交流研讨会”在南宁举行。12月29日，2022年中国-东盟电影文化周在广西南宁开幕。

三　2023年：开局良好向前行

在充满挑战的2023年，中国与东盟的关系没有发生大的变化，双方的政治、经济、文化交流合作继续往前发展。

（一）东盟国家领导人密集访华

新年过后，菲律宾总统费迪南德·罗慕尔德兹·马科斯2023年1月3~

5日率先第一个来华访问。马科斯此次访华，两国签署了建立南海问题沟通渠道、中国向菲律宾提供15亿元援助、旅游合作谅解备忘录等14项合作文件。1月5日中菲发表联合声明，两国同意以和平方式处理争议。但是，也要看到，在中国与东盟关系总体向好的情况下，由于美国加大了对一些国家的拉拢力度，尤其是菲律宾，在2022年小马科斯上台后，正在逐步调整外交政策，从其前任杜特尔特的亲近中国，转为加速发展与盟国美国的关系，尤其是在军事领域，菲律宾同意美国在菲增加4个军事基地，加上原来的5个，美在菲使用的军事基地达到了9个。

2023年3月至4月初，新加坡总理和马来西亚首相相继访华，他们是中国2023年全国两会结束后，首批来华访问的外国领导人，并一同出席在海南举办的博鳌论坛。新、马两国是东南亚经济发展水平较高的国家，其领导人访华的重要目的就是在新冠疫情过后，推动与中国的经济合作。当然，这也将会带动中国与东盟的经济合作。新加坡总理李显龙在相隔4年后再次访华，先后访问了广东、海南、北京等地，出席亚洲博鳌论坛。4月1日，中国商务部长与新加坡贸工部部长签署了《中华人民共和国商务部和新加坡贸易与工业部关于宣布实质性完成中国-新加坡自由贸易协定升级后续谈判的谅解备忘录》，实质性完成了两国自贸协定升级后续谈判，这是中国首次与外国签订带有负面清单的自贸协定，将有助于促进中国-东盟自由贸易区3.0版的谈判。

（二）军事合作超过以往

当今世界安全形势严峻，为了维护地区的和平稳定，中国与东盟国家加强了安全防务合作（见表3），以应对有可能发生的安全问题。2023年4月27日，中国为泰国建造的价值2亿美元的“象岛”号登陆舰抵达泰国。该舰长213米，宽28米，排水量2万多吨，最高航速25节，航程1万海里。

进入2023年，中国与东盟国家的联合军事演习，包括双边和多边都较以往有了增加，中国与部分东盟国家已经或计划在年内举行联合军演。

表3　2022年、2023年中国与东盟国家联合军演情况

东盟国家	时间	地点	名称	备注
柬埔寨	3月19日至4月8日	柬埔寨海域及磅清扬省	“金龙-2023”联合演习	从2016年以来进行了5次
新加坡	4月下旬至5月上旬	新加坡马六甲海峡附近海域	“中新合作-2023”海上联合演习	中国海军导弹护卫舰玉林舰、猎扫雷舰赤壁舰参演
老挝	5月9至28日	老挝人民军库马丹学院训练场	“友谊盾牌-2023”联合军演	背景为“打击跨国武装集团犯罪行为”
印尼	6月4至8日	婆罗洲与苏拉威西岛之间海域	“科莫多-2023”多国海上联合演习	自2014年,中国军舰第四次参加该军演
泰国			“金色眼镜蛇-2023”多国联合演习人道主义救援减灾演练	自2014年,连续10次应邀参演
东盟5国:柬埔寨、越南、老挝、泰国和马来西亚	2023年		“和平友谊-2023”	始于2014年的中马联合军演。2018年泰国加入。2023年越南、柬埔寨和老挝加入

注：笔者根据《环球时报》2023年5月29日文章《中国与东盟国家军演再度扩员》，以及中国、柬埔寨、新加坡、老挝、印尼、泰国官方发布的信息等整理而成。

（三）“南海行为准则”制订磋商受关注

2002年中国与东盟国家在柬埔寨首都金边签署了《南海各方行为宣言》。20年来该宣言为维护南海的和平起到了巨大的作用。为了使南海稳定有一个更具有法律效力的文件，中国东盟在《南海各方行为宣言》基础上，近年不断推进“南海行为准则”的制订。

2022年，“南海行为准则”磋商得以摆脱疫情影响面对面举行。落实《南海各方行为宣言》的第38次联合工作组于3月8~10日在印尼雅加达举行会议，中国和东盟商定了2023年的工作计划，双方同意继续推进“南海行为准则”案文的磋商，这标志着“南海行为准则”制订磋商有望加速取得更大进展。

中国与东盟国家在南海的危机管控、《联合国宪章》的国际法精神等方面形成更多的共识，相向而行，将有助于“南海行为准则”的制订。

（四）中国-东盟自由贸易区3.0版可期

自由贸易是中国东盟经贸关系不断发展的重要推手。2002 年 11 月，中国-东盟领导人举行第六次会议，中国-东盟自贸区进程启动。2010 年 1 月 1 日，中国-东盟自贸区正式建成（称为 1.0 版）。2015 年 11 月 22 日，中国-东盟签署自贸区升级议定书，2019 年 10 月 22 日对所有成员全面生效（称为 2.0 版）。中国东盟自由贸易区建成以来，双边贸易有了巨大的发展。

新形势下，为了推进更大开放市场，推动双边贸易向更高层次发展，中国东盟启动了自贸区 3.0 版的进程。2023 年 2 月 7 日，《中国-东盟自由贸易协定》首轮升级谈判以线上方式举行。2023 年 4 月 10~12 日第二轮谈判在泰国曼谷举行，这是双方举行的 3.0 版首次线下谈判，讨论了升级后自由贸易协定的关键要素及谈判的工作计划。中国东盟把开放性作为首要原则，在不对抗、不树敌的外交思想指导下，打造一体化的产业链，促进彼此比较优势的深度对接，向友好型、互助型、可持续、普惠式发展，实现双方互利共赢的经济增长。

为了扩大从东南亚的进口，平衡双边的进出口，中国特别增加了对东南亚农产品的进口，尤其是东南亚国家的水果。中国已开放东南亚的榴莲进入，在 2022 年增长的基础上，2023 年初泰国、越南、菲律宾、马来西亚、柬埔寨、老挝的榴莲大举进入中国市场。

（五）旅游及地方交流先行

1. 中国游客的重返使东南亚旅游市场迎来春天

中国是多个东南亚国家的头号旅游客源国。疫情期间，东南亚国家旅游遭受巨大打击。2023 年伊始，到东南亚去旅游再次成为中国人的热门选择。

东南亚国家对此高度重视，泰国、新加坡、马来西亚、印尼、越南、柬埔寨等以旅游业为重要产业的国家，把住宿、餐饮、零售、娱乐、运输等旅游及旅游相关的服务业作为2023年经济增长的亮点。它们热烈欢迎并以高规格接待第一批到来的中国游客。

尤其是旅游大国泰国，张开双臂，热烈欢迎中国的游客。1月9日，泰国副总理兼公共卫生部长阿努廷率领旅游与体育部长、交通部长、旅游局长以及泰国公共机场有限公司的领导，在素万那普国际机场为疫情后首批飞抵曼谷的中国游客举行隆重欢迎仪式。泰国方面预计，2023年接待的国际游客人数将达到2500万~3000万人次，其中中国旅客约达700万~1000万人次，接近疫情前2019年的水平。

4月13日，中老铁路开行国际旅客列车，这将大大促进中国与老挝、泰国等中南半岛国家之间的游客往来。

2. 中国地方领导访问东南亚

2023年2~5月，中国4位地方省区党委书记访问东南亚，服务党和国家的周边外交大局，体现了中国与东盟国家睦邻友好关系的重要特色，访问次数最多的目的地是越南，其次是印尼、新加坡、马来西亚。

（六）中国与东南亚国家加强安全合作

东南亚地区社会总体安全，不过，2023年3~6月，连续发生了5起针对到东南亚去经商、留学、旅游的华人实施伤害的案件，一些案件的加害人是当地人，而有一些案件的犯罪嫌疑人则是一些在东南亚的中国人。

其中两起发生在泰国，还有两起发生在柬埔寨。

印尼旅游胜地巴厘岛金巴兰洲际酒店4223房5月1日发生了一起命案。

近期，一些电讯诈骗团伙盘踞在中缅边境地区的缅甸一侧，诱骗一些中国人到缅甸从事诈骗活动，引起了中国的高度重视。中国与缅甸举行了会谈，缅方表示愿意深化与中国的安全执法合作，严厉打击电信诈骗等违法犯罪活动。

结　语

中国与东盟的关系经受住了3年新冠疫情以及2022年乌克兰危机给世界格局带来的影响与考验，双边睦邻友好关系持续发展，这有助于各自的政治社会稳定，以及经济增长。2023年世界形势仍然复杂多变，而中国与东盟关系上半年开局良好，政治经济人文交流合作不断往前推进。而中国与东盟关系发展中出现的一些新特点，值得人们关注。

附　录　2022年东盟大事记

卢秋莉*

2022 年 1 月 5 日　东盟轮值主席国柬埔寨以线上方式举办东盟高官会（SOM）。会上，柬埔寨介绍了 2022 年东盟合作重心的主要方向。各国参会代表肯定了继续落实“五点共识”的必要性。

2022 年 1 月 6 日　关于柬埔寨担任 2022 年东盟国防部长会议（ADMM）主席国，其间的内容磋商会议以线上方式举行。

2022 年 1 月 16 日至 20 日　2022 年东盟旅游论坛在柬埔寨西哈努克港举行，会议主题为“和平共享未来共同体”。

2023 年 1 月 17 日　东盟轮值主席国柬埔寨首相洪森与东盟秘书长林玉辉（Lim Jock Hoi）会面，并就《区域全面经济伙伴关系协定》（RCEP）和缅甸局势等地区问题进行讨论。林玉辉于 1 月 15 日至 19 日对柬埔寨进行正式访问。

2022 年 1 月 18 日至 19 日　第 9 届东盟互联互通论坛在印度尼西亚雅加达举行。论坛由东盟-韩国中心计划与韩国海外建设协会（ICAK）联合举办。论坛聚焦讨论《东盟互联互通总体规划 2025》（MPAC 2025）中五大战略领域所涉及的“可持续基础设施”和“数字技术变革”等内容。

2022 年 1 月 19 日　第 25 届东盟旅游部长会议以线上和线下的方式在柬埔寨举行。东盟各国旅游部长一致同意在新冠疫情的背景下重新开放东盟旅游业。

---

* 卢秋莉，广西民族大学东盟学院信息室主任，主要研究方向为菲律宾研究。

2022 年 1 月 26 日　东盟秘书处在雅加达举行了题为“把握第四次工业革命：东盟前景、战略和计划”的线上视频研讨会。会议探讨了 2021 年 10 月在第 38 届东盟峰会上所通过的《东盟第四次工业革命的综合战略》。

2022 年 2 月 7 日至 8 日　东盟-印度可再生能源高层会议在雅加达举行。会议由印度新能源和可再生能源部和外交部同东盟能源中心和印度能源和资源研究所（TERI）联合举行。会议主题为“整合可再生能源市场的经验与创新”。

2022 年 2 月 10 日　东盟防长高官会在柬埔寨金边举行，东盟各国防长共议地区安全挑战。

2022 年 2 月 11 日　东盟-欧盟联合合作委员会第 29 次会议在线召开。会上，东盟和欧盟双方评估了《2018～2022 年东盟-欧盟行动计划》实施 4 年的情况，并希望尽快完成《2023～2027 年行动计划》。

2022 年 2 月 16 日　柬埔寨主持东盟高官会，会议以线上和线下相结合的方式在柬埔寨首都金边举行。

2022 年 2 月 16 日至 17 日　东盟外长非正式会议（AMM Retreat）在柬埔寨金边举行。由于东盟只允许缅甸派遣一名“非政治”代表出席会议，缅甸不参加此次会议。这也是东盟各国外长在疫情下的首次线下会议。

2022 年 2 月 17 日　第七次东盟经济共同体对话会在雅加达举行，会议由东盟秘书处举行。会议以线上和线下相结合方式举行，东盟各成员国、私营企业和部门以及政府机关的逾 90 名代表参加。

2022 年 2 月 21 日　东盟-智利发展伙伴关系委员会（AC-DPC）第三次会议以线上方式在雅加达举行。双方重申加强发展伙伴关系的承诺。

2022 年 3 月 9 日至 10 日　东盟海运工作组（MTWG）第 42 次会议在越南河内举行，会议由越南航海局主持。会上，东盟海运工作组对《2016～2025 年吉隆坡交通战略行动计划》落实情况，海运领域的新倡议，2022～2023 年行动计划落实进度，与国际海事组织、东盟对话伙伴国和区域协会的合作情况进行讨论。

2022 年 3 月 15 日　东盟经济一体化高级别工作组（HLFT-EI）第 41

次会议以线上方式举行。会议就柬埔寨担任 2022 年东盟轮值主席国期间获得东盟所有成员国支持的优先经济计划深入交换意见和看法，旨在推动数字化转型、经济体制改革和区域经济复苏等。

2022 年 3 月 14 日至 16 日 第 19 届东盟军事情报领导人会议（AMIIM-19）在柬埔寨金边举行，会议由柬埔寨主办，柬埔寨王家情报总局局长洪马内主持会议，东盟所有成员国军事代表团参加会议。

2022 年 3 月 14 日至 15 日 第 12 届东盟军队作战局长会议（AMOM-12）在柬埔寨金边举行。缅甸军方代表团与东盟其他成员国的武装部队代表团参加会议。会议主题为“团结一致、共同安全”。会后，柬埔寨将第 13 届东盟军队作战局长会议主席职务移交给印度尼西亚。

2022 年 3 月 17 日 第 19 届东盟国防力量司令会议（ACDFM-19）在柬埔寨金边举行。柬埔寨王家军总司令冯批森（Vong Pisen）上将主持会议。

2022 年 3 月 21 日 东盟缅甸特使、柬埔寨副首相兼外交与国际合作部大臣布拉索昆（Prak Sokhonn）开始对缅甸进行访问。

2022 年 3 月 21 日 东盟防务和安全研究所二轨网络（NADI）第 15 届年会暨第 7 次闭门会议以线上方式举行。

2022 年 3 月 28 日 第 10 次东盟-加拿大联合合作委员会会议以线上方式举办。双方就恰逢东盟与加拿大建立伙伴关系 45 周年之际在 2022 年内加强合作的相关问题进行了讨论。

2022 年 3 月 28 日至 29 日 东盟国防高级官员会议（ADSOM WG）和东盟国防高级官员扩大会议（ADSOM+ WG）以线上方式举行。会议由柬埔寨国防部政策与外事总局副局长兼东盟局局长、东盟国防高级官员会议和东盟国防高级官员扩大会议柬方主席莱陈达（Lay Chenda）主持。

2022 年 3 月 30 日 东盟社会文化共同体理事会（ASCC）第 27 次会议以视频方式举行。与会代表大力支持由柬埔寨提出的“东盟行动：共同应对挑战”主题和倡议。

2022 年 3 月 31 日至 4 月 1 日 《东盟共同体愿景（2025 年）》高级

别工作组在东盟秘书处总部召开首次会议。会议就2022年工作计划、工作组的议程流程和该愿景核心内容进行了讨论。会议通过了工作组2022年工作计划。

2022年4月5日 第23次中国-东盟联合合作委员会会议以视频方式在雅加达举行。中国驻东盟大使邓锡军与中国东盟关系协调国缅甸常驻代表昂苗敏共同主持会议。会议重点讨论了《中国-东盟战略伙伴关系行动计划（2021~2025年）》实施进展、中国-东盟建立对话关系30周年纪念峰会和第24次中国-东盟领导人会议成果落实以及2022年中国东盟高级别会议筹备等议题。

2022年4月7日 第29次东盟-新西兰对话会以线上方式举行。东盟和新西兰一致同意继续共同努力，有效实施《东盟-新西兰2021~2025年行动计划》。

2022年4月8日 第26届东盟财政部长会议，议题涉及东盟各工作委员会框架内的金融合作开展进度工作事项。

2022年4月8日 第八届东盟财长和央行行长会议以线上方式举行。会议期间，各国财长和央行行长与国际货币基金组织、世界银行、亚洲开发银行、亚洲基础设施投资银行和东盟与中日韩宏观经济研究办公室（AMRO）等国际金融机构领导进行了对话。

2022年4月8日 第12次东盟-澳大利亚联合合作委员会会议以线上方式举行。双方承诺进一步深化全面战略伙伴关系。

2022年4月12日 第13次东盟-美国联合合作委员会会议举行，双方重申了加强战略伙伴关系的承诺，会议还讨论了举办庆祝东盟-美国建立对话关系45周年活动的相关事宜。印度尼西亚常驻东盟代表团团长德里·阿曼（Derry Aman）主持会议。

2022年4月13日 韩国-东盟金融合作中心在印度尼西亚首都雅加达正式挂牌成立。金融合作中心将助力韩国金融企业进军东盟市场，缓解当地规制政策带来的不确定性，还为韩企参与东盟成员国主要基建项目提供政策性金融支持。

2022 年 5 月 12 日 第 25 届东盟与中日韩（10+3）区域财长和央行行长会议在线上举行。各方强调要加强宏观经济政策协调，采取支持性宏观经济政策，推动经济可持续复苏；欢迎并全力支持《区域全面经济伙伴关系协定》生效实施，进一步加强在贸易等多领域的合作。

2022 年 5 月 12 日至 13 日 由东盟轮值主席国柬埔寨首相洪森和美国总统拜登共同主持的东盟-美国特别峰会在华盛顿举行。会后，双方发表了一份联合声明，承诺在 2022 年 11 月将东盟与美国关系升级为“有意义、实质性和互惠互利的全面战略伙伴关系”。

2022 年 5 月 11 日至 15 日 第 15 届东盟卫生部长会议（AHMM）在印度尼西亚巴厘岛努沙杜瓦举行，东盟成员国同意设立东盟突发公共卫生事件和新发疾病应急处理中心（ACPHEED）。

2022 年 5 月 12 日至 23 日 第 31 届东南亚运动会在越南举办。

2022 年 5 月 17 日 东盟防务高官会议（ADSOM）在柬埔寨首都金边举行。柬埔寨王国国防部政策与对外总局局长内姆索瓦特（Nem Sowat）大将主持会议。

2022 年 5 月 18 日 东盟防务高官扩大会议（ADSOM+）在柬埔寨首都金边举行，东盟国家同俄罗斯、中国、美国、日本、韩国、澳大利亚、新西兰和印度等伙伴国的防务高官代表团团长出席会议。

2022 年 5 月 25 日 第 9 次东盟-韩国联合合作委员会会议在雅加达召开。会上，双方检讨 2021 年 10 月东盟-韩国联合声明中各项承诺的落实情况以及 2021~2025 年行动计划落实进展。

2022 年 5 月 27 日至 28 日 印度外交部与印度阿萨姆邦联合举办了纪念东盟-印度关系建立 30 周年和东盟-印度战略伙伴关系 10 周年的东盟-印度友好年系列活动——主题为“跨越东北的东向行动”的研讨会和题为“发展和相互依存中自然同盟”的研讨会。

2022 年 6 月 3 日 第 19 届东盟地区论坛安全政策会议以线上的形式召开。东盟地区论坛（ARF）27 个成员代表和东盟秘书处代表出席会议。会议就各国共同关心的世界和地区形势交换了意见。

2022 年 6 月 7 日　东盟高官会（SOM）和东南亚无核武器区条约执行委员会会议（SEANWFZ Excom）以线上方式举行。会议讨论了第 55 届东盟外长会议和有关部长会议的筹备工作以及 2022 年东盟各项优先事项。

2022 年 6 月 8 日　东盟与中日韩（ASEAN+3）高官会以视频方式召开。与会代表高度评价 2022 年"东盟+3"机制建立 25 周年（1997~2022 年）各项庆祝活动的重要意义。

2022 年 6 月 9 日　东盟基金会委托委员会（AF BOT）第 48 次会议在雅加达举办。会议对东盟基金会从 2021 年 11 月至 2022 年 4 月所举行的各项活动、基金会存在的问题和 2022 年下半年发展方向以及 2023~2026 年阶段东盟基金会首席执行官招聘计划进行了讨论。

2022 年 6 月 9 日　东盟地区论坛高官会（ARF SOM）举行，会议评估了东盟地区论坛 27 个成员国在一年以来的活动，并讨论了今后的计划和活动。与会代表就地区和国际形势、新冠疫情、恐怖主义活动、航行和网络安全等内容交换了意见。

2022 年 6 月 10 日　东盟-意大利发展伙伴委员会第二次会议在印度尼西亚雅加达东盟秘书处总部举行。双方同意了 2022~2026 年东盟-意大利实质性合作领域（PCA）文件。

2022 年 6 月 10 日　第 28 次中国-东盟高官磋商以视频形式举行。双方回顾了中国-东盟建立对话关系 30 周年纪念峰会成果落实进展，双方一致同意有效落实中国-东盟全面战略伙伴关系，并就共同关心的国际地区问题深入交流。

2022 年 6 月 15 日　东盟一体化倡议（IAI）工作组第 67 次会议在印度尼西亚雅加达东盟秘书处总部举行。会议旨在审查 IAI 工作计划框架内第四阶段（2021~2025 年）项目的实施情况，并提出解决方案，进一步提升工作计划实施效率。

2022 年 6 月 16 日至 17 日　印度外交部举办东盟与印度特别外交部长会议以纪念双方建立对话关系 30 周年和建立战略伙伴关系 10 周年。2022 年被确定为印度与东盟友好年。会议期间，东盟与印度举行第 12 届新德里对话会。

2022 年 6 月 19 日 第 4 次东盟-土耳其联合合作委员会会议在东盟秘书处总部举行，双方承诺继续加强双边合作。

2022 年 6 月 20 日 第 37 届东盟-日本高官论坛在雅加达举行，双方一致同意努力维护和促进贸易投资合作。双方还“重申了加强和推动双边伙伴关系，在 2023 年纪念东盟与日本建交 50 周年的承诺”。

2022 年 6 月 21 日 第 19 次东盟与加拿大高官年度对话会以视频形式举行。双方一致认为东盟与加拿大关系的发展潜力巨大，一致同意加强贸易和投资合作，努力谈判制定东盟-加拿大自由贸易协定，扩大双方在新兴领域的合作。

2022 年 6 月 21 日至 23 日 第 16 届东盟国防部长会议（ADMM）在柬埔寨金边举行。柬埔寨副首相兼国防大臣迪班主持会议。他表示，柬埔寨作为东盟轮值主席国，希望看到南海是和平、稳定、合作与繁荣之海。活动期间，还举行了东盟-日本国防部长非正式会晤和中国-东盟国防部长非正式会晤。

2022 年 6 月 29 日至 7 月 3 日 东盟缅甸问题特使、柬埔寨副首相兼外交与国际合作部大臣布拉索昆对缅甸进行第二次访问，旨在继续落实东盟缅甸问题“五点共识”。

2022 年 7 月 1 日 第 26 届东盟-韩国对话会在韩国举行。各国共同回顾了东盟-韩国关系所取得的进展。会议确定了双方今后发展的方向并讨论了国际和地区局势。

2022 年 7 月 5 日至 6 日 第 56 届东盟旅游高官会在老挝万象举办。各国官员就增加游客量和确保服务质量的解决方案交换意见。

2022 年 7 月 6 日 东盟互联互通协调委员会第二次会议（ACCC 2）在印度尼西亚拉布安巴佐举行。会议对实施《东盟互联互通总体规划 2025》的五个战略领域和 15 项倡议中的 14 项倡议所取得的积极进展给予高度评价。

2022 年 7 月 6 日 首届东盟-英国高官会在英国伦敦举行，双方一致同意推动对话伙伴关系框架内的各项合作机制。东盟与英国 2021 年 8 月起建立了对话伙伴关系。

2022 年 7 月 20 日 第九届东盟-印度打击跨国犯罪高官会以线上方式举行。会上，双方强烈谴责一切形式和表现的恐怖主义，同时强调需加强国际合作，以全面和可持续打击恐怖主义和跨国犯罪。双方一致同意 2023 年第十届会议在印度尼西亚举行。

2022 年 7 月 26 日至 8 月 6 日 第 20 届东盟大学生运动会在泰国乌汶府乌汶叻差他尼皇家大学（Ubon Ratchathani Rajabhat University）举行。

2022 年 7 月 30 日至 8 月 6 日 第 11 届东盟残疾人运动会在印度尼西亚苏拉加达市举行。

2022 年 8 月 1 日 第 55 届东盟外长会议及相关会议的筹备工作会议在柬埔寨金边召开。会议就外长会议的议程和相关活动进行了深入讨论并达成一致。

2022 年 8 月 2 日 《东南亚无核武器区条约》（SEANWFZ）委员会会议在金边举行。会上，各国代表继续承诺大力推进该条约的实施，对 2018~2022 年为加强东南亚无核武器区实施的行动计划取得的成果表示认可并同意延长 2022~2026 年阶段的行动计划。

2022 年 8 月 2 日 东盟外长与东盟政府间人权委员会（AICHR）对话举行。东盟政府间人权委员会代表强调了《东盟人权宣言》的意义。各国外长重申了《东盟人权宣言》在促进和保护本地区人权、为建设以人为本的东盟共同体方面的意义和价值。

2022 年 8 月 3 日 第 55 届东盟外长会议（AMM-55）开幕式在柬埔寨金边举行。会议主题为“东盟行动：共同应对挑战”。开幕式结束后，东盟各国外长出席 AMM-55 框架下的相关会议。

2022 年 8 月 3 日 东盟高官会暨题为“公务现代化：多样性和包容性”的第四次非正式讨论会在河内举行。会议主题为“实现公共事业现代化，走向齐心协力与主动适应的东盟共同体”。

2022 年 8 月 3 日至 5 日 第 21 届东盟公共事务合作会议（ACCSM 21）

在河内举行。东盟及东盟与中日韩公共服务机构代表团参加会议。

2022 年 8 月 3 日 东盟与中日韩公共事务合作第六次高官会在第 21 届东盟公共事务合作会议框架下举行。各国讨论并就开展实施《东盟宣言》及各项倡议框架内的合作内容达成共识。

2022 年 8 月 4 日 东盟与中国（10+1）外长会议在金边举行。各国外长高度评价东盟同中国建立全面战略伙伴关系以来开展的充满活力、内涵丰富、成效显著的合作。会议通过了中国-东盟全面战略伙伴关系行动计划。

2022 年 8 月 4 日 东盟与中日韩（10+3）外长会议在金边举行。各国外长一致同意加快推进区域经济一体化，全面实施 RCEP，助力各国增加经济韧性，保障产供链通畅，共同应对粮食和能源安全挑战。

2022 年 8 月 5 日 第 29 届东盟地区论坛（ARF）在柬埔寨金边举行。东盟十国、中国、美国、俄罗斯、印度、日本、韩国、澳大利亚等 27 个成员国的外长出席会议。

2022 年 8 月 5 日 第 55 届东盟外长会议（AMM-55）及相关会议在金边圆满落幕，通过了约 30 份区域合作文件。会议发布的联合公报中，东盟各国外长指出："RCEP 将为我们的复苏战略做出巨大贡献，并继续支持本地区开放、包容的贸易投资架构。"

2022 年 8 月 8 日 东盟成立 55 周年（1967 年 8 月 8 日至 2022 年 8 月 8 日）庆典在雅加达隆重举行。东盟秘书长林玉辉和印度尼西亚外长蕾特诺·马尔苏迪与会。2022 年 8 月 8 日至 10 日，2022 年第三届东盟最大网购节举行，由 2022 年东盟轮值主席国柬埔寨和新加坡、越南联合举办。东盟十国从事各个领域的逾 300 家企业参加。

2022 年 8 月 9 日至 12 日 第三届东盟-韩国青年峰会在韩国首尔江西区国际青少年中心举行。韩国与东盟 10 个国家的 100 多名青少年以线上和线下方式参加。

2022 年 8 月 23 日 主题为"共建友好家园，共创多彩未来"的 2022 年中国-东盟教育交流周以线上线下相结合方式在中国贵州省贵阳市举行，东盟和中国数百名代表与会。

2022年8月23日至25日 第42届东盟铁路局长会议在越南岘港市举行，柬埔寨、印度尼西亚、老挝、马来西亚、缅甸、菲律宾、泰国和越南铁路部门170名代表和观察员出席会议。

2022年8月23日至27日 2022年东盟青年志愿服务扩大论坛和东盟青年志愿者奖在越南广平省举行。

2022年8月26日 东盟突发公共卫生事件和新兴疾病中心（ACPHEED）秘书处在泰国首都曼谷卫生中心大楼正式成立。中心旨在加强东盟突发公共卫生事件和新兴疾病的应对能力。

2022年9月2日至4日 第36届东盟与韩国教育理事会会议在雅加达举行。会议主题为“后疫情时代复苏：数字技术世界中后疫时代教育设计”。

2022年9月14日 第25届东盟投资区理事会-东盟经济部长会议发布了主题为“疫后复苏和投资便利化”的《东盟投资报告（2022年）》（AIR）。

2022年9月14日至18日 第54届东盟经济部长会议在柬埔寨暹粒举行。会议重申，在与新冠疫情相关的持续挑战和不断加剧的地缘政治紧张局势中，东盟坚定不移地致力于区域经济一体化，共同应对区域和全球发展中的挑战。

2022年9月14日至16日 第四届中国-东盟卫生合作论坛在中国广西壮族自治区南宁市举行。论坛旨在深化中国与东盟国家后疫情时代卫生健康各领域交流合作，加强卫生体系韧性等。

2022年9月15日 由中国中央广播电视总台和广西壮族自治区人民政府共同主办的2022年“东盟伙伴”媒体合作论坛在广西南宁举行。来自17个国家70余家媒体及机构的近180位中外嘉宾以线上线下结合的方式参与。

2022年9月15日 东盟与联合国项目事务厅（UNOPS）签署协议，合作开展“防治海洋塑料垃圾项目”（SEA-MaP），协助东盟成员国应对海洋塑料污染。

2022年9月16日 第19次东盟与印度经济合作磋商会在印度尼西亚雅加达举行。各方认为东盟与印度经贸关系在受新冠肺炎疫情影响后开始复苏。会议还通过《东盟-印度货物贸易协定》（AITIGA）审查范围。

2022年9月16日至19日 第十九届中国-东盟博览会和中国-东盟商务与投资峰会在中国广西壮族自治区南宁市举行。会议主题为“共享RCEP新机遇，助推中国-东盟自由贸易区3.0版”。

2022年9月19日至25日 第一届东盟-欧盟文化节在印尼雅加达、泰国曼谷和柬埔寨金边举行，以纪念双边关系建立45周年。活动主题为“青年声音”。

2022年9月21日 第16届东盟打击跨国犯罪部长级会议（AMMTC 16）及相关会议以线上方式举行。会议主题为“东盟携手共同应对各种挑战”。

2022年9月22日 主题为“东盟身份与加强东盟同韩国合作：现在与未来”专题会议以线上线下相结合方式在印度尼西亚举行，会议由东盟秘书处主办。

2022年9月22日 第77届联合国大会举行期间，东盟外长非正式会议（IAMM）在美国纽约联合国总部举行，聚焦促进东盟合作措施，协调推荐东盟成员参与联合国机构和国际组织。

2022年10月1日至3日 中国-东盟落实《南海各方行为宣言》（DOC）第37次联合工作组会议在柬埔寨举行。

2022年10月1日至4日 东盟互联互通协调委员会（ACCC）第三次会议、ACCC与东盟“可持续基础设施建设领导机构”（LIB-SI）对话会、《东盟互联互通总体规划2025》监督、审查和评估机制（MRE）第五次会议、第十三届东盟互联互通论坛及ACCC与其他对话伙伴磋商会等会议在柬埔寨金边举行。

2022年10月5日 东盟秘书处在印尼雅加达举行主题为“促进东盟数字创业生态系统增长”的第八次东盟经济共同体对话会。

2022年10月11日至12日 东盟防长扩大会议在新加坡举行，会议讨论化学、生物及辐射性物质威胁等议题。

2022年10月11日至14日 第12届东盟教育部长会议（ASED）及相关会议在河内举行，东盟10个成员国和8个合作伙伴的教育部长、高级官员和专家出席会议。

2022 年 10 月 12 日 第 2 届东盟女性领导人峰会以线上线下相结合的方式在柬埔寨举行。会议主题为“建设一个更为可持续、更具包容性和韧性的未来：释放东盟妇女的创业潜力”。

2022 年 10 月 12 日至 14 日 第 28 届东盟社会文化共同体理事会正式会议在柬埔寨首都金边举行。会议由柬埔寨教育、青年和体育部承办。

2022 年 10 月 16 日 第 54 届东盟高级交通官员会议在印度尼西亚巴厘岛举行。印度尼西亚交通部秘书长诺菲（Novie Riyanto）主持会议。

2022 年 10 月 17 日 第 28 届东盟交通运输部长会议（ATM 28）在印度尼西亚巴厘岛举行。东盟和欧盟及其成员国签署了《东盟-欧盟全面航空运输协定》（ASEAN-EU CATA/AE CATA）。

2022 年 10 月 18 日 东盟秘书长林玉辉表示，东盟与中国已完成“南海行为准则”（COC）第一份文本草案，双方在推进文本草案的第二轮审读。

2022 年 10 月 20 日 第 10 次东盟灾害管理部长级会议和第 11 次《东盟灾害管理和应急响应协定》（AADMER）缔约方会议在泰国首都曼谷举行。会议高度评价 2021~2025 年阶段《东盟灾害管理和应急响应协定》工作计划的各优先计划在 2022 年内取得的结果。

2022 年 10 月 20 日 第 2 届中国-东盟灾害管理部长级会议通过视频方式举行，与会各方就进一步落实《中国-东盟灾害管理工作计划（2021~2025 年）》达成共识，并发布中国-东盟应急管理合作基地新闻公报。会议重申将在中国广西建立《中国-东盟应急管理合作中心》。

2022 年 10 月 25 日至 29 日 第 27 届东盟劳工部长会议在菲律宾首都马尼拉举办，主题为“通过数字、全面和可持续增长一起再构建就业世界”。

2022 年 10 月 27 日 东盟各国外长在印度尼西亚东盟秘书处总部召开特别会议，主要议题包括 2022 年 11 月在柬埔寨举行的第 40 届和第 41 届东盟峰会及相关会议筹备工作，东盟关于缅甸“五点共识”的落实进度，以及一些共同关注的问题。

2022年10月27日 第10届东盟艺术文化部长会议（AMCA 10）暨东盟与韩国、日本、中国等伙伴国相关会议以线上形式在老挝首都万象举行。东盟各国、中国、日本和韩国的文化艺术部门领导出席了会议。

2022年10月27日 2022年东盟-印度创业节在印尼首都雅加达举行。活动由东盟科技与创新委员会（COSTI）同印度科技部、印度尼西亚国家研究创新署（BRIN）和印度理工学院坎普尔分校（IIT Kanpur）的创业孵化与创新中心（SIIC）联合举办。

2022年11月4日 第19届东盟国家空军司令会议（AACC-19）在老挝琅勃拉邦举行，参会代表就“共同促进东盟的和平与稳定”进行了讨论，随后签署了会议决议。

2022年11月4日至5日 东盟首席法官理事会第十次会议在马来西亚举行。

2022年11月9日 柬埔寨举行第40届和第41届东盟峰会及相关会议的东盟高官筹备会议。会议审议并基本同意了11月10日至13日举行的东盟峰会以及东盟与其伙伴之间会议的活动安排和议程。

2022年11月9日至10日 第21届东盟经济共同体理事会会议在柬埔寨金边举行。

2022年11月10日 第23届东盟陆军司令会议（ACAMM-23）在越南河内举行，会议主题为“东盟陆军为和平而团结”。

2022年11月10日 2022年东盟商务与投资峰会在柬埔寨金边举行。

2022年11月10日至13日 第40届和第41届东盟峰会及相关会议在柬埔寨金边举行，会议聚焦东盟政治、经济及文化等领域，共签署和发布近70份文件和声明。

2022年11月11日 东盟领导人在东盟峰会上通过了《关于东帝汶申请加入东盟的声明》，原则上接受东帝汶为东盟第11个成员国，给予东帝汶观察员地位，并允许东帝汶参加所有东盟会议，包括各场峰会的全体会议。尽可能支持东帝汶实现各项重要时间表，以满足东帝汶的东盟正式成员资格。

2022 年 11 月 11 日 第 25 次中国-东盟领导人会议在柬埔寨首都金边举行。东盟与中国领导人就推动中国-东盟全面战略伙伴关系在各领域可持续发展，为地区乃至世界和平、稳定和繁荣作出积极和有效贡献的各项措施交换意见。会议通过了《纪念〈南海各方行为宣言〉签署 20 周年联合声明》等多项成果文件。

2022 年 11 月 12 日 第 25 次东盟与中日韩（10+3）领导人会议在柬埔寨首都金边举行。与会领导人表示，中日韩是东盟国家的主要合作伙伴。10+3 是地区合作的压舱石，在推动地区经济发展、维护地区和平稳定、合作抗击疫情等方面取得重要合作成果。会议发布了《10+3 合作 25 周年文件集》。

2022 年 11 月 12 日 第十次东盟-美国峰会在柬埔寨金边举行。双方宣布美国与东盟关系升级为“全面战略伙伴关系”。

2022 年 11 月 12 日 第 19 次东盟-印度峰会在柬埔寨金边举行。东盟和印度正式把关系升级为“全面战略伙伴关系”。

2022 年 11 月 13 日 第 40 届和第 41 届东盟峰会及相关会议的闭幕式在柬埔寨金边举行，柬埔寨首相洪森正式将东盟轮值主席国木槌交给印度尼西亚总统佐科，印度尼西亚担任 2023 年东盟轮值主席国。

2022 年 11 月 13 日 第二届东盟全球对话会在柬埔寨举行。会议主题为“后疫情时代全面复苏”。

2022 年 11 月 20 日 第 43 届东盟议会联盟大会（AIPA-43）在柬埔寨首都金边举行。会议主题为“共促进步，致力于韧性、包容性和可持续的东盟”。

2022 年 11 月 21 日至 23 日 第 9 届东盟防长非正式会议（ADMM）、东盟防长扩大会议（ADMM+）、东盟-美国和东盟-印度国防部长非正式会议在柬埔寨举行。东盟各国国防部长、国防部领导人就国际和地区安全环境交换了意见。

2022 年 11 月 22 日至 23 日 东盟国家反腐败机构联盟（ASEAN-PAC）第十八届首脑会议在柬埔寨金边举行。

2022 年 11 月 22 日至 25 日 首届东盟海警论坛在印度尼西亚巴厘岛举

行。论坛主题为“和平、安全和安保的海洋愿景”。

2022 年 11 月 23 日 首届东南亚网络安全联盟会议举行。东盟八个国家（新加坡、文莱、柬埔寨、印度尼西亚、马来西亚、缅甸、泰国和越南）的网络安全专业协会在会上签署谅解备忘录，以促进地区信息共享，加强本区域网络安全能力建设。

2022 年 12 月 2 日至 3 日 2022 年东盟市长会议在柬埔寨金边举行，东盟地区约 80 多个城市和省份，以及东盟地区以外 30 多个大城市的代表前来出席。

2022 年 12 月 6 日至 7 日 第十二届东盟海洋论坛（AMF）暨第十届东盟海事扩大论坛（EAMF）在菲律宾马尼拉举行。各国代表强调了维护南海和平、稳定、安全、航行和飞越自由的重要性。

2022 年 12 月 7 日至 9 日 东盟邮政业会议（ASEANPOST 2022）在越南平定省举行。东盟邮政业会议是文莱、柬埔寨、印度尼西亚、老挝、马来西亚、缅甸、菲律宾、新加坡、泰国和越南等东南亚国家邮政组织的论坛。

2022 年 12 月 14 日 东盟-欧盟建立关系 45 周年纪念峰会在比利时布鲁塞尔举行。

Abstract

The year 2022 was a challenging year for ASEAN, facing the impacts of the COVID – 19 pandemic , the complex situation and anfractuous international environments. However, new progress in building the ASEAN Community has been made through joint efforts within the regional framework of " ASEAN Centrality", demonstrating ASEAN's resilience and vitality in addressing common challenges and promoting community building. In the construction of the ASEAN Political and Security Community, ASEAN has accelerated the process of expanding its membership domestically, agreeing in principle to the admission of East Timor as a new member, and actively conducting diplomatic mediation with external dialogue partners on major hotspot issues in the region and beyond, such as the Myanmar issue, the South China Sea issue, and the Ukrainian crisis, and engaging in dialogue and seeking joint action with the United Nations on global and regional security agendas, such as climate change, human security, counter-terrorism, and transnational crime. In terms of building the ASEAN Economic Community, ASEAN has accelerated the process of digital economic integration, green economy, and sustainable development, actively promoted regional economic cooperation and free trade development, continued to participate in the joint construction of the Belt and Road Initiative, and rapidly restored economic growth. In the building of ASEAN Social and Cultural Community, with the implementation of the principle of "pluralistic integration", ASEAN has made remarkable achievements in promoting social protection, social security and welfare of migrant workers, promoting women's entrepreneurship, innovation and cultural industries, and successfully held the "ASEAN Youth Year". Moreover, ASEAN has successfully controlled the spread of the COVID – 19 pandemic, giving its member states the opportunity to fully resume their economic and social activities, as well as accelerate the implementation of social and economic recovery strategies. As the rotating chair of ASEAN in 2022, Cambodia took on the role of chairmanship as "proactive", "independent and neutral", "open and inclusive", and "economic leadership". It proposed the theme of "ASEAN A. C. T.: Addressing Challenges Together" and continues to promote the construction of the ASEAN Community.

In 2022, while strengthening its own framework, ASEAN actively enhanced its partnerships with major powers. ASEAN and the United States have established a comprehensive strategic partnership, which has injected new impetus into the development of the ASEAN – US relationship. However, the comprehensive strategic partnership between the two sides was also constrained by various factors, such as differences in ideas and interests, and the uncertainty of the US policies towards ASEAN. The situation where both sides cooperate and engage in strategic maneuvers in regional affairs remains the norm; ASEAN and the European Union held their first comprehensive summit, and their relationship moved towards a "strategic partnership", with bilateral cooperation has shown a trend of "broad areas, multiple perspectives, deep levels, and strategic development". The year 2022 marked the 50th anniversary of the establishment of a cooperative partnership between ASEAN and Japan, and the two sides continuously deepening cooperation in political security, economy, social, and cultural fields. The comprehensive strategic partnership has started well between ASEAN and China, with increasing exchanges and deepening cooperation; bilateral political and diplomatic relations have developed steadily, and economic and trade relations have become increasingly close. ASEAN became China's largest trading partner for three consecutive years, and China-ASEAN relations have become the most successful and dynamic model in Asia-Pacific regional cooperation.

Keywords: ASEAN; Political Community; Economic Community; Social and Cultural Community; Partnership

Contents

Ⅰ General Report

Abstract: As ASEANcountries relaxed control measures agarnst COVID-19 with the idea of "coexisting with the virus" from 2022, new progress appeared in community construction. In political region, ASEAN was promoting bilateral relations with the United States, accelerating the process of Timor-Leste's membership in the group, while the Myanmar issue remains complex and unresolved. In economic region, ASEAN has experienced quick recovery with the continuing support from RCEP, and the negotiations on IPEF, as well as the negotiations on upgrading the China-ASEAN Free Trade Area continue to proceed. Digital transformation and sustainable development were steadily advanced. As a result of the process of unification in terms of values, consciousness, and identity, ASEAN "centrality" has been continuously strengthened.

Keywords: ASEAN; Political Cooperation; Economic Recovery; Centrality

Ⅱ Topical Reports

Abstract: In 2022, under the ASEAN Community Vision 2025 , the ASEAN Political-Security Community Blueprint 2025, and the Ha Noi Declaration on the ASEAN Community's Post-2025 Vision, the ASEAN Political-Security Community (APSC) made significant progress in the areas of ASEAN cooperation in building sustainable peace and harmonious security, the Women, Peace and Security Agenda, and climate change, maritime security, cybersecurity, and food security, through joint efforts within the ASEAN-led regional cooperation architecture. ASEAN agreed to admit Timor-Leste as a new member, announced its common position with external dialogue partners and mediated major hotspot issues within and outside the region, such as the ongoing Myanmar issue, the South China Sea issue, and the emerging crisis in Ukraine. It also launched dialogues and pursued joint actions with the United Nations on the global and regional security agendas, such as climate change, human security, and the fight against terrorism and transnational crime. All this increasingly demonstrates ASEAN's resilience and dynamism as both a regional and emerging global actor in building Southeast Asian community and addressing common regional and global challenges.

Keywords: ASEAN; Identity Building; Security Building; Extroversion Building

Y.3 Progress and Achievements of ASEAN Economic Community Construction in 2022

Zhang Jiashou / 049

Abstract: Under the dual influence of the unprecedented changes in the world in a century and the COVID - 19 epidemic, the progress of ASEAN economic community construction in 2022 has been affected to a certain extent. However, ASEAN countries unite to fight against the epidemic, actively promote the integrated development of the digital economy, actively promote the process of economic greening and sustainable development, vigorously enhance regional competitiveness, continue to promote the development of regional free trade, promote the high-quality development of the the Belt and Road Initiative, and promote the construction of a comprehensive, inclusive, resilient and competitive ASEAN economic community in accordance with the relevant plans of the ASEAN Economic Community Blueprint (2025), The construction of the ASEAN economic community has made new progress and achievements. Looking ahead to 2023, due to various uncertainties and influences both domestically and internationally, the risks and challenges faced by the construction of the ASEAN economic community remain unabated. However, there are also new development opportunities for it. ASEAN countries will seize favorable opportunities to continuously deepen cooperation, promote regional economic development, and provide assistance to boost the world economy.

Keywords: ASEAN; Economic Community; Regional Economic Cooperation; the Belt and Road Initiative; Digital Economy

Y.4 Progress and Achievements in the Construction of ASEAN Socio-Cultural Community in 2022

Yang Baoyun / 069

Abstract: In 2022, Cambodia, the rotating Chairman of ASEAN, followed its work theme of "ASEAN Action: Coping with Challenges" and determined the priorities for building the ASEAN Social and Cultural Community (ASCC). Thanks to the joint efforts of ASEAN member states, the process of building an ASCC has achieved remarkable results. In particular, the successful hosting of the "Year of ASEAN Youth" event was unanimously recognized by the leaders of the member states at the ASEAN Summit. Indonesia, which has taken over the rotating chair of ASEAN in 2023, stated that it will give priority to promoting the construction of the ASCC, and we can believe that it will be able to achieve new results.

Keywords: ASEAN; Social and Cultural Community; Disaster Prevention and Mitigation; Year of ASEAN Youth

Ⅲ Special Reports

Abstract: In 2022, Cambodia assumed the rotating chairmanship of ASEAN for the third time. Despite the complex international situation, Cambodia has continued to promote the building of the ASEAN community, and taken on a proactive, independent, and neutralrole, as well as an open , inclusive, and economic-leading role of the chairmanship with all the achievements of ASEAN. Still with the support of the ASEAN chairmanship, Cambodia ushered in a "highlight moment" in its diplomatic undertakings, and built strength for its upcoming economic recovery in the post-pandemic era.

Keywords: ASEAN community; Rotating Chairmanship of ASEAN; Cambodia

Y.6 Timor-Leste's Accession to ASEAN: The Journey, Causes and Prospects

Ma Zaoming & Chang Tian / 117

Abstract: The year 2023 is the year when Indonesia assumes the presidency of ASEAN, and it is also a crucial year for Timor-Leste to become a full member of ASEAN. The history of Timor-Leste's accession to ASEAN deserves a comprehensive discussion and summary. This article aims to provide a comprehensive overview of the development of Timor-Leste's relationship with ASEAN in terms of the history and conditions of ASEAN's expansion, the historical process of Timor-Leste's accession to ASEAN, the pros and cons of the accession, and the future relationship between Timor-Leste and ASEAN, with a view to analysing Timor-Leste's future status or influence in ASEAN, as well as the potential opportunities and challenges facing the admission of Timor-Leste to ASEAN.

Keywords: Timor-Leste; ASEAN; ASEAN Expansion

Y.7 Measures and Constraints of ASEAN in Dealing with the Myanmar Issue in 2022

Li Feng & Yang Dawei / 136

Abstract: In order to implement the "Five-Point Consensus" of ASEAN in 2021, Hun Sen, the Prime Minister of Cambodia, the rotating chairman of ASEAN, visited Myanmar in January 2022, and Cambodia diplomats such as Prak Sokhonn and Kung Phoak also went to Myanmar for mediation during this year successively. Major powers such as the United States and Russia have intensified their geopolitical games involving Myanmar. ASEAN member states have inconsistent opinions towards the Myanmar issue, and it is difficult to establish political mutual trust between the Myanmar military and the National League for Democracy in the short term. These are the main constraints faced by ASEAN in dealing with the Myanmar issue at present and potentially in the future.

Keywords: ASEAN; Myanmar Issue; Five-Point Consensus (SPC)

Abstract: One year has passed since the RCEP entered into force. The implementation of the trade pact offers a timely boost to the regional and global economy by stimulating trade between Asian-Pacific countries and deepening industrial chain integration in the region. Aligning with the stressed high-level regional trade rules, RCEP was also designed in the "ASEAN Way". RCEP continues to face multiple challenges in institutional upgrading. Bridging differences and deepening the integration process is the future direction of the RCEP.

Keywords: ASEAN; RCEP; Asia-Pacific Regional Economic Integration; Economic and Trade Rules

Abstract: ASEAN and the United States established a dialogue relationship in 1977, and their relationship was elevated to a strategic partnership in 2015. The establishment of a comprehensive strategic partnership between the two sides in November 2022 is another important improvement in their relationship. The reason for the establishment of a comprehensive strategic partnership between the United States and ASEAN is that both sides have many interests and needs for each other. However, the process of holding the 2022 special summit and establishing a comprehensive strategic partnership between the two sides has gone through twists and turns. The establishment of a comprehensive strategic partnership between both sides has had multiple impacts on each other. In the future, constrained by various factors, both sides will continue to maintain a state of cooperation and strategic maneuvering.

Keywords: ASEAN; United States; Comprehensive Strategic Partnership

Y.10 A Study of the Background, Process, and Prospects of Deepening Cooperation between ASEAN and the EU

Ge Hongliang & Wang Gefei / 204

Abstract: It has been 46 years since the ASEAN-European Union Dialogue Relations were established in 1977. In December 2022, the two sides held their first full summit, taking another step forward in promoting ASEAN-EU Strategic Partnership. In the new era, the bilateral cooperation between ASEAN and the EU has been deepening day by day, showing a trend of broad fields, multipleangles, deep levels, and strategic development. In this context, this chapter takes the research object for deepening cooperation between ASEAN and the EU, comprehensively analyzes the background and motivation of deepening cooperation between the two sides, and on the basis of combing the development process of bilateral cooperation between ASEAN and the EU, discusses the many restrictive factors that the two sides are facing to continue deepening cooperation, and thus makes a judgment on the prospects of cooperation between ASEAN and the EU.

Keywords: ASEAN; European Union; Strategic Partnership; Regionalism; Indo-Pacific

Abstract: In the 1970s, under the background of significant changes in East Asia, Japan and ASEAN began to establish cooperative relations. Over the psat 50 years, Japan and ASEAN have deepened bilateral relations in the fields of politics and security, as a result, the two sides agreed to raise their ties to a strategic partnership in 2005 with the establishment of a number of bilateral and multilateral cooperation mechanisms. In the meantime, the collaboration in the economic region has been constantly improving. On the basis of trade and investment cooperation, with the support of Official Development Assistance, the bilateral collaboration has achieved new progress in the new regions such as Industrial Revolution 4.0, digital transformation, green transformation, and sustainable development. In addition, the two sides have established cooperation that includes cultural protection, talent training, health care, disaster management in the social and cultural fields with the focus on humanitarianism, laying the foundation for further improvement of bilateral relations.

Keywords: Japan; ASEAN; ASEAN-Japan Cooperative Relations

Abstract: In 2022, the COVID-19 had not yet ended, the crisis in Ukraine broke out, and the world situation is unprecedentedly grim. However, China and ASEAN withstood the test, and their comprehensive strategic partnership started well. China continued to support ASEAN's role as a driver on the international stage, while ASEAN did not choose sides. Bilateral political and diplomatic relations have developed steadily, and ASEAN has become China's largest trading partner for three consecutive years. In the first half of 2023, political, economic, and cultural exchanges and cooperation between China and ASEAN continued to develop, showing some new characteristics. The evolution of the situation in the South China Sea deserves people's attention.

Keywords: China-ASEAN Relations; Comprehensive Strategic Relations; Political and Diplomatic Relations; Economic and Trade Cultural Exchange

皮 书

智库成果出版与传播平台

❖ 皮书定义 ❖

皮书是对中国与世界发展状况和热点问题进行年度监测，以专业的角度、专家的视野和实证研究方法，针对某一领域或区域现状与发展态势展开分析和预测，具备前沿性、原创性、实证性、连续性、时效性等特点的公开出版物，由一系列权威研究报告组成。

❖ 皮书作者 ❖

皮书系列报告作者以国内外一流研究机构、知名高校等重点智库的研究人员为主，多为相关领域一流专家学者，他们的观点代表了当下学界对中国与世界的现实和未来最高水平的解读与分析。

❖ 皮书荣誉 ❖

皮书作为中国社会科学院基础理论研究与应用对策研究融合发展的代表性成果，不仅是哲学社会科学工作者服务中国特色社会主义现代化建设的重要成果，更是助力中国特色新型智库建设、构建中国特色哲学社会科学“三大体系”的重要平台。皮书系列先后被列入“十二五”“十三五”“ 十四五”时期国家重点出版物出版专项规划项目；自 2013 年起，重点皮书被列入中国社会科学院国家哲学社会科学创新工程项目。

皮书网

（网址：www.pishu.cn）

发布皮书研创资讯，传播皮书精彩内容
引领皮书出版潮流，打造皮书服务平台

栏目设置

◆ **关于皮书**

何谓皮书、皮书分类、皮书大事记、
皮书荣誉、皮书出版第一人、皮书编辑部

◆ **最新资讯**

通知公告、新闻动态、媒体聚焦、
网站专题、视频直播、下载专区

◆ **皮书研创**

皮书规范、皮书出版、
皮书研究、研创团队

◆ **皮书评奖评价**

指标体系、皮书评价、皮书评奖

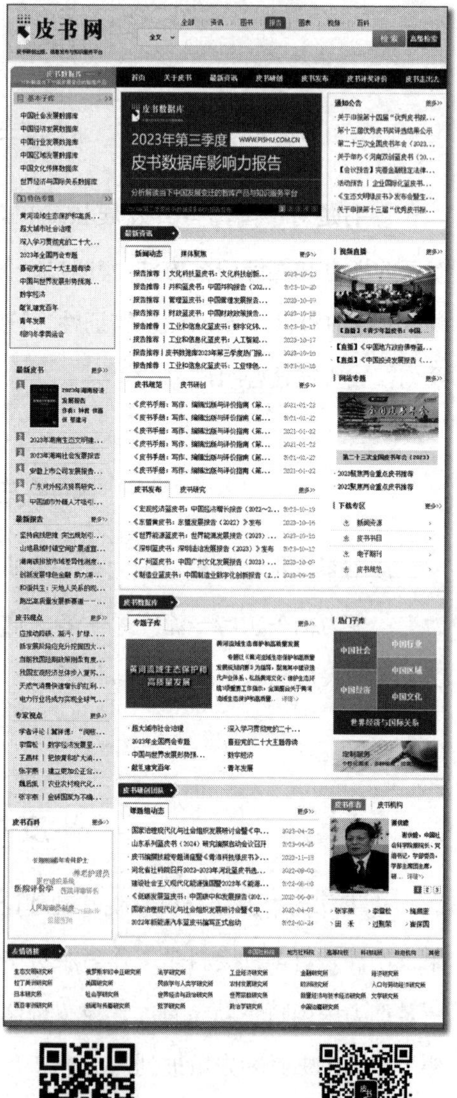

所获荣誉

◆ 2008 年、2011 年、2014 年，皮书网均在全国新闻出版业网站荣誉评选中获得“最具商业价值网站”称号；

◆ 2012 年，获得“出版业网站百强”称号。

网库合一

2014年，皮书网与皮书数据库端口合一，实现资源共享，搭建智库成果融合创新平台。

皮书网

“皮书说”
微信公众号

S 基本子库
SUB DATABASE

中国社会发展数据库（下设 12 个专题子库）

紧扣人口、政治、外交、法律、教育、医疗卫生、资源环境等 12 个社会发展领域的前沿和热点，全面整合专业著作、智库报告、学术资讯、调研数据等类型资源，帮助用户追踪中国社会发展动态、研究社会发展战略与政策、了解社会热点问题、分析社会发展趋势。

中国经济发展数据库（下设 12 专题子库）

内容涵盖宏观经济、产业经济、工业经济、农业经济、财政金融、房地产经济、城市经济、商业贸易等12个重点经济领域，为把握经济运行态势、洞察经济发展规律、研判经济发展趋势、进行经济调控决策提供参考和依据。

中国行业发展数据库（下设 17 个专题子库）

以中国国民经济行业分类为依据，覆盖金融业、旅游业、交通运输业、能源矿产业、制造业等 100 多个行业，跟踪分析国民经济相关行业市场运行状况和政策导向，汇集行业发展前沿资讯，为投资、从业及各种经济决策提供理论支撑和实践指导。

中国区域发展数据库（下设 4 个专题子库）

对中国特定区域内的经济、社会、文化等领域现状与发展情况进行深度分析和预测，涉及省级行政区、城市群、城市、农村等不同维度，研究层级至县及县以下行政区，为学者研究地方经济社会宏观态势、经验模式、发展案例提供支撑，为地方政府决策提供参考。

中国文化传媒数据库（下设 18 个专题子库）

内容覆盖文化产业、新闻传播、电影娱乐、文学艺术、群众文化、图书情报等 18 个重点研究领域，聚焦文化传媒领域发展前沿、热点话题、行业实践，服务用户的教学科研、文化投资、企业规划等需要。

世界经济与国际关系数据库（下设 6 个专题子库）

整合世界经济、国际政治、世界文化与科技、全球性问题、国际组织与国际法、区域研究 6 大领域研究成果，对世界经济形势、国际形势进行连续性深度分析，对年度热点问题进行专题解读，为研判全球发展趋势提供事实和数据支持。

法律声明